PARIS ET VERSAILLES

IL Y A CENT ANS

Paris. — Typographie de Firmin Didot frères fils et Cie, rue Jacob, 56.

JULES JANIN

DE L'ACADÉMIE FRANÇAISE

PARIS

ET

VERSAILLES

IL Y A CENT ANS

PAR

JULES JANIN

DE L'ACADÉMIE FRANÇAISE.

PARIS

LIBRAIRIE DE FIRMIN DIDOT FRÈRES, FILS ET Cie
IMPRIMEURS DE L'INSTITUT, RUE JACOB, 56.

1874

Tous droits réservés.

PARIS ET VERSAILLES

IL Y A CENT ANS

I

LA RÉGENCE ET LE CARDINAL DUBOIS

Figurez-vous, dans les derniers jours de gloire et de sécurité de la monarchie, cet immense Versailles, ce palais des fantômes, ces jardins pleins de lumière et d'ombre, et ce peuple animé de toutes les passions de la sculpture. On dirait que Versailles est le rendez-vous du monde; on y retrouverait les échantillons vivants de toutes les nations de l'univers. Il en vient du fond de l'Asie et des glaces de la Laponie. Arabes, Indiens, Hottentots, veulent assister aux dîners du roi. Après le dîner, ils vont au regrat pour acheter les restes de cette table insolente. Le nègre, le quaker, le Persan, les bramines, les fakirs, les Groënlandais, circulent dans cette région ineffable, sous les voûtes de cette hôtellerie ouverte à tous les êtres vivants. Versailles, c'est Paris émancipé; Paris, c'est l'approvisionnement de Versailles. Il lui fournit ses habits, ses armes, ses idées, ses passions, ses croyances, ses douleurs. Paris sait tout pour enseigner Versailles. Un vers de Virgile occupera tout un mois le professeur de rhétorique à Paris ; Versailles ne demande qu'une heure au maître d'anatomie pour comprendre le mécanisme et les mystères du corps humain.

Quel était donc ce nouveau maître du palais de Versailles, qui jetait l'ironie et le mépris sur toute l'histoire qui s'était accomplie avant le jour funèbre du 1ᵉʳ septembre 1715, quand une voix se fit entendre au monde entier qui disait : « Le roi est mort ? »

Cet homme qui portait la couronne, en attendant que son pupille eût l'âge voulu pour être roi de France, avait fait de cette couronne un jouet, et rien ne l'amusait davantage que de songer que le premier, dans ce royaume du bon plaisir, il avait désobéi à Louis XIV, déchiré son testament et méprisé ses volontés, scellées du sceau fragile de ses passions, de ses croyances, de ses remords, de ses terreurs. Parfois il croyait entendre la voix de son aïeul, Henri IV, et que cette voix attristée lui adressait ce discours : « Malheureux prince, le plus semblable à moi des petits-fils de ma race, tu avais en toi-même tout ce qui fait les grands hommes, et tu t'en es servi pour accomplir les plus grands vices. Tu n'as suivi que mes mauvais exemples, tu n'as marché que dans le sentier de mes égarements. Ce royaume que j'avais sauvé, cette monarchie que j'ai fondée, et que le grand roi avait portée au plus haut degré des respects et des obéissances que pouvait espérer une couronne mortelle, qu'en avez-vous fait, monsieur le régent ? Vous en avez fait une déclamation, une ironie, un jouet ! L'enfant royal, venu au monde sur un tombeau, ce précieux rejeton de tant de rois, que la France avait confié à votre tutelle, vous l'avez entouré de tous les soins qui font vivre, mais aussi de tous les exemples qui perdent un jeune homme ; ainsi le corps de ce prince choisi a été sain et sauf, pendant que l'âme s'est dégradée. Imprudent, qui n'as pas compris toutes les ruines que peut causer une parole mauvaise, et toutes les révolutions que peut enfanter une conduite coupable ! Non-seulement tu as joué avec l'argent de mes peuples, mais avec leur croyance, et ne pouvant pas la briser, cette force morale, tu l'as attaquée par tous les genres de bons mots et de mépris. Et pourtant je ne veux pas te maudire, mon pauvre enfant : ton esprit était bon, ton cœur était sans fiel ; tu as été affable comme moi ; tu n'as jamais aimé la vengeance, et le pardon s'est rencontré toujours dans ton sourire et dans tes yeux. »

Tel était ce fameux régent d'Orléans, qui donnait l'exemple de la soumission à la Majesté royale. Ajoutez enfin, pour confirmer cette grandeur voisine des fables, le droit divin des rois par la grâce de Dieu, défini par Bossuet :

« L'autorité royale est absolue.... Le prince ne doit compte à personne de ce qu'il ordonne.... Quand le prince a jugé, il n'y a point d'autre jugement.... Les rois sont des dieux et participent en quelque sorte à l'indépendance divine.... Le prince ne souffre pas les impies, les blasphémateurs, les jureurs ni les devins.... il courbe sur eux des voûtes, ou même il tourne des roues sur eux.... Il promet d'exterminer, selon son pouvoir, tous hérétiques notés et condamnés par l'Église.... Il est l'image de Dieu, qui, assis sur son trône au plus haut des cieux, fait aller toute la nature. »

De son côté, M. le duc de Saint-Simon raconte, à propos

du droit divin, toute une histoire où les rois de France apparaissent, la couronne au front, le sceptre à la main, exerçant une autorité absolue sous le contrôle unique de la loi divine. On comprendra tout de suite à quels excès se pouvait porter cette Majesté sans contrôle qui remplissait le palais de Versailles.

Louis XIV, écrivait Saint-Simon, en l'année 1710, n'entendait parler que de l'extrême misère du peuple, et, se voyant obligé d'établir de nouveaux impôts très-lourds, il en conçut un violent chagrin qui le rendit malade. Enfin il reprit son calme et dit à Maréchal, son premier chirurgien, qu'il avait été fort tourmenté par la compassion pour son peuple et aussi par le scrupule de prendre ainsi le bien de tout le monde, sur quoi il avait consulté le P. Tellier, son confesseur. Celui-ci lui avait rapporté une consultation des plus savants docteurs de Sorbonne, décidant nettement que tous les biens de ses sujets étaient à lui en propre, et que, quand il les prenait, il ne prenait que ce qui lui appartenait. « Cette décision, dit le roi, l'avait mis fort au large et avait levé tous ses scrupules. » L'anecdote fut contée à Saint-Simon par Maréchal lui-même. Elle est, à elle seule, un suffisant commentaire du droit divin des monarques, et elle est complétée par le mot de Villeroi, montrant d'un lieu élevé à son royal pupille (Louis XV) les villages et les campagnes se déroulant au loin : « Sire, lui disait-il, tout cela est à vous. »

Aussi bien, quand le roi passait dans son carrosse, entouré de ses gardes, les paysans se jetaient à genoux.

Ce même duc de Saint-Simon appelait Versailles « un favori sans mérite ». Il avait du moins le mérite excellent de dérober aux yeux du roi le spectacle importun de cette église de Saint-Denis dont le clocher se perdait dans les nuages.

On dirait que la ville et la cour ont jeté le masque, et se montrent sans vergogne dans toute leur nudité. Quiconque lira les *Mémoires de Matthieu Marais* entrera dans le secret le plus intime de la régence. A son insu, malgré tous les respects qu'il porte aux grandeurs de ce bas monde, le bonhomme Matthieu Marais dit à chacun ses belles et bonnes vérités. Pourquoi Mme de Phalaris est-elle duchesse? parce que le duc trichait au jeu, et qu'avant d'appartenir au régent, cette belle duchesse avait eu trois amants que l'on appelait *les petits couteaux*.

> Fallarira dondène, fallarira dondé !
> Trois p'tits couteaux dans un' gaîne :
> L'un est rouge et l'autre est blanc,
> L'autre est emmanché d'argent.
> Fallarira, etc.

Un peu plus loin, nous rencontrons le maréchal d'Estrées, qui tue, en montant à cheval, *par accident*, d'un coup de pistolet, un écuyer qui était l'amant de sa femme : « Hélas! ce n'est qu'un amant de moins à Mme la maréchale. » L'histoire du duc de Louvigny est beaucoup moins triste, et vaut la peine qu'on la raconte. A coup sûr, trente ans en deçà, le comte de Bussy en eût fait son profit.

Le duc de Louvigny, étant à la Banque, entendit un homme qui disait à un autre : « Ce petit Lamotte est bien heureux d'aimer une aussi jolie femme que cette Mme de Lou...» Il n'acheva pas, parce qu'il aperçut en ce moment M. de Louvigny, et il était question de sa femme. M. de Louvigny, qui est un homme de très-court esprit, ne se doutant de rien, va trouver un ami de Lamotte, connu pour son confident, et, voulant faire voir qu'il était instruit des galanteries de la cour, il dit que Lamotte a une très-aimable maîtresse qu'il sait bien. L'ami dit qu'il ne sait ce que c'est. Louvigny lui dit : « Je te dirai la première lettre de son nom ; c'est un L. — Je n'en suis pas plus avancé, » dit l'ami, qui tremblait que le mari ne sût l'aventure. « Oh! bien! la deuxième, c'est un O. » La frayeur redouble, et l'ami persiste à dire qu'il n'y entend rien. « Tu l'entendras mieux par la troisième : c'est un U. » L'ami croyait tout perdu quand M. de Louvigny lui dit : « C'est Mme de Louvois. » Ce qui ayant remis les sens de l'ami, il lui dit : « Tu ne me devais pas faire tant languir ; j'en suis bien aise, mais Lamotte ne m'en a jamais parlé. » Depuis ce temps, on appelle M. de Louvigny *Loulou*.

Jugez si, de Paris à Versailles, on fit des gorges chaudes avec les aventures de Loulou.

Dans la rue, aux Porcherons, à la foire Saint-Laurent, on chantait la chanson que voici, sur l'air : *Votre jeu fait beaucoup de bruit :*

> Le Régent sans contrition
> Nous a fait sa confession ;
> Il dit au conseil de régence :
> J'ai fait trois milliards de billets,
> Et vais vous dire en confidence,
> Messieurs, comme ils ont été faits.

Et la chanson n'a pas moins de vingt couplets. Huit jours après les colporteurs colportaient dans leur mallette et vendaient sous le manteau la *Chanson faite sur ce que les princes se sont faits accompagner au parlement*.

> Tout le palais tremble
> De voir à grand bruit
> Arriver ensemble

Bourbon et Conti;
Les polissons chantent :
C'est le borgne et le bossu,
Lanturlu.

Princes, la cohorte
Vous enfle le cœur;
Croyant que l'escorte
Au Régent fait peur,
Les polissons chantent, etc.

A la pauvre France,
Rendez ses écus,
Servez la régence,
Et par des vertus
Empêchez qu'on chante :
C'est le borgne et le bossu,
Lanturlu.

La bête noire de Paris en ce moment, c'est le duc de la Force. Il avait gagné des sommes énormes avec M. Law, et quand il vit le papier décroître, il l'employa à acheter une immense quantité de *denrées coloniales*, comme on dirait aujourd'hui. Sur quoi le voilà décrété et ses maisons fouillées quoique duc et pair, et lui-même, arrivant au parlement pour se défendre, avait plusieurs carrosses et douze personnes de sa livrée. Son crime était d'avoir contrevenu aux ordonnances qui défendent le négoce et le trafic aux gentilshommes; mais il répondait en pleurant à chaudes larmes qu'il avait vendu sa marchandise *en gros* et non pas *en détail*, ce qui lui était permis par l'édit du mois d'août 1669.

Mercredi 5 mars 1721, de jeunes Messieurs qui venaient chez Mme de Prie, après boire, s'amusent à brûler les jupes de Mme de Saint-Sulpice, et Polichinelle, huit jours après, représente sur son tréteau Mme de Saint-Sulpice et M. le duc de la Force. « Ah! mon compère, ils ont brûlé ma femme avec un pétard. — Et, maintenant, que fais-tu, Polichinelle? — Je suis en décret, et cela me fâche beaucoup. — Tu es en *décret?* Il n'y a qu'à te purger. — Oh! s'il ne tient qu'à se purger, répond Polichinelle, j'ai chez moi bien de la casse et du séné, et je me purgerai tant que je me guérirai du décret. »

Le tout finissait par un vaudeville dont on peut citer à peine un couplet :

> La pauvre dame Saint-Sulpice,
> Seule et sans penser à malice,
> Se chauffait et mettait son fard,
> Le feu prit à sa cheminée...
> Le monde s'en étonne, car
> Elle avait été ramonée.

Le jour de Pâques, M. le régent a fait ses dévotions à Saint-Eustache, sa paroisse, en grand équipage, et s'en va du même pas dîner chez sa maîtresse, Mme de Parabère, à la place Vendôme, dans une chambre *tout illuminée et tout ouverte.*

Battez des mains! L'abbé Dubois, qui est déjà archevêque de Cambrai, est nommé cardinal, et les chansons d'aller leur cours. Vous savez, en effet, que le gouvernement de la France était un gouvernement absolu, tempéré par des chansons.

> Que chacun se réjouisse,
> Admirant Sa Sainteté
> Qui transforme en écrevisse
> Ce vilain crapaud crotté.

> Après un si beau miracle
> Son infaillibilité
> Ne doit plus trouver d'obstacle,
> Dans aucune Faculté.

Voici la liste des livres nouveaux qui sont annoncés pour la fin de l'année, et les titres en sont des mieux trouvés :

L'Art de diviser les hommes à l'infini et le secret de profiter de leurs divisions, par le duc d'Orléans.

Les Agréments du mariage, par le prince de Modène, dédié au prince des Asturies.

Traité de patience chrétienne et politique, par le duc du Maine, dédié aux Français.

Du Choix des justes dans la distribution des biens ecclésiastiques, par le pape Innocent XIII, dédié au cardinal Dubois.

Traité de la véritable grandeur, auquel on a ajouté une *Dissertation excellente sur le commerce*, dédié au maréchal d'Estrées, par le duc de la Force.

Triomphe de l'esprit sur la raison, par le duc de Richelieu, dédié au duc de la Feuillade.

Nouveau Traité des infiniment petits, dédié aux grands de la cour de France, par un auteur anonyme.

Traité des jubilés et des indulgences plénières, par la *présidente Fillon*, dédié au cardinal Dubois.

Nouveau Guidon des finances, par le sieur Law, revu et corrigé par le duc de Bourbon.

Parfois, cependant, du sein de ces orgies de la tête et des sens, vous voyez sortir tout un drame, et vous n'êtes pas fâché de reconnaître enfin la colère et l'indignation des anciens gentilshommes en toutes les choses qui touchaient à l'honneur.

M. de Talhouët, un Breton bretonnant, ayant surpris sa femme en adultère, la fit condamner, par sentence du juge de Redon, du 8 novembre 1717, à avoir la tête tranchée. Quelque temps après le jugement, elle s'échappa de la prison et fit bien, car son mari mourut en 1718.

On joue à Versailles un jeu affreux, et le jeune roi n'est guère occupé qu'à battre les cartes; la comtesse de Livry a gagné trois cent mille livres au comte de Tavannes en jouant au pharaon.

« Les princes ont des maîtresses publiques; il n'y a plus ni politesse, ni civilité, ni bienséance. Ce n'est plus la cour de ce grand roi, qui d'un regard arrêtait les plus libertins, et l'on y voit régner tous les vices sous un roi mineur qui n'a point encore d'autorité. Le maréchal de Villeroi, son gouverneur, a eu la douleur d'apprendre que la duchesse de Retz, sa petite-fille, a eu des galants de tous les étages depuis qu'elle est à Versailles, et il a su par la marquise d'Alincourt, son autre petite-fille, que la première a voulu la perdre et l'engager dans des galanteries. A une dispute qu'elles eurent entre elles en sa présence, celle-ci reprocha à la duchesse qu'elle avait voulu lui faire prendre des lettres du duc de Richelieu, leur faire faire partie carrée, lui donner des amants; qu'elle n'y avait jamais consenti, mais que pour la duchesse, elle était *criminelle* (elle s'est servie de ce terme). Sur quoi, le maréchal, entrant en fureur contre la duchesse, l'a sur-le-champ fait sortir de la cour et on l'a renvoyée à Paris.

« Le procureur général des chartreux a fait un trou à la lune, et a emporté tout l'argent qu'il a pu, après avoir escompté les billets de la maison de Paris, et vendu les chevaux des frères des environs : ce qu'il a dit faire par ménage, parce que les chevaux seraient chers au sacre, et seraient après à bon marché. »

Pleurez sur les malheurs de Mlle Dangeville, oublieuse des édits : elle a joué la comédie avec une robe de toile indienne défendue; le lieutenant de police l'a envoyée chercher, et l'a condamnée à mille écus d'amende, malgré la recommandation du duc d'Aumont.

Qui l'eût dit? Parvenu à ce montjoie incroyable d'autorité, de fortune et de dignité, le cardinal Dubois a voulu devenir l'un des quarante : on l'a nommé tout d'une voix. Il a été reçu à l'Académie française, à la place de M. Dacier. Il y a été traité de *Monseigneur*, contre l'usage d'égaliser tous les rangs entre les savants ; mais on a remarqué que Mgr le cardinal de Rohan, ni Mgr le cardinal de Polignac, académiciens, n'étaient cardinaux quand ils ont été reçus. Le premier ministre a bien prononcé son discours. Fontenelle lui a répondu comme directeur, et a commencé par dire : « Que le cardinal de Richelieu, fondateur de l'Académie française, serait bien étonné d'y voir tant de dignitaires, cardinaux ou évêques, ducs et pairs, premiers présidents, etc., et jusqu'à des premiers ministres. »

Toujours est-il que, des deux discours, le meilleur est encore celui du prince de l'Église. Fontenelle est un rare esprit, mais personne, autant que cet illustre doyen de deux académies, n'a mieux justifié ce très-bon vers :

L'esprit qu'on veut avoir gâte celui qu'on a.

Fontenelle avait tort lorsque, par une ironie au moins déplacée, il complimentait le savant M. Dacier de s'être rendu nécessaire à Platon, à Plutarque, au poëte Horace. On a remarqué, ce jour-là, que le cardinal Dubois fut salué de six coups de canon à son entrée à l'Académie. Une dame qui assistait à ce discours, au moment où Fontenelle disait au cardinal : « La postérité rendra justice aux éminentes qualités de votre esprit et de votre cœur, comptez-y, Monseigneur ; » la dame à voix basse : « Nage toujours, dit-elle, et ne t'y fie pas. » Le même soir, il y eut un grand dîner chez Son Excellence, et comme les convives admiraient la magnificence du service : « Oh là ! dit le cardinal, je suis encore bien loin de M. de Bullion, qui faisait servir des louis d'or au dessert. » Rien n'était plus vrai : M. de Bullion, l'intendant des finances, comme on venait de frapper de nouveaux louis d'or à la Monnaie, en remplit un grand plat, qui fut posé sur la table, entre la poire et le fromage; et sans respect pour leur titre, pour leur cordon rouge ou bleu, voire pour leur bâton de maréchal de France, les invités se ruèrent à cette curée, et rentrèrent chez eux, chancelants sous le poids de l'or. C'est ainsi que le surintendant Fouquet, aux fêtes de Vaux, avait fait déposer sur la toilette des courtisans une bourse d'or pour leur jeu, et pas un de ces messieurs qui se crût amoindri en acceptant ce triste cadeau.

Maintenant, voici deux histoires bien étranges qui nous montrent à quel point les hommes tout-puissants pouvaient abuser de la fortune publique. M. le régent se connaissait en belle peinture; il en avait rempli le Palais-Royal, à telles enseignes que l'abbé de Sainte-Geneviève, son triste fils, a fait, par dévotion, mutiler la *Vénus* et les *Nymphes des bois*. Écoutez le jugement de maître Matthieu Marais :

« Il avait vu au sacre, à Reims, de beaux tableaux originaux dans l'église cathédrale. Il n'a pas eu de cesse qu'il ne les eût et qu'il en ait dépouillé cette église, comme il a fait de celle de Narbonne. Le chapitre lui a accordé un Titien de quatorze pieds de long, un Corrége et des tableaux d'autres grands maîtres, dont il leur donnera de belles copies, qui seront encore trop bonnes pour des Champenois, et il donnera au chapitre sa protection pour le surplus.

« Les connaisseurs sont étonnés de ce qu'avec ce goût pour la peinture, il n'en ait aucun pour l'arrangement, mettant un tableau de dévotion auprès d'une nudité, un tableau de grande architecture auprès d'un paysage, et ainsi du reste. Il ne se plaît qu'à en amasser beaucoup. On m'a dit qu'étant en Espagne, il eut la permission de faire copier un original excellent qui était à l'Escurial, et qu'il eut dessein de faire mettre la copie à la place de l'original, mais que les religieux s'en étant aperçus, ils firent arrêter le peintre et le mirent à l'inquisition. »

Un moins grand seigneur que celui-là s'empara, à son bon plaisir, d'un chemin qui partageait son domaine, et le fit clore de murs, si bien que ses voisins, dérangés dans leur propriété incontestable et inaliénable, écrivirent sur la muraille : *Voleur de grand chemin*. On s'en amusa beaucoup chez M. le régent, mais le chemin resta confisqué. Même entre eux, vous auriez tort de penser que ces *fils de Dieu* fussent bien pitoyables celui-ci à celui-là. Un jeune homme qui portait un des plus grands noms de la France, le propre neveu de l'archevêque de Cambrai, le chevalier de Fénelon, enseigne de grenadiers du régiment des gardes, âgé de vingt-deux ans, comme il était invité au ballet dansé par le roi, voulant passer d'une loge à l'autre et abréger son chemin, le pied lui manqua, et il tomba sur des piquants de fer qui lui percèrent l'artère. Il perdit tout son sang et mourut deux heures après, chez Bellemère, chirurgien. Le roi n'y était pas encore quand cela arriva, mais le sang était répandu dans la salle, et l'on ne laissa pas de danser et de jouer le ballet, l'étiquette ne permettant pas d'interrompre les plaisirs du roi.

A quoi vous servait, ô Fénelon, d'avoir été le précepteur

et l'ami du père infortuné de cet enfant-roi, qui dansait sur le cadavre de votre petit-neveu? En même temps que toutes ces hontes, toutes sortes de ruines et de misères, la peste acharnée, insaisissable, envahissait le Midi, toujours renaissante; un vaste incendie, au milieu de la nuit, dévorait la ville de Rennes: neuf cents maisons furent consumées. On découvrit, sous les décombres, des scories, brillantes et variées, sorties, comme l'airain de Corinthe, des combinaisons fortuites de la combustion. Le luxe façonna, la mode répandit ces lamentables débris. Ce fut par des parures de femmes et par quelques futiles bijoux que la plupart des Français apprirent la destruction de la capitale d'une grande province.

La banqueroute était partout; les voitures publiques étaient arrêtées à main armée et dévalisées à la porte des faubourgs. Il y avait dans Paris un jeune homme, — un esprit incomparable et merveilleux, destiné à remplir le monde entier d'une révolution qui dure encore; il s'appelait Arouet; il s'appellera bientôt Voltaire. Il était le vrai charme; heureux au théâtre, applaudi dans le poëme, un vrai météore! Le chevalier de Rohan, le plus lâche de tous les hommes, tendit à ce jeune et grand poëte un guet-apens abominable, et passa le détroit pour ne pas rendre raison à l'auteur de *la Henriade*. Eh bien, nous trouvons dans le journal de Matthieu Marais que le chef de la police était averti par le meurtrier, et qu'il avait répondu : « C'est très-bien fait, mais faites en sorte que l'on n'en voie rien. »

II

LES BEIGNETS DE M{^{lle}} D'HUMIÈRES

Dans les bois de Marly et de Louveciennes Louis poursuivait le cerf, et sa jeune main s'enfonçait déjà, sans trembler, dans les entrailles du vieux roi de la forêt. Puis, quand le cerf est tué, quand il faut revenir à Versailles et qu'on est rentré dans ce grand palais, que faire en attendant le dîner? Ce que fait le jeune roi, vous l'allez voir.

Donc, au grand château de Versailles, quand vous avez traversé la salle des gardes du roi, la salle des gardes de M. le dauphin, la salle des gardes de M. le duc de Bourgogne, la grande galerie, le salon d'Hercule et la salle du conseil; quand vous avez passé, en vous inclinant, devant ces échos plaintifs qui ont répété tant de hautes paroles; quand vous avez longé ces murailles, témoins de tant de gloires et de tant de misères, vous trouvez une petite chambre obscure, toute remplie de vaisselle d'or et d'argent au temps où nous parlons. Dans cette chambre est renfermée toute la vaisselle royale : coupes antiques, vases précieux, riches aiguières, commandés par François I{^{er}} à son orfèvre Cellini; et tout au coin de ce riche réduit, dans une vaste cheminée, voyez-vous ce feu de fagots tout allumé, et sur les deux chenets dorés voyez-vous cette poêle à frire qui chante son chant de victoire? Près de là un bel adolescent délaye et remue, dans une écuelle de porcelaine, une pâte blanche, liquide et sucrée, dont il admire la transparence; tout auprès de cet enfant, une jeune fille, bouclée et poudrée, à genoux devant la cheminée, suit d'un œil inquiet et curieux tous les mouvements de la pâte qui se crispe en cuisant dans la poêle à frire. Il est impossible d'y mettre plus d'âme et d'attention des deux parts, surtout la jeune fille. Pour être plus entière à sa friture, elle a quitté sa robe de gros de Tours, et elle est restée en simple jupe de basin blanc, dont les basques retroussées dans les poches laissent entrevoir un bas de soie, enveloppe rose d'une jambe blanche et fine. Cependant, dans le coin du même appartement et assise dans un fauteuil, une vieille dame semble lire attentivement, dans un superbe livres d'heures, la messe du Saint-Esprit.

Quand les beignets sont bien cuits, bien dorés; quand cette fine fleur de farine bien sèche et bien rôtie est tout entière saupoudrée de sucre, Mlle d'Humières en remplit un vaste plat de porcelaine du Japon, et le jeune roi bat des mains à l'aspect de cette friande pyramide. On se met à table, Mlle d'Humières et le roi, et les beignets d'entrer en jeu. Mlle d'Humières les faisait si bien! et puis elle était si belle, et si blanche, et si mignonne dans son simple basin! Le roi mangeait des beignets, et il regardait Mlle d'Humières. Et elle aussi, de son côté, elle regardait le jeune roi, et bientôt ces beignets si bons furent oubliés, et ces deux regards tout bleus se confondirent. C'en est fait, le roi Louis XV est entré sans le savoir dans l'amour, la troisième passion de son aïeul Louis XIV.

En ce moment une heure de l'après-midi sonna à l'horloge du château, et l'on entendit gratter doucement à la porte : c'était le valet de chambre du roi, Lebel, qui s'éleva en même temps que Louis XV, qui jamais n'a précédé son maître que d'une heure, mais à qui cette heure fatale suffisait pour causer bien des ravages ; Lebel qui comprit le roi beaucoup mieux que n'avait fait le cardinal de Fleury, son précepteur ; il venait annoncer au jeune roi que la cour était là et que M. le duc de Mailly allait entrer. — « Mon Dieu! dit le roi tout troublé, mon Dieu! Lebel, qu'allons-nous devenir? »

Lebel, sans regarder Mlle d'Humières, sans regarder le roi ni personne, montra d'un geste qu'il ne fit pas le dressoir sur lequel était étalée la vaisselle. Il n'y avait pas à balancer. Mlle d'Humières était en simple casaquin, la robe retroussée, le regard troublé et la joue ardente. Elle comprit, elle aussi, le geste invisible de Lebel, et la voici derrière le dressoir, l'enfant!

Alors le roi, un instant troublé, redevint tout de suite un roi. Cela lui était si facile avec le peuple qu'il avait et les maîtres qu'il avait eus! Il s'avança donc en présence de toute la cour vers Mme la maréchale d'Humières, qui était tout interdite; et, comme s'il eût achevé avec la bonne dame une conversation commencée, il la congédia avec une grâce toute royale. Jamais aux yeux des courtisans le roi n'avait été plus beau. Cependant le roi était mécontent; son sourcil était froncé, et il s'apprêta à écouter M. de Mailly avec un air visible de mauvaise humeur.

M. de Mailly, vieux courtisan et vieux soldat, avait obtenu du roi cette audience pour lui raconter ses travaux, ses blessures, et pour lui exposer ses droits incontestables au ruban bleu, qui était l'auréole de l'ancienne monarchie.

Le jeune Louis, tout entier à Mlle d'Humières et qui la savait
là, en petite robe, derrière le dressoir, répondit fort mal à
M. de Mailly. Il sonna Lebel, et le duc se retira fort mécontent. Mais comme M. de Mailly était venu tout botté et
éperonné pour la chasse, il trouva en son chemin la belle
robe bleue de Mlle d'Humières, et il sortit entraînant à son
éperon la guirlande de cette belle robe oubliée sur un fauteuil. C'était le premier oubli de ce genre chez le roi
Louis XV; aussi fit-il sensation à la cour.

Voilà donc le jeune roi resté seul avec Mlle d'Humières,
car madame sa mère était dans les grands appartements.
Lebel était à la recherche d'une autre robe, et décemment
Mlle d'Humières ne pouvait pas sortir du château de Versailles en jupon blanc, le sein et les bras nus. Cette fois il
ne fut plus question, entre ces deux enfants, de beignets et
de friture. Ils baissaient les yeux l'un et l'autre, car l'un et
l'autre ils avaient été élevés dans les saints préceptes de
l'éducation chrétienne : Louis, disciple soumis d'un cardinal; Mlle d'Humières, un ange venu de l'abbaye de Chelles,
où, en fait de leçons profanes, elle n'avait appris que l'art
de faire des beignets, cet art immense qui la perdit. Cependant Louis portait du bon sang de Bourbon dans les veines,
tout prêt à la moindre étincelle, et quant à Mlle d'Humières,
elle avait beau être l'honneur de la sainte abbaye de Chelles,
elle avait beau appartenir à une mère chrétienne et à des
parents rigides, n'était-elle pas plongée jusqu'à l'âme dans
les tièdes et délirantes exhalaisons du siècle qui couvait déjà
l'*Héloïse* et *Candide*?

Mlle d'Humières allait à la messe tous les jours, il est
vrai, mais en son chemin elle rencontrait des danseuses et
des filles d'Opéra, étalant leurs vices effrontés dans les

carrosses de la cour. De toutes parts, le luxe et l'amour parlaient à cette âme innocente. Boucher étalait sur chaque panneau ses voluptés sans voiles; les vieillards racontaient à chaque instant l'amour et le repentir de sainte Montespan; toute la Régence soufflait son venin dans ce jeune cœur de seize ans, qui battait si vite sous l'ardent regard d'un roi qui en avait quatorze. Pauvre fille! enfermée là par Lebel! Et puis comment se serait-elle défendue? elle n'avait ni sa robe, ni son fichu, ni sa mère! Enfin Lebel revint fort tard avec la marquise, et Dieu sait si la marquise était inquiète! Elle avait reconnu à l'éperon de M. de Mailly une frange de la robe de sa fille. Ce jour-là le roi fut malade; on ne sut pas à la cour qu'il avait mangé les beignets de Mlle d'Humières.

Il en garda le goût toute sa vie. En vain il eût voulu retrouver une pâte aussi tendre, aussi blanche; ce n'était pas la même chose! Et le jour où Germain, son orfévre, lui apporta en grande cérémonie cette pièce d'orfévrerie qu'on appelait *la nef du roi :* — « C'est très-beau, disait-il, c'est très-beau; » mais, pensait-il tout bas, j'échangerais volontiers ce chef-d'œuvre contre un seul des beignets de Mlle d'Humières.

III

LA CHAPELLE ROYALE

Il suffit d'avoir traversé ces marbres, ces tableaux, ces rêves, ce balcon où se tenait Louis XIV adorant Dieu, pendant que ses courtisans adorent le roi, tournés vers sa personne, pour ne jamais oublier ces voûtes solennelles et charmantes, où la ville entière venait entendre, avec des admirations et des larmes, Bossuet, Bourdaloue et le Père Massillon. C'est le grand côté de Versailles ; le génie et la logique, les grâces et l'éloquence des maîtres orateurs n'ont jamais été plus loin. La religion qu'ils ont protégée et défendue est éternelle ; elle avait la confiance de la France avec son admiration. Si tout est impossible à l'homme, disaient-ils, ils prouvaient que tout était possible à Dieu. Ne soyez pas si fiers, philosophes ; vos découvertes sur les progrès de la raison n'égaleront jamais l'alliance que ces grands chrétiens ont conclue entre la raison et la foi. Ils ont été grands dans leurs paroles et dans leurs pensées ; ils n'ont pas dissimulé aux grands de la terre, au plus grand de tous, la nécessité de la pénitence. Ils ont montré dans toute sa rigueur la nécessité des mystères chrétiens.

Vous maintenant qui contemplez, dans ses élégances,

le siècle de Louis XIV, courage, et venez avec nous dans la chapelle de Versailles. Faites-vous une place dans la foule qui se presse autour de la chaire de Massillon. Toute la cour est réunie autour du roi. Voici M@+me@ de Montespan dans tout l'éclat de sa faveur et de sa beauté. Cette foule empressée et magnifique resplendit de l'éclat des plus grands seigneurs, les généraux, les ministres, les parlementaires à côté des capitaines ; ils savent, les uns et les autres, qu'ils entendront tout-à-l'heure les vérités les plus cruelles. Rien ne les étonnera dans les leçons les plus rigoureuses et les plus effrayantes du christianisme. Les incrédules eux-mêmes se soumettront tout entiers. Heureux ceux qui sont chrétiens comme l'étaient nos pères, aimant le christianisme et se nourrissant de sa doctrine puisée aux sources les plus pures ! Que de fautes prévenues, que d'erreurs évitées, et quels souvenirs ils rapportaient dans leur logis, les auditeurs sérieux de ces chefs-d'œuvre intitulés par Bourdaloue : *de la Force et de la sincérité des lois chrétiennes*, ou le sermon de Massillon : *sur le Véritable culte*, ou les sermons de Bossuet : *le Véritable esprit du christianisme, la Mort et l'immortalité de l'âme, la Nécessité de la pénitence, l'Importance du salut* ; toutes ces merveilles éclairées d'une lumière divine qui se répand dans votre âme pour y porter la sérénité et la paix ! En présence de ces merveilles, Versailles tout entier disparaît, et nous écoutons l'orateur presque autant que le roi lui-même. Quelle droiture de sentiment, quelle belle et pure doctrine, et, comme on oublie, en ce moment, l'*Encyclopédie* et ses démons ! Tous les doutes sont résolus, tous les droits sont sanctionnés, tous les devoirs sont expliqués. C'est vaste et grand comme le monde. Ainsi les grandes âmes sont glorifiées comme il convient par ces paroles solennelles et charmantes. Même les pécheresses, une la Vallière, une Montespan, sacrifiant l'honneur à la passion, ne se croyaient pas des héroïnes et presque des saintes. Dans la chapelle de Versailles la licence était la licence, et le mal était le mal. Cette lumière morale reflétait jusqu'aux moindres taches de la conscience humaine, et les courtisans les plus endurcis s'étaient condamnés eux-mêmes avant que Massillon les condamnât. Bossuet ne leur apprenait rien sur les vanités du monde ; et pourtant quelle charité dans ses paroles d'une éloquence souveraine ! Ah ! loin d'ici la morale frivole et mondaine s'ajoutant à la morale barbare ! Elle suppose que tout le monde est riche, jeune et bien portant, dédaignant les pauvres, les affligés, les malades, les âmes torturées par leur propre sensibilité, les esprits ardents étouffés dans les bornes étroites de ce bas monde. Eh bien, rien n'est oublié dans nos misères par ces Pères de l'Église. Ils ont si bien parlé des afflictions et de la vanité des plaisirs ! Quel compatissant langage ! avec quel art l'orateur élégant et pathétique et parlant d'une voix plus basse se réduit à une simplicité pleine de tendresse et de mélancolie ! Ainsi nous retrouvons toutes les indulgences évangéliques dans le sermon *Sur le pardon des injures, sur la justice et sur l'honneur*, et ce fameux sermon de Massillon *Sur le bonheur des justes*. — Nous, cependant, reconnaissant de ces enseignements éternels, plaçons au premier rang de notre admiration et de nos louanges l'institution même de la chaire chrétienne, la plus belle des créations dont le christianisme ait doté le monde. Elle est au-dessus des révolutions ; elle n'a pas à redouter ces changements si multiples et si divers qui s'attachent à toutes choses. Il n'y a rien qui lui soit comparable en toutes les institutions de l'antiquité. Socrate et Platon, dans leurs conseils, ne songeaient qu'aux savants et aux riches. Il fallut que l'Évangile enseignât aux hommes réunis la philosophie offerte aux pauvres, aux ignorants, aux malheureux, à cette fourmilière d'hommes libres qui ont été d'abord des esclaves, à ces pauvres enfants qui savent bien que l'âme est immortelle et faite à l'image de Dieu. Bourdaloue et Massillon n'en savent pas davantage. Heureux les pauvres d'esprit, les petits et humbles! Ils seront consolés; miséricorde aux pécheurs qui se repentent; justice à tous, et pour tous la bonne nouvelle. Ainsi qui voudra savoir tout le temps d'autrefois recherchera d'abord dans l'ancien Versailles la chapelle, et dans la chapelle ces grands noms de la majesté de la France : Bossuet, Bourdaloue et Massillon.

Qui lirait avec soin le sermon de Massillon y trouverait tous les mémoires et l'histoire de l'époque où nous sommes attachés. Les moindres usages, les moindres périls de ce monde, en proie aux disputes, Massillon les ramasse et les montre aux yeux les moins prévenus. Comme il traite sévèrement ces maîtres de la terre enfouis dans la magnificence de leurs palais et se partageant les dépouilles des villes et des provinces, afin de parer leur roture et leur obscurité! Dans les divines Écritures il enseigne surtout la chute de David, les égarements insensés de Salomon, le scandale de la cour d'Hérode et les voluptés démesurées de Balthazar. Malheureux prince dont le moindre désir est un arrêt de mort pour l'innocent qui les écoute! A peine David eut souhaité boire l'eau de la citerne de Bethléem, aussitôt trois jeunes Hébreux percent l'armée ennemie, et à travers mille dangers viennent mettre à ses pieds une eau limpide qui était le prix de leur sang et le péril de leur âme. Hélas ! *tout est facile aux passions des grands.* A peine Sarah eut paru dans les royaumes de Pharaon et d'Abimélech, les courtisans, connaissant la honteuse fragilité de leurs maîtres, viennent leur vanter sa beauté, enflamment leurs passions et leur inspirent des désirs injustes... Ne dirait-on pas de l'histoire même de Versailles? Heureusement la portion du pauvre est intacte; il a gardé l'innocence, la pudeur, la droiture, la simplicité; une innocence que rien n'égale, une foi que rien ne peut ébranler. Quand il parle ainsi, l'orateur chrétien s'élève au niveau même des prophètes, instituteurs du genre humain.

Quelle guerre a faite au riche le Père Massillon ! Il s'occupe, dans son abondance, à abattre ses greniers pour en élever de plus magnifiques... L'enfant prodigue ne revient dans la maison paternelle que s'il commence à sentir les rigueurs de la faim.

Réglez votre maison, disait le prophète, *car vous mourrez.* Réglez-la de bonne heure et n'attendez pas, pour remettre en ordre toutes choses, l'heure où la raison s'enveloppe, la langue qui se lie et s'épaissit, une mémoire qui se confond, un cœur qui s'éteint ! En même temps l'œil découvre en quelque obscurité de la maison du mourant un portrait oublié de passions éteintes, une image effacée à demi d'un amour condamnable : « Prenez garde, dit-il au pécheur, les os de l'impudique restent remplis des désordres de sa jeunesse... Et notre siècle, et ceux de nos pères, n'ont-ils pas vu des monstres qui, en expirant même, juraient une affreuse fidélité jusqu'au-delà du tombeau à l'objet détestable de leur passion, et dont l'âme réprouvée ne sortait de leur corps qu'avec des soupirs et des regrets de crime et de volupté ? O Dieu ! que vous êtes terrible quand vous livrez le pécheur à sa propre corruption ! »

Ainsi nous allons par le sentier évangélique des plus cruelles vérités à ce fameux discours sur *le Petit nombre des élus* où se manifeste, en tout son éclat, la suprême éloquence de l'orateur chrétien. La ville et la cour écoutaient dans l'épouvante et l'admiration cette ardente prophétie, et l'on dit qu'à un certain moment la douleur de l'auditoire fut si vive, que dans un commun enthousiasme on vit soudain ces hommes et ces femmes incapables d'endurer plus longtemps ce supplice avant-coureur de la flamme éternelle, se lever debout sur leur siége et, les mains tendues au ciel, implorer la protection divine. On saura jusqu'à la fin des siècles les moindres paroles de ce grand sermon, où Versailles, accusé, comparaissait pour ainsi dire devant son juge. « La terre, dit un prophète, est infectée par la corruption de ceux qui l'habitent ; tous ont violé les lois, changé les ordonnances, rompu l'alliance qui devait durer éternellement ; tous opèrent l'iniquité, et à peine s'en trouve-t-il un seul qui fasse le bien. L'injustice, la calomnie, le mensonge, la perfidie, l'adultère, les crimes les plus noirs ont inondé la terre : *mendacium, et furtum, et adulterium inundaverunt*. Le frère dresse des embûches au frère ; le père est séparé de ses enfants, l'époux de son épouse. Il n'est point de lien qu'un vil intérêt ne divise. La bonne foi n'est plus que la vertu des simples. Les haines sont éternelles, les réconciliations sont des feintes ; et jamais on ne regarde un ennemi comme un frère. On se déchire, on se dévore les uns et les autres ; les assemblées ne sont plus que des censures publiques ; la vertu la plus entière n'est plus à couvert de la contradiction des langues. Les jeux sont devenus ou des trafics, ou des fraudes, ou des fureurs; les repas, ces liens innocents de la société, des excès dont on n'oserait parler; les plaisirs publics, des écoles de lubricité. Notre siècle voit des horreurs que nos pères ne connaissaient même pas. La ville est une Ninive pécheresse; la cour est le centre de toutes les passions humaines; et la vertu autorisée par l'exemple du souverain, honorée de sa bienveillance, animée par ses bienfaits, y rend le crime plus circonspect, mais ne l'y rend pas peut-être plus rare. Tous les états, toutes les conditions ont corrompu leur voie : les pauvres murmurent contre la main qui les frappe; les riches oublient l'auteur de leur abondance; les grands ne semblent être nés que pour eux-mêmes, et la licence paraît le seul privilége de leur élévation. Le sel même de la terre s'est affadi; les lampes de Jacob se sont éteintes; les pierres du sanctuaire se traînent indignement dans la boue des places publiques, et le prêtre est devenu semblable au peuple. O Dieu! est-ce donc là votre Église et l'assemblée des Saints? est-ce là cet héritage si chéri, cette vigne bien-aimée, l'objet de vos soins et de vos tendresses? Et qu'offrait de plus coupable à vos yeux Jérusalem, lorsque vous la frappâtes d'une malédiction éternelle? »

C'était l'usage des meilleurs chrétiens, aussitôt que le devoir religieux était accompli, de revenir aux émotions de chaque jour. La coquette encore parée aimait à se montrer en ses plus beaux atours, heureuse si elle avait donné quelques distractions au capucin qui prêchait après vêpres, et qui n'était pas tout à fait un Massillon. La plupart du temps, ces dames se rencontraient sous le porche, à l'église, et quand elles s'étaient offert l'une à l'autre au bout du doigt l'eau bénite, elles reprenaient la conversation où la veille même elles l'avaient laissée. Elles avaient vu passer, dans les voitures de gala, le nouvel ambassadeur; elles savaient qu'on lui avait servi un déjeuner somptueux, et ce qu'il avait mangé, quel vin il préférait, quelles paroles il avait dites. Ou bien, elles avaient vu passer, dans leur plus magnifique appreil, les nouveaux chevaliers du Saint-Esprit, et elles riaient de M. de Richelieu qui avait mis son Saint-Esprit en gage, pour arrher Mlle de Maupin. Elles jugeaient en même temps les nouveaux chevaliers selon leur mérite ; elles savaient pourquoi M. le duc de Brissac l'avait emporté sur M. le comte de Maillé, et comment M. de Grignon avait vu sa belle-mère forcer la main du roi pour que son gendre obtînt le Saint-Esprit. Rien ne passait inaperçu aux yeux de ces dévotes. Celle-ci avait vu débuter Mlle de Camargo, petite-fille d'un inquisiteur de la très-sainte Inquisition d'Espagne, et celle-là récitait déjà les vers de Voltaire à propos de Mlle Sallé :

> Ah ! Camargo, que vous êtes brillante !
> Mais que Sallé, grands dieux, est ravissante !
> Que vos pas sont légers et que les siens sont doux !
> Elle est inimitable, et vous êtes nouvelle :
> Les Nymphes sautent comme vous,
> Mais les Grâces dansent comme elle !

On savait aussi dans ces groupes les amours de Mlle Lecouvreur avec Maurice de Saxe, et comment la dame avait vendu ses diamants pour acheter un régiment au jeune général. « Croyez-vous, amie, au désintéressement de Mlle Clairon, qui a commandé à Pigalle une statue de Voltaire? Est-ce vrai, ce qu'il dit, que la reine veut voir sur le théâtre de l'Opéra l'*Armide* de son maître de musique, M. le chevalier Gluck? »

On raconte aussi que le chevalier d'Aydée achetait à Constantinople, au marché des esclaves, une jeune Grecque dont il a fait sa maîtresse il y a huit jours. C'est indigne ! On dit aussi que la sœur du cardinal, Mme de Tencin, a voulu reconnaître pour son fils un enfant qu'elle avait oublié sur les marches de Saint-Jean le Rond. Cet enfant, sauvé par une vitrière, est devenue un savant illustre appelé d'Alembert, président de nos deux académies. Il fut d'abord très-inquiet de savoir ce que lui voulait cette grande dame, et quand, après mille embarras, elle voulut déclarer sa proposition, il lui dit nettement : « Y pensez-vous, madame ? Et quelle ambition vous tient en ce moment ? Je suis le fils de la vitrière, et ne veux pas d'autre mère jusqu'à ma mort. » Les ambitieux disent que d'Alembert a sottement refusé une fortune qu'il pouvait faire accepter de sa mère adoptive. — Oui, mais les braves gens lui savent gré de sa reconnaissance !

On s'est beaucoup entretenu, le jour des Rois, de la précaution de M. de Barjac, premier valet de chambre du cardinal de Fleury, qui avait si bien fait ses invitations, que M. le cardinal, en sa qualité de plus jeune invité, avait tiré les Rois sans oublier la *part du pauvre*. — Et Dieu soit loué, disait-on, le pauvre ne manquera pas aux bienfaits du cardinal !

Ces causeries du dimanche étaient une des fêtes ; elles plaisaient au bon peuple du faubourg. Les plus vives causeuses étaient recherchées comme autant de prédicateurs. Elles savaient le noël le plus nouveau ; elles récitaient les dernières fables de l'abbé Aubert.

Un certain Gresset, qui s'amusait à composer des satires, n'avait pas de meilleures amies que ces dames touche-à-tout, dont plusieurs même étaient redoutables. Elles avaient découvert récemment un terrible poëte, ennemi de M. le Régent, M. de La Grange-Chancel ; elles savaient par cœur ses derniers vers :

> Nocher des rives infernales,
> Apprête-toi, sans t'effrayer,
> A passer les ombres royales
> Que Philippe va t'envoyer.

« Quand on apporta cette philippique à M. le Régent, il n'était pas dans ses jours d'indulgence, et Mᵐᵉ de Parabère était trop bonne amie avec M. de Nocé. « Tu prendras soin de m'envoyer tantôt ton prestolet de poëte, disait-il à l'abbé Dubois ; je lui veux donner une leçon dont il se souviendra. » Dubois, qui n'était point un méchant homme, et qui eût donné vingt poëtes pour une pièce de douze livres, aurait bien voulu que La Grange-Chancel eût été en sûreté dans quelque bastille. Mais le malheur voulut qu'on le lui amena sur le tantôt, et le pauvre hère fut conduit, par les allées sombres du Palais-Royal, à son ennemi, M. le Régent. « Monsieur, lui dit le Régent, quand vous écriviez ces infamies, étiez-vous bien convaincu de ne pas être un calomniateur ? — Monseigneur, répondit La Grange-Chancel, encore aujourd'hui je suis persuadé que j'étais dans la vérité. — Voilà, Monsieur, ce qui vous sauve, et si vous aviez hésité un seul instant, je vous faisais pendre. — Y pensez-vous ? disait M. de Nocé, il suffit de couper les oreilles à ces gens-là ! » Ainsi fut sauvé, par le courage et la vérité, M. de La Grange-Chancel.

Ces sortes de nouvelles effrayaient beaucoup le bourgeois de Paris ; il se consolait, en les racontant tout bas, au moment où le bœuf était fumant dans sa couche de persil.

IV

LA MAISON DU ROI

Dans ce tumulte, au-delà de ces fournaises, le premier soin du philosophe et du voyageur sera de saluer à Versailles même le palais du roi, tout rempli de la majesté de Louis XIV, le *Roi-Soleil*, et des vices élégants que M. le Régent et le roi Louis XV ont introduits dans les petits appartements, dédaigneux de l'Œil-de-Bœuf, du salon de la Reine et du salon de la Guerre et de toutes les grandeurs de l'étiquette inviolable. Qui ne sait pas le palais de Versailles ne saura jamais la plus brillante partie de notre histoire. Il a contenu toutes les majestés de la France; il obéissait à la volonté royale; il a vu naître et grandir et mourir ces rois voisins de la divinité. En même temps nous étudierons, pour bien entrer dans notre sujet, l'histoire de la maison du roi,—tout un peuple organisé pour le service et l'ornement de la couronne. Il y avait, après la maison militaire, réglée par M. de Saint-Germain, la maison du Roi, ordonnée et réglée par M. de Colbert, pour la sûreté du trône et le respect des peuples. Cette maison du Roi se composait de soixante mille charges vénales dont les gages étaient payés par l'intérêt de l'argent que ces seigneurs avaient dépensé pour avoir bouche en cour. Le premier de tous ces employés du Roi, c'était le grand maître de France, puis le grand chambellan de France ; venaient ensuite le grand maître de la garde-robe et le grand écuyer de France, le premier panetier, le premier échanson, le premier tranchant, le grand veneur de France, le grand maître des cérémonies. Les premiers hommes de l'État et du royaume aspiraient à l'honneur de remplir ces emplois qui les rapprochaient de la majesté royale. Ils s'appelaient de Liancourt, de Boisjelin, de Chauvelin, de Brissac, de Verneuil, de la Chesnaye, de Penthièvre, de la Suze, des Cars. La chapelle de Versailles était un vrai ministère : on la divisait en chapelle oratoire, gouvernée par le psalmiste ordinaire du roi, en grande chapelle contenant la musique du roi, maître de musique-chapelle, maître de musique-chambre, avertisseur du roi pour la messe, porteur d'instruments, car c'était une charge de cour de porter à la chapelle la trompette et le hautbois.

Il nous faudrait un tome entier pour raconter le ballet du roi. Rien que pour la *bouche du roi*, il y avait chaque jour à Versailles, vêtus de leur grand uniforme, les chefs cuisiniers, les chefs travailleurs, les aides ; l'huissier de la bouche, la paneterie-bouche, l'échansonnerie-bouche, fruiterie, fourrière ; coureurs de vin, sommiers, chargés de fournir l'eau de Ville-d'Avray, maîtres-queux, officiers serdeaux, aides pour les fruits de Provence, galopins ordinaires ; — vaguemestre des équipages de la maison du roi ; — porte-manteau, porte-arquebuse, valets de chambre horlogers, valets de chambre barbiers, valets de chambre tapissiers, feutiers ; — capitaine de l'équipage des mulets ; — peintre de la chambre et du cabinet du roi ; — artilleur ordinaire, et garde du cabinet des armes du roi ; coffretiers, muletiers, gaîniers de la chambre et de la garde-robe du roi ; — paumiers du roi ; les *logements de la cour* ; — la *Faculté*, avec opérateur du roi, pour la pierre au petit appareil, et opérateur du roi pour la pierre au grand appareil ; — les *cérémonies* ; — le *cabinet du roi* ; — le *garde-meuble de la couronne* ; les *menus plaisirs et affaires de la chambre du roi*, où est un inspecteur général pour les habits et décorations ; — les *écuries du roi* ; — un juge d'armes et de la noblesse de France ; — un secrétaire général des écuries, haras et livrées de Sa Majesté ; un roi d'armes de France, des hérauts d'armes, des porte-épées de parement, des chevaucheurs et courriers de cabinet ; la *vénerie du roi* avec commandant de la meute du chevreuil, et aumônier de la vénerie ; la *fauconnerie* avec un commandant général, un lieutenant pour vol pour corneille, un lieutenant-aide pour vol pour pie, un pour vol pour champs, un pour vol pour émérillon, un pour vol pour lièvre ; — et encore la *maison militaire du roi*, les gardes du corps du roi, la compagnie écossaise, la compagnie des cent-gardes suisses ordinaires du corps du roi, la compagnie des gardes de la prévôté de l'hôtel du roi, les Suisses et Grisons.

Imaginez toute cette maison du roi avec ses pages, ses huissiers, ses premiers gentilshommes de la chambre ; ses écuyers cavalcadours, ses gentilshommes ordinaires du roi, ses gentilshommes-servants du roi ; — cette maison du roi où étaient jusqu'à des *pousse-fauteuils*, et à un *chargé de présenter la Gazette au roi, à la reine et à la famille royale* !

La reine avait aussi sa maison avec chapelle, chambre, chevalier d'honneur, porte-manteau ordinaire, perruquier-baigneur-étuviste, baigneuse, femme de garde-robe des atours, porte-chaise d'affaires. — Monseigneur le dauphin avait sa maison : *Faculté, chambre, garde-robe*, lecteur et secrétaire des commandements.

Si nous voulions vous raconter le petit lever du prince de Conti, et comment au sortir de la garde-robe, en présence des dames les plus qualifiées de la cour, il était torché par messeigneurs ses chambellans, vous seriez à vous demander quelle était donc cette monarchie au-dessus des étoiles.

Nous avons oublié de vous dire que la reine avait à sa suite son trésor, une façon de coffre-fort conduit par six mulets et six muletiers. « Ma sœur, disait à la reine son frère, l'héritier de la maison d'Autriche, il faut que vous ayez bien de l'argent pour consacrer tant d'hommes et tant de bêtes au colportage de votre trésor. » Tout compte fait, il se trouva que la reine possédait dix petits écus.

V

LA GALERIE DU CHATEAU DE LA GOUPILLIÈRE

Voulez-vous connaître à fond toutes les familles du royaume de France? Une seule maison vous suffira. *La Goupillière* est un vieux château de la province du Maine, où la famille du chancelier du Prat a laissé non-seulement de grands souvenirs, mais encore une longue suite de portraits, ressemblants peut-être, et sans nul doute occupant la place qui leur revient dans cet arbre généalogique. Or nous comprendrons d'autant mieux le nombre et le rang de cette longue suite d'ancêtres si nous voulons songer à ceci : que dix-sept degrés seulement font dix-sept générations, lesquelles dix-sept générations produisent volontiers soixante-cinq mille cinq cent trente-six quartiers, autrement dit soixante-cinq mille cinq cent trente-six ancêtres. Ajoutez, s'il vous plaît, à tant de noblesse, un peu d'argent. On n'a pas sitôt trente-deux quartiers qu'il faut payer des chancelleries pour les garder, et des peintres pour signaler les armoiries. M. d'Hozier et M. de Lachesnaye des Bois vivaient des titres de la noblesse française, et voilà comme il n'y a guère de meilleure alliance que cette alliance exposée à tant d'injures, celle de la fortune et de la noblesse. A chaque portrait bien ou mal encadré, on la retrouvera en ce château de la Goupillière, un des mieux sauvegardés dans les dévastations de 1793. Portes fermées, volets clos, murailles hautes, fossés pleins de la fange ancienne, où coassent encore les arrière-petits-fils des batraciens d'autrefois. S'il vous plaît, nous entrerons, non pas sans respect, dans ces vastes salles, dans ces cabinets, dans ces chambres dorées, nouvellement rendus à la douce lumière du jour.

Le premier qui se rencontre en ce fouillis de peintures, qui ne sont pas toutes irréprochables, est un vieux M. du Prat de la Goupillière, riche et garçon, qui fut de son vivant un grand coureur d'aventures. Un beau jour, comme il s'était fait débarquer sur les côtes de la Nouvelle-Zélande, il fut pris, dépouillé, rôti, dépecé et mangé par Messieurs les sauvages et Mesdames les sauvagesses. Un matelot, qui s'échappa de ce grand désastre, en porta la nouvelle à Mme l'abbesse de la Joye, une du Prat, très-étonnée à coup sûr d'une mort si nouvelle. A côté de ce baron de la Goupillière se tenait, dans un grand uniforme de gentilhomme à drapeau, le chevalier du Prat, enseigne aux gardes françaises, sous les ordres du comte de Mailly, marquis de Nesle, qui eut l'honneur d'être, à trois reprises, le beau-père (ou peu s'en faut) de Sa Majesté le roi Louis XV. Ce chevalier du Prat mourut glorieusement à la bataille de Fontenoy, et le roi fit rendre à ses restes les honneurs décrétés seulement pour les restes de MM. les maréchaux de France. La famille, à demi consolée, cria : Vive le Roi !

Cette jeune personne en bel habit du matin, et du premier matin, sortant du lit, la rose à la joue et la perle au sein, vêtue assez pour n'être pas trop nue, était la propre fille de ce chevalier du Prat, mort à Fontenoy, et représentait une de ses bonnes actions. Cette ingénue, une enfant de l'amour, il l'avait adoptée, et quand elle avait eu seize ans, il l'avait dotée et mariée à un Barillon de la Cour des comptes, une famille parlementaire qui avait une excellente position dans la robe. Un de ces Barillon était l'ami de Voltaire, qui frappait encore en ce temps-là, mais en vain, à la porte de l'Académie. Un convive imprudent ayant fait tomber la conversation sur le chevalier du Prat, voilà mon Voltaire déchaîné qui se met à rire aux éclats des présidents et des évêques du nom de du Prat. Il traitait de Turc à More Guillaume du Prat, l'un des Pères du concile de Trente et l'introducteur des jésuites dans le royaume de France. Ah! comme il se moquait de ces hommes barbus, pansus, entripaillés à la Rabelais! Il confondait sans pitié celui-ci avec celui-là, les dames avec les demoiselles, les abbesses et les grandes coquettes, les capitaines et les présidents à mortier. Or Voltaire, en ceci, était d'autant plus écouté qu'un certain baron du Prat, ayant voulu monter dans les carrosses du Roi, n'avait pas encore retrouvé, dans les chartes de la Goupillière, les certificats exigés par les hérauts d'armes. C'est pourquoi Voltaire est resté l'abomination de la désolation dans la famille de la Goupillière. Il y avait surtout une certaine cousine appelée Mme de Boutault de Champigny, qui ne manquait jamais de briser tous les bustes de Voltaire qui tombaient sous sa main vengeresse. Cette dame de Champigny, dont l'image est un des quatre *dessus de porte* du salon jaune, avait toutes sortes de bonnes qualités; mais elle avait l'eau et le savon en horreur. Elle sentait le rance à une lieue à la ronde, elle se nourrissait de *consommés de moineaux*. Elle tenait aux Somery-Lacarre par les Benoist et les Bégon. Un de ces Bégon dormait toujours, et le peintre, en riant, avait ajouté deux marmottes pour support à ses armes. Il était gros et gras comme un éléphant et n'entrait guère dans un salon, tant il absorbait l'air respirable et répandait de vapeur. Sa femme était célèbre, à vingt lieues de la Goupillière, pour ses hoquets et pour ne pas retenir ses vents : c'est un mot de M. le duc de Saint-Simon lui-même. Si, dans l'autre monde, ces deux aimables créatures ressemblent à leurs portraits, il sera bien effrayant de les rencontrer. Un de leurs fils, qui était devenu docteur de Sorbonne, était si fier de son nom, qu'au lieu d'écrire selon la formule approbative des ouvrages confiés à la censure : J'ai lu *par ordre* de M. le chancelier, il disait : J'ai lu *pour* M. le chancelier. Le frère aîné de ce docteur de Sorbonne avait l'honneur d'appartenir, par son alliance avec les Coulanges, au comte de Bussy-Rabutin et, par contre, à Mme la marquise de Sévigné. C'était, du reste, un bel esprit, et qui faisait d'agréables chansons, celle-ci, par exemple, que pas un faiseur de couplets ne désavouerait de nos jours :

> Je trouve que les jeunes gens
> Aujourd'hui prennent trop leurs aises :
> Chez les dames au bon vieux temps
> Prenaient-ils les meilleures chaises ?
> Et les voyait-on renversés
> Les jambes, les genoux croisés ?
>
> La perruque en ce temps ici,
> Qu'on ôte dès qu'elle incommode,
> Et le tabac qui, Dieu merci,
> Est devenu fort à la mode,
> Font qu'ils se montrent sans cheveux
> Et barbouillés jusques aux yeux.
>
> . . . .
> . . . .

Le lansquenet était connu
Jadis des laquais et des pages ;
Maintenant il est devenu
Le jeu des folles et des sages ;
On y querelle, on parle haut,
Et c'est la cour du roi Pétaut.

La femme décide du vin,
Sait où le plus fort se débite ;
Elle se pique de goût fin
Elle s'en fait un grand mérite.
Le vin relève ses appas ;
Les canapés sont à deux pas.

Veut-elle chercher ses amis,
Aller où son plaisir l'appelle ?
On la voit courir tout Paris,
Sans écuyer, sans demoiselle,
Ou rester avec un grand soin
Chez elle et sans aucun témoin.

Qui le croirait ? Ces jolis couplets se chantaient sur l'air du *Confiteor*. Ils faisaient surtout les délices d'une Mme du Prat de Talley, qui avait longtemps exercé *l'emploi des blondes* dans le château de la Goupillière. Elle était si coquette et si hardie en sa parure, que l'abbé du Boys, son cousin, avait ajouté pour elle un couplet à sa chanson favorite :

Le corps de jupe est aboli,
La collerette est supprimée,
Le grand habit noir est banni,
La robe est la plus négligée ;
Et l'on dirait que les Amours
Prennent soin de tous les atours.

Et Dieu sait que de ce joli couplet elle ne s'était point fâchée. Elle se trouvait belle, elle se savait belle, et la couleur blonde ayant reçu sur sa tête beaucoup de compliments, elle n'avait jamais porté le moindre œil de poudre, ni aucun autre artifice. Selon le malheur de toutes les blondes que j'ai connues, elle avait varié de couleur en prenant des années, et sa vieille et chère nuance n'était vraiment plus qu'un souvenir : il n'en demeurait plus la moindre trace. Avant d'arriver au gris pour aboutir au blanc, elle passa par le châtain, par le brun, par je ne sais quoi encore qui ne ressemblait plus à son passé. Les rousses, au contraire, avec l'âge, arrivent à l'adoucissement de leur couleur : elles sont les vraies blondes à cinquante ans ; c'est la vengeance des dénigrements qu'elles ont soufferts, leur consolation des préférences qu'elles ont subies.

Hélas! la malheureuse, elle mourut parce qu'elle avait pris un cocher qui s'appelait Hippolyte ; il la versa un vendredi, treizième jour du mois de juin, et dans la chute elle fut brisée. On la regretta beaucoup le premier jour ; huit jours après, elle était oubliée, et Mme Brion, sa cousine, la remplaça dans la ruelle des la Goupillière. Elle avait beaucoup d'esprit et du meilleur, Mme Brion, et comme elle se vit forcée un jour de présenter son petit cousin à Mme de Montesson : « Madame, lui dit-elle avec un beau salut, monsieur n'est que mon cousin ; je choisis mes amis, mais je subis mes parents. » Et comme un certain marquis de Vertillac se moquait un peu trop du cousin : « Monsieur, lui dit la dame, il est vrai que les gens bêtes disent des bêtises, mais les gens d'esprit en font. » Elle épousa plus tard le marquis de Raray.

Le marquis de Raray descendait des Muy, des d'Ailly, des Gouffier, des Dreux, des Courtenay. Il sortait aussi des d'Estourille, très-antique maison de la plus haute noblesse, trop peu célébrée selon le droit de son élévation. Il était bon soldat, mais il fréquentait les grisettes et, qui pis est, les philosophes. Blessé à la tête, au siége de Namur, il fallut le trépaner. Si nous en croyons son portrait, il était horriblement laid, affreusement grêlé et grand à faire peur. Son nez même n'en finissait pas, ses yeux étaient d'un bleu fade. On n'a jamais vu, que je sache, un don Juan de cet acabit.

Parlez-nous cependant du portrait où se tient de pied en cap le seigneur de Rabodange, chevalier de la Toison d'or. Il en est parlé tout au long dans Brantôme. Ah! qu'il était fier et superbe, le marquis de Rabodange! Il portait pour armes d'azur, au chevron d'or, surmonté de trois étoiles de même, accompagné en pointe d'une levrette aussi d'or, colletée de gueules.

Voici, dans la galerie à gauche, entourés de leurs devises et de leurs cris de guerre, les Nacré, les Pontac, les Mareillac, les Chavagnac et autres secrétaires et fils de secrétaires du Roi. Écoutez, à ce propos, M. de la Roque dans son *Traité de la noblesse*, et voyez, comme au bon temps, il était facile de s'anoblir :

« Bien qu'il y ait plusieurs moyens pour parvenir à la noblesse, il n'y en a point de si considérable que celui de la charge de secrétaire du Roi, maison et couronne de France; ceux qui en sont pourvus reçoivent, par la puissance souveraine de nos rois, le caractère d'une noblesse de race, et, par un privilége qui leur est particulier, ils jouissent des mêmes honneurs et des mêmes prérogatives que les nobles qui ont passé le quatrième degré... Ils sont anoblis avec leur postérité de l'un et de l'autre sexe, rendus égaux en noblesse aux barons, et dignes de parvenir à la chevalerie. »

Dans cette maison du Prat, vous rencontrez tous les extrêmes : des saints, des assassins, des brigands, des magistrats, des suppliciés, mais pas un seul pendu. Vous avez des du Prat historiens, poëtes, voyageurs aux lointains pays ; des du Prat joueurs et spadassins, et même de tout petits du Prat affairés, médiocres, fatigants. Certain du Prat de Courtemanche a fourni à M. de La Bruyère le *caractère* que voici :

« Il faut laisser parler cet inconnu, que le hasard a placé auprès de vous dans une voiture publique, à une fête, ou à un spectacle ; et il ne vous coûtera bientôt, pour le connaître, que de l'avoir écouté ; vous saurez son nom, sa demeure, son pays, la famille dont est sa mère, ses alliances, les armes de sa maison ; vous comprendrez qu'il est noble, qu'il a un château, de beaux meubles, des valets et un carrosse. »

La femme de ce du Prat excellait par sa tendresse et sa piété. On voit encore aujourd'hui, dans le château de la Goupillière, son portrait avec cette devise au-dessus de son blason : *J'ai souvenance*. Souvenance de mon bonheur, souvenance de mes amours, souvenance de mes rêves, et, pardessus tout aujourd'hui, souvenance de ma foi qui me console.

Le fils aîné de cette aimable sainte avait nom Michel, en mémoire du baron Toury, son parrain, et ce Michel a pensé dévorer, à lui seul, le château de la Goupillière avec toutes ses dépendances. Il aimait les chiens, les chevaux et le reste. Heureusement qu'il fut mordu par un de ses chiens (l'animal est dans le portrait) et mourut enragé. La fille de celui-là avait épousé un M. de Clinchamp, qui était veuf. Voici même le portrait de sa première femme, une rose au côté, l'éventail à la main. Il conservait cette aimable effigie en son alcôve, et comme un jour il était en train de la contempler, il ne put retenir cette exclamation : « Pauvre femme, que je te regrette ! » Mme du Prat entrant à la sourdine, elle saisit ce propos, et, tournant les talons, elle s'associa à son sentiment en ces termes qui le foudroyèrent : « Et moi donc, monsieur ! »

Le du Prat que voici, au beau milieu du même salon, était la plus complète image de l'homme aimant ses aises et ne songeant qu'à lui seul. En traversant Milan, il se trouva assez bien couché à l'auberge de *la Croix de Malte ;* le lendemain, à son réveil, il acheta le bois de lit, les matelas, les couvertures, tout le bagage, et même la servante d'auberge qu'il expédiait à la Goupillière. Et comme on lui reprochait cette fille d'auberge : — « Oh là ! disait-il, hormis fille de plaisir, fille de bourreau, fille de service, fille de théâtre, fille de bâtard, fille de très-bas étage ou de très-bas emploi, je trouve toute fille épousable. » Puis il ajoutait avec son sourire de sacripant : « Je sais bien qu'on ne fait pas un grand d'Espagne, un chanoine de Brioude ou une chanoinesse de Remiremont avec ces procédés ; mais on procrée des gens qui, faute de soutenir les preuves, relèvent l'espèce, renouvellent le sang, continuent la race et la conduisent au ciel, à l'écart de la cour dont on peut se passer. »

Voyez-vous cependant, dans son cadre en bois noir rehaussé d'un filet d'or, cette personne un peu grassouillette ? Elle a des yeux charmants, la lèvre empourprée. Elle était un peu, par les femmes, la cousine de MM. du Prat, qui la regrettaient fort, en la maudissant de tout leur cœur. Cette belle avait nom la marquise de Brinvilliers, et c'était fête plénière chaque fois qu'elle venait à la Goupillière. On l'aimait pour ses bons mots et pour sa naïveté, et sitôt qu'elle fut con-

damnée au feu comme empoisonneuse, on se souvint de sa passion pour les Chinois : ces messieurs empoisonnaient à leur aise. La toute-puissance des mandarins en subit l'inconvénient tout aussi souvent qu'elle l'exerce. La marquise s'était avisée de dire un jour avec un air d'approbation :
« Les Chinois prétendent que la poudre réussit mieux dans la marmite que dans le canon. »

L'aimable sentiment, cousine, que voilà !

Mais enfin, elle ne fut pas pendue, elle fut brûlée, et du moins la noblesse fut sauvée.

Un de ces du Prat, dont le portrait manque (on n'en voit que la place), était proche parent de Mme de Montesson, qui l'avait fait, de son autorité privée, aumônier de son quasi époux, M. le duc d'Orléans. Cet aumônier se connaissait en vases étrusques, en tableaux, en magots. Il se vantait d'affermer les bénitiers de son église, comme on afferme un étang, et que ses bénitiers lui rapportaient davantage. Étant à Rome, il avait voulu baiser le pied du pontife, mais le Saint-Père lui avait donné courtoisement sa main à baiser. A Venise, il avait fait grande amitié avec le doge Mocenigo, qui lui avait donné son portrait que l'on voit encore à la Goupillière. « Ah! » disait à ce propos Son Altesse le duc de Rohan, « si je voulais remarquer tout ce qui en est digne, je craindrais que le papier ne me manquât. Contente-toi donc, ma mémoire, de te ressouvenir qu'ayant vu Venise, tu as vu un des cabinets des merveilles du monde, duquel je suis parti aussi ravi et content tout ensemble de l'avoir vue, que triste d'y avoir demeuré si peu, exigeant non pas trois ou quatre semaines, mais un siècle pour la considérer à l'égal de ce qu'elle mérite. »

Lorsque ce digne abbé disparut de ce monde, ce fut un grand deuil dans la maison du Prat; on ne tarissait pas sur les chances qu'il avait de devenir évêque, et la famille ne fut quelque peu consolée qu'en voyant un second François du Prat figurer dans la galerie à la place de l'abbé. Mme de Montesson avait donné ce nouveau du Prat comme maître d'hôtel à M. le duc d'Orléans. Il était goûté dans le monde pour le sel de ses chansons. Il mourut désespéré de n'avoir obtenu ni fils ni fille de ses deux femmes : Mlle de Jarente de Sénas et Mlle d'Aguesseau. Le portrait qui vient après ce du Prat de Cary représente le chevalier de Nantouillet, dont Mme de Sévigné parlait avec tant d'éloquence :

« Le chevalier de Nantouillet était tombé de cheval; il va au fond de l'eau, il revient, il retourne, il revient encore, enfin il trouve la queue du cheval, il s'y attache; le cheval le mène à bord, il monte sur le cheval, se trouve à la mêlée, reçoit deux coups dans son chapeau et revient gaillard. Voilà qui est d'un sang-froid qui me fait souvenir d'Oronte, prince des Massagètes. »

Mais voici bien des portraits d'abbés, de vidames, de marquis et de chevaliers, pour deux ou trois petites comtesses, par ci par là, qui remplissent de leur juvénile et douce clarté ces galeries un peu trop sombres. Arrêtez-vous tant qu'il vous plaira devant l'image ingénue et ravissante de Mlle de Thiars. Elle est vêtue de bleu; des bluets à la main, des bluets à la tête; à son cou charmant, une petite cravate assortie à la parure, essayait, mais en vain, de cacher un grain de beauté. La jeune et belle personne qui vient après, épousée à treize ans, est représentée absolument dans la pose, la toilette élégante et la mode de l'autre marquise. Seulement les goûts du marquis, pour lesquels chacune de ses femmes était pleine de condescendance, s'étaient ragaillardis en vieillissant : ils avaient varié du bleu au rose, et c'était de cette couleur que la marquise, née de la Tour-Maubourg, était habillée et pomponnée. Au reste, le ciel en donnait l'indication ; elle était vermeille, malicieuse et réjouie. Elle portait aux bras et au cou des enchaînements de perles. Elle est morte en 1750.

Cette autre dame, à l'air affable et bon, plus semblable à quelque image de Teniers qu'aux portraits de Mignard, était une Hollandaise qui avait pour frère le comte de Nyvenheim. Ce comte de Nyvenheim avait eu, de son premier lit, la délicieuse enfant dont je veux conter une ou deux anecdotes. Née sous l'équateur, elle faillit mourir de son influence. Ce fut à cause d'elle que l'on quitta la colonie. Elle était cependant *née coiffée*, comme dit le proverbe, ce que la science appelle *voilée*. Aussitôt sa tête délivrée de cet embarras, on mit celui-ci dans un coffre de fer, ce coffre dans un autre de bois, ce second dans un troisième de fer encore, et le plus mystérieusement du monde on jeta tout ce bagage au plus profond de la mer, ce qui est un procédé pour conserver le sort. Il ne fallait pas qu'en le volant ou en le pêchant, on s'emparât de toutes les prospérités destinées à sa possession et réservées, selon la justice divine, à l'enfant né sous de tels auspices. Telle est la superstition javanaise, et telle est la conduite des riches dans cette colonie. Les pauvres partagent la croyance, mais ils abandonnent le procédé. Ils vendent un haut prix le voile de l'enfant, et l'armateur assez heureux pour l'acquérir a le renom et la confiance de n'être soumis à aucun accident de mer tant que son vaisseau porte ce talisman.

Malgré son voile, la petite Ida prenait l'air et le chemin

de mourir. Son père et elle s'éloignèrent de ce climat. La traversée, mêlée de relâches au Cap, à Sainte-Hélène, à Lisbonne, dura six mois. Elle fut entremêlée d'un incendie dans le navire, qui faillit coûter la vie aux passagers. On débarqua en Angleterre, on repassa en Hollande. La duchesse de Brancas et la comtesse de Champcenetz allèrent chercher leur ravissante nièce. Elle avait trois ans quand elle arriva à Paris. Je n'ai jamais vu, dès cet âge, de plus agréable mutine, ni de plus charmante décidée. Ses tantes en tiraient de ravissants présages. Elle regardait malignement, s'impatientait joliment, et s'insurgeait délicieusement. Son premier acte public d'insubordination fut causé par des poissons rouges. Habituée à nager dès qu'elle avait pu remuer pieds et pattes, elle se jeta, avec son fourreau et sa plus jolie toilette, dans le grand bassin des Tuileries. Elle le prit pour un bain à son usage; elle crut à l'un de ces bassins dont abondent les jardins de la colonie, et dont son enfance ne bougeait guère. Ce fut un effroi général parmi les spectateurs. Plongeant dans l'eau, elle criait : Batavia! Batavia! Mais cet effroi devint une admiration à la vue de sa poursuite, de sa natation, de ses grâces. Sa négresse s'était aussi jetée à l'eau, et sa chasse augmentait les plaisirs du passe-temps. Ce petit être n'eut pas un moment d'embarras ni de fatigue. Elle ne fut point prise, elle se rendit; ce fut la tendresse et point la crainte ni l'obéissance qui la ramenèrent à sa nourrice. Elle fut applaudie en sortant, et Mme de Champcenetz fut obligée de concevoir de l'orgueil, et non pas du mécontentement de cette équipée de sa délicieuse nièce.

J'en suis fâchée pour tous les seigneurs de la maison du Prat, mais je donnerais toutes les images de ces générations refrognées pour cette *chère petite* gaie comme un pinson, active et remuante comme tous les oiseaux, charitable outre mesure. Si elle se fût trouvée sur le passage de la pantoufle de Cendrillon, elle l'eût gardée haut le pied. Elle pinçait de la guitare, et *turlutait* agréablement les petites chansons qu'elle avait apprises au couvent. Voilà certes la plus heureuse et la plus aimable image; elle repose et console de toutes les autres. D'ailleurs ce beau portrait, tout brillant d'une jeunesse éternelle, a jeté dans une ombre funeste ces capitaines, ces magistrats, ces docteurs de Sorbonne. Cette enfant qui nage à la façon d'un poisson rouge, entre les deux cygnes étonnés, dans le grand bassin des Tuileries, voilà ce qui nous charme et nous attire! Elle est le plus doux rire et le plus aimable événement du château de la Goupillière; elle emporte en se jouant tout l'avenir de cette illustre maison. Encore un peu de temps, dans les premiers jours du mois de mai 1789, le souffle populaire aura bientôt renversé le monde féodal. C'en est fait du château de la Goupillière, non moins que du château de Versailles. Mais, plus heureux que Versailles fouillé par les baïonnettes, la reine ayant à peine le temps de descendre du lit royal, la Goupillière est respecté, disons mieux, oublié.

Son isolement la protége, elle reste enfouie dans la solitude et dans le silence, et pendant que le maître absolu de Versailles monte sur l'échafaud, les fils et les petits-fils du chancelier Barbançon, Viteaux, Nantouillet, Cary, s'en vont dans toutes sortes d'exil après avoir passé par la Vendée. Ah! misère et confusion! ruine, abandon, nécessité! Le temps n'est plus où la dernière dame de la maison du Prat racontait sérieusement qu'elle avait toujours appelé sa bru : *Madame,* et qu'elle avait exigé d'elle la même cérémonie.

« C'est moins famille, mais c'est plus maison. C'est aussi pour la meilleure conservation de son respect et de nos égards mutuels. En lui disant, Madame, elle n'oserait pas me manquer. C'est le signe de l'indépendance personnelle et de la considération réciproque. Mêlant du sien et du mien dans son langage conjugal, elle nomme son mari monsieur, ce que j'approuve ; en famille, elle le tutoie, ce qui me soulève ; et ce que je n'ai jamais commis à l'égard de mes enfants, ce que je n'ai jamais permis entre eux. Je veux, quand une mère réprimande, et quand ses enfants se disputent, que tout se fasse solennellement. Ces formes amènent la réflexion, apportent la modération à sa suite. Je gage que, pour oublier nos rapports et pour condamner mes manières, ma belle-fille prendra dans sa tête d'appeler sa bru *ma petite chatte* et *mon cœur*, si Dieu permet que François, comme on dit aujourd'hui, se marie. »

Ici s'arrêtent les grâces des divers salons de la Goupillière. Saluons cependant le *salon des grossesses*, où se réunissaient, dans leur plus gracieux appareil, les Guirantine, les Birande et autres noms de saintes qui ne se rencontrent guère que dans l'Almanach royal. Dans ce salon, de la première grimace aux derniers cris de l'enfant nouveau-né, on installait à poste fixe les jeunes mariées, pour que, vivant parmi des minois si frais et de si gais sourires, des intelligences si brillamment exprimées dans tous les yeux, elles fissent leurs rejetons d'après les modèles qui étaient offerts. Et puis encore, ces figures suspendues semblaient une réunion de fées bienfaisantes, accourues pour douer heureusement l'enfant nouveau-né. Là se trouvaient répétées, non-seulement la mémorable baronne de Thiars, mais encore les deux marquises de Barbançon, les tantes de Faudoas et de Montesson, les belles-sœurs de Nos et de Saint-Victor, et puis quelques ravissantes abbesses et religieuses du nom, peintes par surprise ou par une coquette complaisance, et dont les ressemblances auraient dû se montrer assez stupéfaites et bouleversées du spectacle auquel elles étaient conviées.

Dieu sait les démentis donnés en ce beau lieu à cette croyance des sages-femmes : le premier enfant embellit, le second conserve et le troisième détruit. La baronne de Viteaux avait six enfants : voyez comme elle est charmante encore ! Il y avait aussi, tout rempli de souvenirs terribles, le *salon des duellistes*. Une certaine dame, ayant nom Jeanne d'Aligre, en était l'héroïne infortunée. Dévouée au seigneur de Niolet, promise au seigneur de Magnas par son père, persécutée par celui qu'elle dédaignait, et ravie par celui qu'elle avait choisi, elle perdit son mari dès le matin qui suivit le soir de ses noces. Il y eut, entre sa virginité et son veuvage, des moments fort doux peut-être, mais un intervalle fort court.

Dans ce salon des duellistes, sous un seuil de fer, le seigneur de Nantouillet avait enfoui sa femme, égorgée à sa toilette par des hommes masqués. Une senteur funèbre est restée en ce lieu de désolation, et, s'il vous plaît, nous n'irons pas plus loin que ce meurtre. Il fut chèrement expié par la dispersion de tous ces seigneurs, remplis, les uns et les autres, d'une véritable grandeur.

VI

LA CHEMINÉE ET L'AMANT

L'une des bonnes histoires de ces temps de grâce et de perdition, la voici. L'héroïne était l'une des femmes les plus aimables de la finance; elle avait nom Mimi Dancourt. Elle était la propre fille de cet inventeur plein de feu nommé Dancourt. Après avoir été un comédien populaire, il était devenu l'un des auteurs dramatiques les plus aimés du public. Mais parfois tournait la chance, et, philosophe, il s'en consolait en soupant à *la Grande Pinte*. Il avait fait de la petite Mimi son juge et son conseil; il lui lisait ses comédies, comme autrefois Molière à la bonne Laforêt, et quand Mimi n'était pas contente : « Ah! papa, disait-elle avec un grand soupir, j'ai grand'peur que cette pièce ne vous mène droit à *la Grande Pinte!* » Et de rire! Ils riaient de tout, ces bohémiens. Ce riche et fameux fermier général qui a sauvé son nom de l'oubli pour s'être mêlé aux gens d'esprit, M. de la Popelinière, ayant vu Mimi Dancourt dans le rôle d'Agnès, s'en éprit si violemment que, malgré tous les obstacles, en dépit du père et même en dépit de la fille, il la voulut tout simplement épouser. Elle finit par y consentir, malgré toutes ses répugnances. Elle n'était pas mariée depuis six mois qu'elle avait conquis tous les suffrages. On ne parlait, dans tout Paris, que de sa modestie et de sa beauté. Elle accueillait à merveille ces poëtes, ces philosophes, tous ces honnêtes gens empressés autour de Mme de la Popelinière. Elle accueillait Jean-Jacques Rousseau, et Voltaire lui faisait des vers. Pensez donc si M. de la Popelinière était un favori de la fortune! Il avait épousé une bourgeoise douée de tous les dons domestiques. Elle était très-laborieuse et très-retirée, et volontiers on eût écrit sur le fronton de sa maison :

Elle resta chez elle et fila de la laine

Seulement Mme de la Popelinière ne filait pas, elle parfilait.

M. de la Popelinière était donc très-heureux en ménage, sinon qu'il était criblé de lettres anonymes, remplies de délations contre sa femme, et ces lettres étaient assez bien faites pour que le digne homme s'en inquiétât. Donc il s'en inquiétait fort, et de tous côtés il cherchait son malheur sans le trouver. Un jour enfin que le maréchal de Saxe, qui était près de sa mort, passait ses hulans en revue dans la plaine des Sablons, M. de la Popelinière prit le temps que sa femme était à la revue pour visiter l'appartement de Madame de fond en comble, afin de s'assurer si les lettres anonymes disaient vrai. Pour être plus sûr de son fait, et peut-être aussi pour avoir deux témoins en cas de besoin, la Popelinière prend deux de ses amis avec lui; un de ces amis n'était rien moins que le fameux Vaucanson, celui qui a fait digérer un canard, le père légitime de l'automate flûteur. *Prolem sine matre creatam!*

Nos trois amis s'en vont donc furetant partout dans les appartements de Madame. Ils parcourent tout cet hôtel doré et verni, et chargé de peintures. Ils traversent le boudoir, la chambre à coucher et le grand salon, la bibliothèque, la salle de bains ; ils ne trouvent rien de suspect. D'autre part, la Popelinière était sûr de la fidélité du suisse qui veillait à sa porte. Il se persuade alors que les lettres anonymes ont menti, et les trois amis allaient se retirer assez contents de n'avoir rien découvert, quand, arrivés dans le cabinet du clavecin, l'un d'eux fait la remarque qu'un tapis a été tendu dans l'appartement, et que, cependant, malgré la saison avancée (on était en automne), il n'y avait dans la vaste cheminée de cette pièce ni bois, ni cendres, ni chenets ! La remarque frappa le mari inquisiteur. Il approche de la cheminée, et machinalement il frappe sur l'âtre avec sa canne ; la plaque sonne creux. Alors Vaucanson, qui n'avait guère pris d'intérêt à tout ce qui s'était passé jusqu'alors s'anime tout à coup. Il s'approche de la plaque, il examine, il est heureux, il s'extasie.

« Mais, dit-il, c'est une plaque montée sur une charnière ! mais cette plaque est mobile ! mais c'est un travail admirable ! mais c'est un ouvrier très-habile que celui-là, Monsieur ! » Et voilà Vaucanson qui s'agenouille, qui regarde, qui admire, qui s'écrie toujours : « C'est admirable ! c'est admirable !.... Quel est cet ouvrier, Monsieur ? » — « Laissons-là les ouvriers, Monsieur ! » s'écriait la Popelinière. En même temps il fracassait avec sa canne la plaque mobile. Et Vaucanson criait toujours : « Mais c'est admirable ! Quel dommage de briser un ouvrage si parfait ! »

Le bel ouvrage fut brisé néanmoins : derrière la plaque une ouverture faite au mur mitoyen était fermée par un panneau en boiserie. Ce panneau, recouvert d'une glace dans la maison voisine, s'ouvrait à volonté et donnait une libre entrée dans le cabinet de musique au locataire clandestin de l'appartement. Ce locataire clandestin, c'était le duc de Richelieu !

La nouvelle en arriva juste au moment où les hulans du maréchal de Saxe venaient de passer la revue, et ce fut bientôt la nouvelle de tout Paris. Les femmes se vengeaient de leur mauvais renom sur la bonne renommée de Mme de la Popelinière. On faisait déjà des paris pour savoir si le financier se vengerait.... Il fut sans pitié. Il chassa la dame de ce beau logis qu'il avait fait préparer pour elle, et la pauvre Mimi Dancourt se réfugia dans une humble maison, où elle vécut longtemps d'une modique pension, loin du monde qui la délaissa aussitôt qu'elle ne fut plus la reine de Paris. Quant au maréchal de Richelieu, il volait à d'autres amours, à d'autres plaisirs. Rendons-lui du moins cette justice : il faisait une fois par an une courte visite à l'abandonnée, et le monde qui est toujours si juste disait : « Voyez-vous ce bon maréchal ? il a été fidèle à Mme de la Popelinière jusqu'à son dernier jour ! »

VII

MENUS PROPOS DU SIÈCLE PASSÉ

M. le duc de Villars, lorsqu'il s'en revint d'Espagne le 23 décembre 1736, où il avait été reporter la Toison de M. le maréchal de Villars, son père, étonna toute la cour de France, du récit des habitudes étranges de la cour de Madrid. La reine et le roi d'Espagne mangent toujours ensemble et sont servis à genoux par les dames du palais. Les grands seigneurs espagnols étaient beaucoup plus magnifiques et riches que les grands seigneurs français. C'est ainsi que M. le duc de Médina-Céli n'avait pas moins de six mille domestiques à son service. Il est vrai que les terres des Médina-Céli, réunies l'une à l'autre, représentaient plus d'étendue que le Piémont. Outre sa fortune personnelle, la duchesse d'Ossuna pouvait disposer de cinq cent mille livres de rente, du chef de son fils qui était laid, petit et contrefait. Le duc de Villars, ayant été rendre visite à la duchesse d'Ossuna, fut reçu à la descente de son carrosse par vingt laquais, brodés sur toutes les coutures, qui le conduisirent au pied de l'escalier. Il fut conduit jusqu'à la seconde antichambre par une vingtaine d'heiduques; douze pages le conduisirent jusqu'au premier salon ; vingt gentilshommes le menèrent dans la salle où se tenaient les filles d'honneur de Madame la duchesse. Une d'elles le conduisit jusqu'au salon des dames d'honneur, et enfin celles-ci présentèrent le duc de Villars à leur maîtresse, et le duc de Villars s'étant assis sur une chaise à bras, toutes ces dames furent assises par terre. Il n'y avait pas même un tabouret pour toutes ces duchesses dans le palais de Mme la duchesse d'Ossuna.

Cette même duchesse d'Ossuna avait reçu naguère de notre ambassadeur, M. de Vaugrenand, des truffes de Périgord. Elle lui renvoya une grande quantité d'oranges dans les plus beaux vases de porcelaine que l'Espagne eût empruntés à la Chine. A son tour, notre ambassadeur, ne voulant pas être en reste avec la princesse, lui offrit une aigrette de diamants de dix mille livres, que la dame accepta. Mais, quelque temps après, notre ambassadeur, ayant à rendre une visite au roi d'Espagne, à sa maison de Saint-Ildefonse, il trouva dans la cour de son hôtel quatre écuyers de Mme la duchesse d'Ossuna et six mules d'une grande beauté, harnachées d'or et d'argent. La duchesse priait M. de Vaugrenand d'accepter ce bel équipage et de le garder. C'était un présent de cent mille livres.

L'Espagne, en ce temps-là, ne se doutait guère qu'au bout de deux siècles les diamants de la reine seraient vendus publiquement aux infantes du bois de Boulogne, assez riches pour les payer rubis sur l'ongle.

*
* *

Au même instant, le roi Louis XV, voulant offrir à Mme de Mailly, sa maîtresse, un diamant de quelque valeur, s'adressait à un joaillier de Turquie, et celui-ci offrit sa plus belle pierre en échange d'une ancienne armure, que le sultan Soliman avait donnée autrefois à Louis XIV, pour lui servir dans ses carrousels. On fut longtemps à retrouver l'armure du sultan, couverte de poussière dans un grenier du palais. Et le roi s'applaudissait d'avoir eu *pour rien* un diamant de quarante mille écus. De son côté, le joaillier n'eût pas donné son emplette pour tous les diamants de sa réserve, et cette armure de Soliman ne serait pas un médiocre ornement de notre musée d'artillerie.

* *

En été, la maison du roi employait douze cents livres de glace par jour; la reine huit cents livres; le contrôleur général et les quatre secrétaires d'État en avaient chacun trente livres; vingt livres pour chaque seigneur de la cour.

* *

M. le prince de Monaco, dont l'esprit était fort borné, avait sollicité du roi l'honneur de porter l'habit à brevet. Le roi le lui accorda volontiers, à condition qu'il ne le porterait jamais à la cour, et le prince de Monaco se contenta de le porter dans son logis.

* *

Le jardinier de Marly avait vingt mille livres d'appointements par an; celui de Versailles vingt-cinq mille. En revanche, le concierge du château de Fontainebleau se contentait de six cents livres, et, tant que le roi vivait au château, d'un plat, de deux pains et d'une bouteille de vin.

*

L'abbaye de Saint-Germain des Prés rapportait cent cinquante mille livres de rente. L'évêché de Méaux, un des plus célèbres évêchés de la chrétienté, valait à peine vingt mille livres de rentes. L'hôtel-Dieu allait à huit cent mille livres ; le tronc seul, où se déposaient les bienfaits de la charité cachée, dépassait cent mille écus.

*
* *

Le 5 août 1737, dans cette plaine de Saint-Denis où l'on trouverait à peine aujourd'hui une alouette, le roi et ses invités abattirent neuf cents pièces de gibier. Le soir, à Luciennes, on joua la comédie en l'honneur de Mlle de Clermont, et l'Amour, ôtant son bandeau, l'offrit à la princesse en chantant cette chanson :

> Sous ce bandeau laides et belles
> Allaient de pair.
> Les rangs vont bien changer entre elles,
> L'Amour voit clair.
> On ouvre les yeux tôt ou tard,
> L'Amour n'est plus colin-maillard.

*
* *

À Fontainebleau on a gardé précieusement *la chasse aux cormorans*. Les cormorans dépendent du premier gentilhomme de la chambre. On a gardé la charge de *porte-nain* du roi ; le porte-nain est obligé de porter les singes du roi.

*
* *

Le gouverneur des petits chiens de la chambre du roi touche mille livres d'appointements. — Le célèbre chanteur Farinelli (je crois que la chose est ignorée) appartenait à la chapelle de Versailles avant d'entrer dans la musique... et dans le conseil du roi d'Espagne aux appointements de cinquante-six mille livres, plus un palais, une livrée et ses carrosses, sans compter les boîtes d'or ornées de diamants, du roi, de la reine, des infants, du prince et de la princesse des Asturies... A la chapelle de Versailles, le chanteur chassé, ayant appris que l'on venait de retrouver ses titres de noblesse, refusa de chanter le *Pie Jesu*. Le lendemain, Mlle le Maure, le roi étant à l'Opéra, s'excusa, disant qu'elle ne savait plus son rôle. Ils n'aimaient guère la musique, ces habitants de Versailles. Un célèbre flûtiste, appelé Blavet, perdit sa pension de quinze cents livres, pour n'avoir pas soufflé dans sa flûte plus de vingt-cinq fois dans l'année!

La plus belle voix de la musique de la reine avait trois mille livres d'appointements *en tout*; chaque fille de la musique obtenait six livres pour Marly et trois livres pour Fontainebleau, sur un état payé par le trésorier des Menus-Plaisirs. Mlle Caix, qui jouait parfaitement la basse de viole, avait vingt mille francs en tout et pour tout. Il est vrai que le nouveau roi de Prusse, qui sera bientôt le grand Frédéric, disait à sa première chanteuse : « Avec l'argent que vous me demandez, j'aurais trois maréchaux. — Eh bien, faites chanter vos maréchaux, » répondit la ballerine.

***

A cette cour de France, on voit apparaître un Espagnol dont l'arrière-petite-fille était réservée aux plus grandes destinées. Il était ambassadeur d'Espagne ; il s'appelait M. de la Mina, et portait les armes de la maison de Guzman, avec cette hautaine devise : Ma patrie avant mes enfants. *Præferre patriam liberis parentem decet.* Cette devise appartenaît à la maison Guzman depuis le jour où Alonzo Perez de Guzman, défendant la forteresse de Tarifa pour le roi d'Espagne, comme les ennemis le menaçaient de poignarder son fils s'il ne rendait la place, ordonna qu'on jetât son poignard aux ennemis : « Mon fils est à moi, dit-il, mais la citadelle est au roi. » M. de la Mina fit une grande figure à la cour de France, et, dans la fête qu'il donna pour célébrer la naissance de la reine d'Espagne, il surpassa tout ce qu'on avait vu jusqu'alors de la magnificence des ambassadeurs. M. le marquis de la Mina racontait que l'évêque de Fréjus ayant sollicité le roi d'Espagne pour qu'il accordât la grandesse à M. de Prie, en échange d'un duché-pairie à M. de Brancas, le roi d'Espagne avait écrit de sa main au cardinal de Fleury la lettre que voici : « Il n'y a que votre caducité qui puisse faire pardonner l'imbécillité de votre demande. »

Un soir qu'il arrivait un peu tard à la réception de Madame, Madame arriva jusqu'à lui, et lui présenta des petits choux dans une assiette d'or : « Madame, reprit le marquis en mettant un genou en terre, il est juste que j'accepte un pareil présent à la mode espagnole ! » Et chacun trouva que M. le marquis de la Mina était un gentilhomme accompli.

*
* *

Les chanoinesses de l'abbaye de Remiremont, à l'élection d'une nouvelle abbesse, avaient le droit de voter dès l'âge de sept ans.

*
* *

L'abbé de Ventadour, petit-fils du duc de Rohan, soutint en Sorbonne une thèse dédiée au roi. C'est pourquoi le fauteuil du roi, le dossier étant tourné, était sous un dais dans le fond de la salle. Les frais du tableau et des estampes de cette thèse, sur les dessins de M. Lemoine, premier peintre du roi, se sont élevés à quarante mille livres.

⁂

M. le duc de Bouillon possédait cinq cent mille livres de rentes dans le comté d'Évreux, que la maison de Bouillon avait obtenue en échange de la principauté de Sedan. On ne trouverait pas aujourd'hui une seule trace de la maison de Bouillon dans le comté d'Évreux.

⁂

A l'inventaire de M. le maréchal d'Estrées, il y avait un buste d'Alexandre, et les courtisans qui faisaient les savants disaient : « Si c'est le buste d'Alexandre, il est de Praxitèle. » Le cardinal de Richelieu avait fait venir d'Athènes ce buste en porphyre, mais il n'arriva qu'après sa mort. La duchesse d'Aiguillon, la nièce du cardinal, ayant confié le mausolée de son oncle au sculpteur Girardon, Mme d'Aiguillon fit présent du buste d'Alexandre à ce même sculpteur Girardon, qui s'avisa d'y mettre une cuirasse. Au bout de vingt ans le buste avait disparu, et le maréchal d'Estrées chargea un marchand de curiosités de lui retrouver cette image illustre : « Et que me donnerez-vous, monseigneur, disait le marchand, si je la retrouve ? — On te donnera cent écus, reprit le maréchal. — Eh bien, monseigneur, donnez-les moi tout de suite, et faites chercher Alexandre dans vos greniers. » L'Alexandre est aujourd'hui un des ornements du musée du Louvre. On a refait cette historiette de nos jours, en l'honneur de M. le marquis de Hertford.

*
* *

Une réponse admirable du maréchal de Villars. A son petit coucher le roi Louis XV lui dit brusquement : « Monsieur le maréchal, combien gagnerai-je à votre mort? — Je ne sais pas, Sire, répondit le maréchal, ce que Votre Majesté gagnerait à ma mort; mais le feu roi, j'en suis sûr, aurait cru y perdre. »

*
* *

Il y eut un soir chez le roi, à la fin du souper, une bataille de boulettes en mie de pain, et les dames ripostaient de la belle sorte. Une d'elles, Mme de Saintot, une Bretonne, étant touchée à l'œil droit, jeta sur le roi le saladier et la salade assaisonnée. Ah! que j'aurais voulu voir en ce moment Louis XIV entrer à son grand couvert! Il est vrai que le lendemain Sa Majesté Louis quinzième décida qu'il était plus convenable, dans les audiences de congé, de prendre congé du roi après la reine, et que le respect exigeait qu'à la première audience la reine eût le premier salut. Le roi se fâcha qu'à son petit couvert le premier gentilhomme eût le pas sur le grand chambellan. C'est l'usage aussi que le premier maître d'hôtel offre à Sa Majesté les deux cornets de gimblettes pour les chiens du cabinet, et le roi ne fut pas content que M. le duc de Bouillon usurpât cet honneur. Il fit aussi cette observation : que M. le duc d'Harcourt avait eu le grand tort de prendre le pas sur le duc d'Antin à la chapelle, et que c'était le droit de la grande écurie de tenir l'étrier du roi quand il monte à cheval. Malheur aux piqueurs de l'équipage du daim qui auraient porté l'uniforme vert des piqueurs de l'équipage du lièvre ! C'est une faute à Mᵐᵉ de Beauvilliers d'avoir salué la reine étant debout, et baisé le bas de sa robe avant qu'elle fût assise. C'est une faute aux aumôniers du roi d'être en habit court lorsqu'un évêque officie. Louis XV savait sur le bout du doigt toutes ces belles choses, et il se fâcha tout rouge en voyant que le prince de Pons ne touchait pas le sol de son bras droit en lui présentant le cardinal de Rohan. Voilà comment, par un redoublement d'étiquette, il racheta la salade et le saladier de Mᵐᵉ de Saintot, qui ne plaisantait pas.

* *
*

On volait beaucoup sur les grands chemins, dans les rues, dans le palais de Versailles. On volait ses bijoux à la reine, et si le roi gagnait au cavagnol quelques louis d'or, ce qui lui plaisait fort, car il aimait l'argent comptant, on lui volait ses rouleaux. Même en plein jour, un voleur hardi déroba la fraise de la statue d'Henri IV, ornement populaire du Pont-Neuf, et le peuple, ami du Béarnais, se fâcha. Il est vrai qu'on n'en fut pas très-fâché à la cour. Henri IV sur le Pont-Neuf déplaisait au roi Louis XV, mais le peuple et l'armée en avaient gardé le souvenir. Le jour où le marquis de Mirabeau, à la tête de sa compagnie, allait inaugurer la statue de Louis XV : — « Messieurs, s'écria le colonel en traversant le Pont-Neuf, portons les armes à celui-là ; il en vaut bien un autre. » Il fut cassé, mais son mot fut applaudi. Déjà, en ce temps-là, les Mirabeau échangeaient volontiers les plus beaux emplois pour l'honneur d'avoir dit une parole que la ville applaudissait.

C'était du reste un usage accepté des gens bien élevés : ils saluaient la statue en passant. Une jeune dame, au bras de son cavalier, le pria d'ôter son chapeau et de saluer ce grand roi. « Bon ! dit le jeune homme, ne voulez-vous pas que je fasse la révérence au cheval de bronze ? » Ce propos fut articulé assez haut pour être entendu par une des fruitières qui bordent le parapet. « Comment, mâtin ! s'écria cette femme en fureur, tu croirais te déshonorer d'ôter ton chapeau à notre bon Henri IV ? ». Ce cri occasionna l'attroupement de toutes ses compagnes ; elles firent haro sur le malheureux, il ne put pas se débarrasser, il fut battu et aurait peut-être été assassiné, si la garde n'était arrivée à temps pour le tirer d'affaire.

* * *

On apprenait un beau matin la mort du célèbre banquier Samuel Bernard. Il avait quatre-vingt-huit ans et presque autant de millions que d'années. De Samuel Bernard, par les femmes, nous est venu ce politique habile et ce bel esprit, M. le comte Molé de Champlâtreux. Une des ordonnances du roi Louis-Philippe, au plus beau moment de son règne, et quand personne encore ne songeait à ses terribles destinées, est datée du château de Champlâtreux. Samuel Bernard avait rendu de grands services au roi Louis XIV, qui avait voulu lui montrer en personne les embellissements de Versailles ; mais le jour même de sa mort on dansait à Versailles, et voici, mot pour mot, les invitations faites aux dames présentées :

« Madame,

« M. le duc de la Trémouille a reçu ordre du roi de vous avertir, de sa part, qu'il y aura bal lundi, 26 janvier 1739, à six heures du soir, dans le grand appartement de Versailles. Sa Majesté compte que vous voudrez bien vous y trouver. »

Et plus bas : « Les dames qui dansent seront coiffées en grandes boucles. »

*
* *

C'était la prétention des économistes de ce temps-là de dépenser beaucoup d'argent pour obtenir de l'impôt beaucoup d'argent. M. Colbert n'avait pas de meilleur moyen de remplir ses coffres que d'inventer des fêtes et des carrousels. Un des ancêtres de George Sand, Auguste II, roi de Pologne, électeur de Saxe, qui était un besoigneux et un économiste de la force de M. Colbert, comme il était sans argent, ce qui lui arrivait très-souvent, imagina de donner une fête militaire au camp de Muhlberg, où plus de trente mille hommes étaient sous les armes. Pendant huit jours, le roi donna à manger à toute l'armée, et le roi de Prusse, Frédéric-Guillaume Ier, très-étonné de cette dépense inutile de trente-six millions : — « Comment donc faites-vous ? » disait le roi de Prusse au roi de Pologne. Auguste II, tirant un ducat de sa poche, et le montrant à Frédéric-Guillaume : — « Si vous aviez ce ducat, lui dit-il, vous le garderiez ; moi je le donne. Il reviendra cinq ou six cents fois dans ma poche. » A cette aimable démonstration, le roi Guillaume eut grand'peine à ne pas sourire. A force de garder ses ducats, il laissa cent millions d'or et la plus belle armée de l'Europe à son successeur. Le roi de Pologne, à la fin de son règne, n'eût pas trouvé vingt mille livres sur sa signature, et moins encore sur sa parole. Les dettes du roi Louis XIV n'étaient pas payées en 1789; Louis XV est mort insolvable. Ainsi fut démontrée, jusqu'à la bataille de Sadowa, la vanité des économies de M. Colbert et des économistes de son école.

***

Un graveur, disciple intelligent de Callot, venait d'achever, sous les yeux de Voltaire, une estampe représentant des gueux, des banqueroutiers, des mendiants, des filles perdues, des voleurs et des forçats avec le collier de l'ordre. « Votre planche est superbe, disait Voltaire au graveur, et j'y veux travailler avec vous. » Alors, de sa main hardie et légère, il grava sur un coin du cuivre, introuvable aujourd'hui : Rex fecit.

***

Dieu merci ! Voltaire n'était pas seul à dire les bons mots qui couraient la ville. Il y avait dans son ombre un bel esprit dont chaque parole était comptée; il s'appelait Fontenelle. Autant Voltaire aimait le tapage et le grand jour, autant Fontenelle aimait le recueillement en toute chose. Un soir qu'il sortait du concert : — « Comment avez-vous trouvé la musique ? » lui disait un de ses amis. — « Passable. — Et les femmes ? — Passées, » répondit Fontenelle. Comme il lisait la table des matières d'un livre censuré par trois docteurs de Sorbonne : — « Il ne serait pas difficile, disait-il, de faire censurer ces trois docteurs pour les impertinences qu'ils ont tolérées, » et en preuve il lisait tout haut : « Moines emprisonnés pour avoir prêché la révolte; *Moines* parjures et infidèles ; *Moines* enfermés ; *Moines* pendus; *Moines* schismatiques; *Moines* damnés. » Puis il riait tout doucement.

M. le régent d'Orléans l'avait chargé d'écrire, de sa plus belle plume, une déclaration de guerre contre l'Espagne. — « Je le veux bien, répondit Fontenelle, mais Votre Altesse Royale va le dire à tout le monde et me faire un ennemi de toutes les Espagnes. — Je vous promets que non, » répondit le prince. Et Fontenelle se taisant : — « Je vous le jure... foi de prince! » Il se taisait encore. — « Foi de gentilhomme! » A la fin, il céda. Vingt-quatre heures après, cette déclaration de guerre écrite par Fontenelle était sur la table de l'ambassadeur d'Espagne.

Il disputait avec l'abbé Trublet sur l'âme des bêtes : — « On a beau dire, les bêtes ont une âme; vous en avez une, » disait l'abbé Trublet.

Il était d'une politesse exquise et louait volontiers les bons ouvrages. Il se rappelait plus longtemps les succès de ses amis que ses propres succès. Par exemple, il ne se souvenait pas d'avoir fait une très-jolie comédie intitulée *la Comète ;* en revanche, il n'avait pas oublié ce joli conte à propos de sa comédie : « On croyait que les comètes menaçaient principalement les princes et les souverains. M. de Fontenelle contait sur cela, que la question étant agitée en présence de Monsieur, frère de Louis XIV, et le plus grand nombre se moquant des comètes et de ceux qui les craignaient, le prince dit aux moqueurs : « Vous en parlez bien à votre aise, vous autres. »

On lui reprochait d'avoir trop bien parlé d'un académicien qui venait de mourir. — « Ce n'était, dit-il, ni le temps ni le lieu d'être sincère. »

Voltaire, en ses moments de justice, appelait Fontenelle *le plus ingénieux des écrivains.* Le régent l'aimait fort.

— « Quand je vous ai logé chez moi, lui disait-il, je comptais vous voir quelquefois. — Je l'espérais aussi, mais Votre Altesse a fait une si grande fortune ! »

L'émeute ayant menacé de brûler le Palais-Royal, tous les habitants déménagèrent, excepté M. le régent et Fontenelle. — « Eh bien, disait Fontenelle en se réveillant, ils n'ont pas mis le feu au Palais-Royal? » De très-bonne heure, il avait été l'homme insouciant que vous voyez là. — « Avec toutes vos petites vertus morales, lui disait sa mère, vous irez tout droit en enfer. »

*
* *

Mme Geoffrin, à l'un de ses soupers, ayant dit un très-joli mot que pas un de ses amis ne releva : — « Fontenelle, où es-tu ? » s'écria la bonne dame en soupirant. Mais quoi ! ces jolies choses étaient perdues ou circulaient si modestement qu'on ne les entendait guère. Au contraire, aussitôt que Voltaire avait parlé, l'écho universel s'en emparait. Le célèbre ministre et révolutionnaire, M. Turgot, rencontrant Voltaire chez le marquis de Villette : — « Honneur à M. Turgot ! s'écria Voltaire, et comment vous portez-vous ? » — « Vous le voyez, reprit Turgot, j'ai peine à traîner ma goutte, et mes jambes tremblent sous moi. » — « Monsieur Turgot, vous me rappelez la statue de Nabuchodonosor. » — « C'est vrai, Monsieur le poëte, elle avait les pieds d'argile. » — « Et la tête d'or, s'écriait Voltaire, la tête d'or ! »

*
* *

Celui-là, certes, aimait la dispute, et la reprenait avec autant de soin que faisait Fontenelle à l'éviter. C'était même un des reproches que lui adressait (la dame aimait à parler)

Mme la duchesse du Maine. « Quand M. de Fontenelle a dit son sentiment et ses raisons sur quelque chose, on a beau le contredire, il ne daigne plus se défendre. Il allègue, pour couvrir ce dédain, qu'il a une mauvaise poitrine. Belle raison pour étrangler une dispute qui intéresse toute une compagnie ! »

* *

Encore un mot, pour finir, d'une étrange façon. L'un des plus emphatiques contemporains de ces beaux esprits, M. l'abbé de Saint-Réal, s'entretenait du petit nombre des hommes qui méritaient le nom de *grands* ; les uns dans l'auditoire proposèrent Alexandre ; les autres Annibal, quelques-uns César, etc. « Vous vous trompez, leur dit brusquement Saint-Réal ; il n'y a véritablement de grands hommes que Scipion, Jésus-Christ et moi. »

L'amour-propre de ce temps-là valait bien, vous le voyez, le féroce orgueil d'aujourd'hui.

VIII

LE MAITRE DE POLITESSE

Je fus un des licenciés de la paix de Ryswick; j'y perdis mon enseigne d'infanterie et quarante-cinq livres d'appointements. Heureusement j'ai trouvé une place de gouverneur, et me voilà dînant chez un bourgeois, l'épée au côté, entre mes élèves, deux petits garçons et deux petites filles. Je n'avais plus qu'à les instruire, et je m'y préparais de mon mieux lorsque je vis entrer un homme en habit long, en manteau court, en perruque, en cravate, en manchettes; c'était le maître de politesse. Il tenait une grande place dans toutes les bonnes maisons bourgeoises; il enseignait surtout la bienséance dans les habits. « Vous porterez l'habit qui vous convient, disait-il aux petits bourgeois; vous laisserez l'habit de soie aux hommes de qualité, la robe de taffetas aux demoiselles. Une bourgeoise ne pourrait pas porter une robe de velours. Un bourgeois assortira la couleur de son chapeau avec la couleur de son justaucorps, sa perruque avec ses bottes; la demoiselle aura soin d'assortir ses diamants avec ses dentelles. La modestie a des lois qui régissent l'habit des jeunes gens et des jeunes filles. Nous avons aussi la bienséance épistolaire. On écrit à son père, à sa mère : *Mon très-honoré père, Ma très-honorée mère;* à Pierre l'ouvrier : *Maître Pierre;* à la femme d'un bourgeois : *Ma-*

demoiselle ; à la femme d'un gentilhomme : *Mademoiselle, Mademoiselle ;* à une dame de qualité : *Madame.* Vous écrivez sur un côté du papier, et vous laissez le revers en blanc.

« La bienséance dans les visites. Il ne faut pas corriger les valets avant que la compagnie ait quitté la place. Un duc et pair vous invite à lui faire l'honneur d'une visite dans la ruelle de son lit. On y goûte, on y déjeune, on y fait des lectures ; on y joue assez souvent la comédie. Otez votre chapeau avant d'entrer dans ce lieu choisi. Dégantez votre main droite et la portez jusqu'au parquet. Il est incivil de peigner sa perruque en compagnie, de jouer avec les bouts de sa cravate, avec les glands de son chapeau. Quelqu'un éternue : « A vos souhaits ! » dites-vous en le saluant. Si quelqu'un vient pour saluer le maître de la maison, mettez votre manteau, prenez votre épée, allez recevoir ce gentilhomme. — Dites au prince : *Votre Altesse ;* au maréchal de France : *Votre Excellence ;* aux ducs, aux évêques : *Votre Grandeur.*

« Chaque meuble est soumis à un usage : fauteuil à bras, avec franges ; à bras, sans franges. Il y a une façon d'offrir un tabouret, un escabeau. — En compagnie, excepté à table, une femme doit toujours être gantée. Elle aura la robe détroussée dans le salon. Chez une grande dame il faut saluer, en passant devant son lit. Vous faites la révérence à son portrait. Une dame qui reçoit dans sa maison doit baiser toutes les femmes. Les hommes ont le privilége de la saluer à la joue, et jamais vous ne prendrez de tabac, jamais vous ne traverserez un cercle sans ôter votre coiffe. Observez surtout la bienséance de la table ; ayez soin, s'il y a un abbé parmi les convives, de lui laisser l'honneur du *Benedicite,* et si l'on porte la santé de l'intendant, vous répondez : « A la santé de Monseigneur ! » — Vous vous découvrez quand l'intendant boit à son tour. — A table, on portera le manteau et l'épée ; ce sont les droits de la noblesse. Vous étendez votre mouchoir sur votre visage, et vous mettez votre chapeau devant le mouchoir, pour vous moucher suivant les règles. — Offrez-vous une pomme à une demoiselle, vous l'avez pelée au préalable ; présentez-vous un biscuit à un jeune garçon, le jeune garçon doit baiser la main qui prend le biscuit. — La bienséance à l'église est remplie de formalités. On offre un carreau à Mme la présidente ; elle ne s'y mettra pas en présence de l'intendante, et l'intendante à qui l'on apporte un carreau ne s'y mettra pas en présence de la duchesse. Ainsi que de fautes on peut faire par étourderie et par ignorance ! — Il faut observer dans les familles ce qui revient au fils aîné, à la haute bourgeoisie, à la noblesse du tiers état, à la noblesse contestée, aux anoblis. — L'oncle de M. un tel est noble, mais son neveu ne l'est pas. Sitôt qu'il sera noble à son tour, il aura des armoiries enregistrées dans l'armorial de la province et dans l'armorial de France. Il pourra acheter une charge de conseiller à la cour des aides, une place de garçon de garde-robe de la cour et se mêler à la noblesse des magistrats, des baillis, des avocats, des médecins, des fabricants, des financiers. Il sera l'égal des ecclésiastiques, des militaires, de tous les hommes les plus illustres. Le gentilhomme de l'Académie aura soin de porter une épée à poignée de corne, suspendue à un ceinturon de cuir. Ainsi vous rendrez à chacun les devoirs qui lui sont dus, cordon bleu, cordon rouge, duc et pair, princes et seigneurs, d'après la règle établie par M. de Louvois, fils de M. le chancelier le Tellier. »

IX

LES PARLEMENTS

Qui voudra faire une histoire complète du siècle passé aura soin de n'oublier ni l'Église ni le Parlement. L'Église est une force, et le Parlement est une puissance. Par l'Église on touche à Dieu, et le Parlement touche au trône. Il tenait une place énorme dans le royaume de France ; il venait après le roi ; il allait souvent avant lui. On disait en France : « Justice de Paris, indulgence de Rouen, rigueur de Toulouse. » *Ubi unitas, ibi perfectio :* la perfection dans l'unité. C'était la grande force irrésistible ; les parlementaires se recommandaient à leurs peuples par une bonne vie exacte, une piété non feinte, un travail de tous les jours. Leur sommeil, à les entendre eux-mêmes, n'était qu'un assoupissement honteux et immoral. *Turpis et fœda dormitio.* Ils se rappelaient toujours ce philosophe Diagoras, exilé pour avoir parlé des Dieux, non pas sans vénération et sans respect, mais avec des paroles qui manquaient de la précision et de la netteté du vieux langage. Ils avaient toujours sous les yeux cette parole écrite dans les saints Évangiles : Gardez-vous de scandaliser quelques-uns de ces petits qui croient en moi ! Il y avait, au dire de saint Jérôme, une veuve appelée Prétexta, qui, non contente de se parer elle-même, ornait mondainement sa nièce Himéthia. Un ange apparut et dit à cette veuve : « Oubliez-vous les commandements de Dieu? Vous parez d'ornements cette tête virginale. » Et comme la dame insistait, l'ange enleva Himéthia. Telles étaient les histoires qui se disaient devant les écoliers, dans les meilleures maisons du parlement.

Ce parlement de Toulouse (nous ne parlons que de celui-là) était véritablement le roi et le maître du Languedoc. En vain les rois Philippe le Bel, Charles VII et Louis XI auraient réclamé l'honneur de cette grande institution, l'origine de cette illustre justice remontait aux plus anciens titres de noblesse de l'antique cité gallo-romaine. En effet, le parlement de Toulouse se regardait, dit-on, comme l'héritier légitime et direct du conseil des vieux druides. C'est la réunion terrible où les hommes étaient appelés pour leur prudence et leur sagesse, où les femmes étaient admises pour leur inspiration et leur beauté. Certes, depuis longtemps, le druide avait cédé son trône aux prêtres de Jésus-Christ; depuis longtemps la druidesse, au front couronné de verveine, avait abandonné sa chaise curule sous le chêne de Teutatès; et cependant le respect était resté pour cette justice sacrée; en partant, la druidesse avait laissé dans ce tabernacle sanglant, avec le parfum enivrant de sa couronne, toutes les passions cruelles et généreuses que renferme le cœur des femmes : la prévention, l'enthousiasme, les nuages mêlés de clarté soudaine, la vengeance sans rémission, la clémence sans motif, pendant que les vieilles habitudes de l'antique conseil, l'obstination, la cruauté, l'énergie implacable et le fanatisme de ce qui est juste survivaient aux lois abolies, et se superposaient dans l'exercice des nouvelles justices. Voilà comment cette justice du Midi ressemblait si peu à celle du Nord: Celle-ci et celle-là ne parlent pas le même langage, et, si elles vont au même but, elles suivent des sentiers différents. La justice du Midi est fille du soleil; le premier et le dernier empereur de la ville éternelle, Marc-Aurèle, a écrit : *Sol dominus imperii romani*. Elle se compose des crimes, des clameurs, des haines, des amours de ce fragment du monde romain. Les impiétés et les crimes, l'offense faite à Dieu et l'outrage fait aux hommes, l'insulte aux rois sur leurs trônes et l'insulte au mendiant qui passe; les révoltes au dehors et la révolte au dedans, la guerre civile sur toutes ses faces, la guerre religieuse dans toutes ses formes, la foi même quand elle se change en faction, trouvaient certainement un écho, une âme, un châtiment dans cette magistrature, un des fleurons de la couronne.

Race virile de magistrats que la magistrature consacrait autant que l'eût fait la prêtrise, ces parlementaires tenaient d'une main sûre la balance de Thémis et l'épée d'or que le prophète Jérémie confiait à Judas Machabée. Aussi bien leur grande inquiétude était d'accepter dignement la tâche de l'œuvre de chaque jour. Ils redoutaient pour eux-mêmes la lâcheté non moins que l'injustice, et, s'il faut mettre le feu à la plaie pour la guérir, apportez le feu et la flamme! Chrétiens de père en fils, nés, grandis et nourris dans l'Église catholique, issus d'aïeux qui avaient été les plus âpres persécuteurs de l'hérésie, ils consacraient à l'administration de la plus implacable et de la plus exacte justice tout ce que des hommes, des légistes, des théologiens, des citoyens armés, des sénateurs dans la pourpre et sur les lis peuvent rencontrer dans leur conscience de vigueur et d'énergie. Ils entendaient retentir incessamment à leurs oreilles superbes cette voix qui disait : « Vous êtes des dieux sur la terre. » Cœurs indomptés, les larmes et les gémissements du coupable leur semblaient une espèce de récompense. Le cri de l'accusation ne déplaisait pas à ces esprits habitués à l'hyperbole. Une fois assis sur le trône éclatant d'autorité et de lumière, entre la justice et la pitié, sous l'écarlate et sur l'hermine, ils ne tenaient plus à la terre, ils n'appartenaient qu'au devoir.

Eux aussi, ils pouvaient dire, avec ce souverain Pontife : « Nous et le Saint-Esprit avec nous, avons arrêté ce qui suit. *Placuit nobis et Spiritui sancto.* »

Leur vie entière était consacrée à cette science du juste et de l'injuste sans laquelle les royaumes ne seraient plus que des brigandages. Ils excellaient à découvrir la vérité sous les apparences, à discerner les occasions, à soulever tous les voiles, à percer le nuage, à dominer le caprice et la mobilité du bon plaisir, à tempérer, par des arrêts sans réplique, le gouvernement absolu. Ils seraient morts, par orgueil même, pour l'accomplissement de leur devoir. Enfin, telle était la logique rigoureuse de ces rares esprits que leur premier coup d'œil devenait presque toujours un arrêt définitif.

Ces parlementaires de la France ont cela de grand et de naïf qu'ils sont des hommes avant que d'être des juges. Ils ont cela de terrible et de dangereux qu'ils se plaisent aux deux extrémités de la justice humaine, beaucoup plus que dans ce milieu patient et attentif où réside l'équité prudente. Sur cette montagne inaccessible aux têtes les plus hautes venaient se briser, flots impuissants sur un écueil, la richesse, la flatterie, la menace, l'autorité, la faveur, tout ce qui n'était pas la justice. Enfin, vous tous convoqués à cette barre formidable, approchez-vous et soyez prêts également à l'espérance sans bornes, à la terreur sans limites. Point de milieu : les gémonies ou le triomphe, le trône ou le gibet.

Tantôt ils s'opposent comme des héros au pouvoir royal qui veut toujours s'agrandir, tantôt ils traînent au bûcher le libre arbitre qui ne veut pas céder. Aujourd'hui ils vont réveiller à haute voix la rage sanglante des guerres civiles, le lendemain c'est le tyran qu'ils prendront à partie et la tyrannie qu'ils égorgeront de leurs mains; et, une fois lancés, rien ne les arrête, non, pas même le crime de la destruction des misérables. Ne comptez pas sur la bonté de votre cause, sur leurs penchants, sur leurs opinions, sur leurs passions personnelles... la justice! Ils ont rendu à Dieu des actions de grâces pour le meurtre d'Henri III; amoureux d'urbanité et de beau langage, ils livrent aux bourreaux cet éloquent Vanini, qui parlait un latin digne d'Octave Auguste. Amis et protecteurs de ce peuple confié à leur garde, ils ont déclaré que celui-là serait pendu qui oserait proclamer l'avénement du roi Henri IV, père du peuple. Catholiques, ils ont validé, de leur autorité souveraine, le testament de Bayle, un enfant de Toulouse.

Même au plus grand moment de l'autorité du roi absolue, la résistance féodale se faisait sentir dans cette cour suprême qui avait décapité un Montmorency pour crime de haute trahison.

Dans sa propre estime, et c'était beaucoup dire, le parlement de Toulouse se regardait comme l'égal de la cour de Paris. Il se rappelait le temps où la justice du royaume de France était divisée en deux parties égales, en deux langues, la langue d'oil et la langue d'oc, la langue des amoureux et des poëtes, la langue voisine de l'Italie par Pétrarque, et parente de la Grèce par Marseille. En même temps qu'ils avaient le langage, ils avaient aussi les mœurs, les lois, les habitudes de ces deux nations, posées aux deux extrémités du même sceptre. Quant à l'autorité de ces cours souveraines, elle était immense. Chaque parlement se mêlait de la paix, de la guerre, de la fortune de son peuple. Le Parlement était le droit, il dictait le devoir, il protégeait la loi civile et l'Évangile; les évêques et les seigneurs se réfugiaient à cette égide intelligente et superbe; toutes les justices, même celle du roi, relevaient de cette antique et suprême justice qui représentait au peuple de France l'ombre auguste de ses premières libertés, l'aurore naissante et lointaine de ses libertés à venir.

Plus d'une fois la royauté, lasse enfin de l'obstacle, et pour en finir avec les remontrances, voulut en finir avec la tutelle et le joug du Parlement; mais chaque fois qu'elle voulut toucher à ces criminels qui étaient les privilégiés de la nation, la royauté fut forcée de s'avouer vaincue et de reconnaître tous ses torts. Ce fut ainsi qu'après les violences du parlement Maupeou la royauté fut la première, se voyant sans appui et sans force, à rappeler le parlement qu'elle avait exilé.

X

UN LIEUTENANT CIVIL DE VINGT-QUATRE HEURES

M. Hérault était en ce temps-là lieutenant général de police, intendant de Paris, très-honorable et très-pauvre. Il avait six enfants, grand sujet d'inquiétude, et sa deuxième femme était belle et charmante, autre peine cachée. Il y avait quinze ans que ce galant homme, entouré de tant d'obstacles de la ville et de la cour, répondait de la sécurité publique, et Dieu sait s'il eut jamais le temps de dormir ou de se reposer dans ce terrible emploi ! Comme on le savait bienveillant, les ambitieux abusaient de sa bonté. Il avait peu d'esprit, dans un siècle où l'esprit dominait même les consciences, et les gens habiles profitaient des naïvetés de M. l'intendant général. On racontait de lui des distractions dont s'amusait, en son par-dedans, le cardinal de Fleury, son protecteur, et dont il faisait part au roi son maître. Ils riaient volontiers, ces gens heureux, même dans les temps de famine et de persécution. Rien que les soucis de la bulle *Unigenitus* et les lettres de cachet, dont le premier ministre avait été si prodigue, auraient suffi à blanchir les cheveux d'un homme d'État plus courageux et plus décidé. « M. Hérault, disait souvent le cardinal de Fleury, moitié riant, moitié fâché, vous êtes un janséniste, et je ne serais point étonné que l'on découvrît quelque jour que vous êtes l'auteur des *Nouvelles ecclésiastiques*. » C'était un journal clandestin, très-énergique et très-bien fait par des jansénistes cachés, qui disait à chacun un peu plus que les vérités les plus vraies, et dont le gouvernement s'inquiétait fort ; mais jamais M. Hérault, malgré tout son zèle et les plus belles promesses à messieurs ses agents, ne put découvrir en quel lieu s'imprimaient les *Nouvelles ecclésiastiques*. Cependant rien n'était plus simple. Il y avait sur la Seine, et tout voisin du Châtelet, un bateau chargé de charbon, mais disposé de telle sorte, que dans l'intervalle on cachait une presse et deux compositeurs d'imprimerie. Il n'en fallait pas davantage pour troubler la paix de Versailles et pour causer dans tout Paris cette joie excellente de la liberté d'écrire, et du mépris mérité retombant sur les têtes les plus hautes.

De ce trou au charbon nous sommes tous sortis ; de là sans doute est venu le proverbe : « Charbonnier est maître chez soi. »

Ce n'était pas seulement ces grandes affaires qui gênaient ce brave homme ; il fallait surtout qu'il s'occupât de mille petits détails d'un gouvernement absolu. La pleine lumière est favorable à tous les agents d'une grande monarchie ; aussitôt que la cachette est admise, et que le mystère est une condition du gouvernement, soudain tout devient sombre, et l'on marche à tâtons. Pendant que les mouches sont en quête des distributions de la gazette ecclésiastique, et que la mannette va toujours, toutes sortes de petits écrits, noëls, chansons, *béquilles*, surgissent çà et là et font leur chemin dans les ténèbres. Autant de piqûres pour M. le lieutenant général de police. Heureux encore que ces médisances n'eussent plus cours au bout de vingt-quatre heures. Cependant quelques-unes vivaient plus longtemps. Telle méchanceté rencontrait une incroyable popularité. Dans ces mille pamphlets de chaque matin, il y en avait un nécessairement adopté de la foule oisive, et colporté par le colporteur dans les meilleures maisons, hantées par les esprits les plus difficiles. Le roi n'était pas le dernier à le lire ; on le lisait au conseil ; messieurs des enquêtes en parlaient à messieurs des requêtes ; les gens du roi prêtaient la chose à messieurs les conseillers, et, pour peu que l'auteur s'en prît à l'Église, il était question du pamphlet chez Mgr l'archevêque de Paris, pendant que chanoines et chanoinesses en faisaient aussi leur régal.

Parmi ces clandestinités les mieux réussies, apparut un soir d'été un petit livre intitulé *l'Abbé galant*. Ce livre était daté d'Amsterdam ; il s'en vendit peu à peu quelques exemplaires *sous le manteau*, comme on disait alors. Bientôt le succès grandissant, toutes les mallettes en furent remplies, et il ne fallut rien moins que quatre ou cinq malheureux colporteurs pendus en grève, et quatre ou cinq colporteurs fouettés à Bicêtre, pour que s'arrêtât le débit de *l'Abbé galant*. Au bout de quinze jours, on n'en parlait plus, mais tout à coup ce mauvais livre avait été trouvé sur la toilette d'une princesse du sang, et Vaneroux, l'exempt favori du lieutenant général, avait saisi cet *Abbé galant* dans les mains de Mlle Clairon, qui avait jeté les hauts cris. « Rendez-moi mon *Abbé galant*, » disait-elle. Un rapport très-circonstancié du susdit Vaneroux avait fort indisposé M. Hérault contre ce malheureux petit livre. Au reste, il n'y avait duchesse à la cour, ou bourgeoise à la ville, qui n'en sollicitât un exemplaire. — « Auriez-vous la bonté, Monsieur, de me prêter pour une heure *l'Abbé galant?* » Et ces petits billets étaient signés des mains les plus qualifiées : duchesse de Villeroy, marquise de Villequier, comtesse de Valory, Mlle le Maure et Mlle Autier, et plusieurs dames du monde de la rue Royale Saint-Honoré n'étaient pas les dernières à solliciter les faveurs de *l'Abbé galant*. Le bon M. Hérault ne savait plus à quel saint se vouer.

Un matin qu'il sortait en toute hâte, étant quelque peu en retard, pour se rendre avec Mme la lieutenante au mariage de la petite-fille de Samuel Bernard avec le marquis de Mirepoix, une enfant de dix-huit cent mille livres de dot (sa sœur avec la même somme avait épousé naguère M. de Lamoignon, président à mortier), M. Hérault se rappela qu'il avait promis à la présidente Molé, la propre fille de Samuel Bernard, un exemplaire de *l'Abbé galant*. La dame était volontaire et peu patiente, et qui n'obéissait pas à son caprice était mal venu. Comme il sortait de son logis, M. Hérault fut salué par un exempt de robe courte au Châtelet de Paris, Beaulieu de Montigny. Ces exempts de robe courte étaient des officiers établis dans les compagnies des gardes du corps ou dans les compagnies des prévôts; ils commandaient en l'absence des capitaines et des lieutenants. M. le lieutenant général les employait pour les captures considérables et les grandes exécutions.

« Que vous êtes donc le bienvenu, s'écria M. Hérault, mon cher Beaulieu ! Certes, je vais vous donner une tâche indigne de vous, mais je suis si mal servi par mes agents ! Paramour se fait vieux, Roudier est un poltron, Lespinay est un maladroit; vous seul, mon cher Beaulieu, vous pouvez me venir en aide. Il me faut à tout prix *l'Abbé galant*. C'est en vain que je le cherche, il m'échappe, et je vous serai trèsobligé si vous pouvez me l'avoir dans les vingt-quatre heures. C'est peu de chose, et cependant j'y tiens plus que je ne saurais dire. On vous donnera vingt-cinq louis si vous réussissez.

« — Oui-dà? reprit Beaulieu dont la bourse était à sec; mais, quand je tiendrai cet abbé galant, qu'en dois-je faire? Voulez-vous que je le mène à Bicêtre, au Châtelet?

« — Non, non, reprit M. Hérault, il suffit de l'enfermer dans mon cabinet et que je le retrouve à mon retour. » Au même instant, monseigneur montait dans son carrosse à côté de Mme Hérault, et fouette cocher à l'hôtel Molé.

Resté seul, notre exempt de robe courte eut comme un éblouissement. Où donc trouver cet abbé galant? A quel signe le reconnaître? Enfin, puisqu'on le cherche, il se cache? Ainsi rêvant, Beaulieu s'en fut au jardin du Luxembourg chez le suisse, où les honnêtes gens trouvaient facilement un déjeuner à crédit. C'était un des priviléges de ces maisons royales; on y faisait des choses défendues. Le suisse hors du jardin était sous la loi de la police, et dans le jardin il n'appartenait qu'à la duchesse d'Orléans. C'est pourquoi sa loge était le rendez-vous complaisant des belles personnes sans emploi, des jeunes robins, des mousquetaires gris, des mousquetaires noirs. A peine entré dans ce lieu de plaisir, vous étiez hors d'atteinte, et l'huissier, le procureur, l'exempt même de la Tournelle attendaient pour vous saisir que vous fussiez sorti de ce lieu de délices. Notre exempt savait le chemin du Luxembourg mieux encore que celui de la Râpée. Autrefois il fréquentait chez le suisse du jardin du Roi; mais sa dette était grosse et il s'était promis de le laisser respirer.

Comme il n'était pas encore en appétit, il entra dans la

grande avenue où les arbres plantés par la reine Marie de Médicis protégeaient les promeneurs de leur ombre, et, tout préoccupé qu'il était de sa recherche, il ne voyait personne autour de lui. « Je suis perdu de réputation, pensait-il, et mes vingt-cinq louis sont à l'eau si je ne rencontre pas avant la fin du jour l'abbé galant. »

Tout à coup, au détour de la grande allée et sur un banc de pierre, il remarqua, Dieu soit loué! un beau jeune homme à demi tonsuré, qui portait le petit collet. Il tenait dans sa main blanche un de ces petits volumes peu ou prou défendus, à la mode en ce temps-là. A ses bas de soie, à son habit violet, à sa cravate en dentelle, à ce grand air mêlé de gentilhomme et de lettré : « En voilà un, se dit Beaulieu, qui ferait bien mon affaire, et je n'ai jamais rencontré un abbé plus joli que celui-là depuis le jour où M. le lieutenant de police, M. Moreau, le procureur du roi, M. le commissaire Lecomte et moi, nous sommes entrés dans le collège des Gillotins, pour en chasser une douzaine de petits jeunes gens, qui me semblaient les plus innocents du monde. Ont-ils pleuré quand nous avons fermé leur collège et conduit messieurs les professeurs en prison! » Ainsi songeant, il allait et revenait, regardant du coin de l'œil le jeune abbé qui ne lisait guère. Son regard interrogeait l'espace ; évidemment il attendait une personne qui ne venait pas. Cela dura plus d'une heure, et déjà Beaulieu perdait patience, lorsqu'il vit accourir, essoufflée, heureuse et charmante, une fillette. Elle était dans le bel espace, entre vingt et vingt-quatre ans, vêtue à ravir d'une robe en senardine, peu timide et pas effrontée. Elle se savait belle, et elle en profitait pour soutenir le regard des passants. Beaulieu, qui se connaissait en gentillesse, fut tenté d'aller au-devant d'elle ; un coup d'œil lui suffit pour comprendre qu'il faisait fausse route. O bonheur ! la fille au pied léger accourait à ce garçon. Des deux parts, quel sourire ! et qu'ils étaient bien aises ! En ce moment, sans doute, Anne-Gabrielle-Henriette, la petite-fille de Samuel Bernard, était conduite aux autels par Charles-Pierre-Gaston de Lévis et de Lomagne, marquis de Mirepoix et colonel du régiment de Saintonge... Eh bien, cette jeune marquise de douze ans, ce colonel de trente ans, cousin de la sainte Vierge (une des prétentions de la maison de Lévis), n'étaient pas plus charmants à voir que cette aimable fillette et ce bel amoureux. Il n'était pas besoin d'écouter tout bas ce qu'ils se disaient, pour les entendre, et vraiment, si l'exempt de robe courte avait eu seulement deux louis d'or en sa poche, il eût passé tranquillement son chemin. C'était ce qui s'appelle un bon enfant : il n'eût jamais fait méchanceté pour le plaisir de la faire. Une fillette qui pleurait le rendait tout confus ; un jeune garçon sans défense et si content le rendait tout honteux.

Cependant il prit son courage à deux mains, et s'approchant du couple étonné, que dis-je ? inquiet déjà, tant le bonheur est fugitif :

« Mes enfants, leur dit-il, pardon, je sais bien que je trouble un rendez-vous et que je suis un homme importun. Qui m'en ferait autant par le ciel, je le tuerais d'un coup de cette épée ; ainsi je comprends toute ma faute et la peine que je vais vous faire. Hélas ! je suis gentilhomme, il est vrai, mais je suis attaché au service de Monseigneur le lieutenant général. Que voulez-vous ? Ce n'est pas moi, c'est ma pauvreté qui le veut ainsi. Certes, mieux vaudrait s'appeler Richelieu tout bêtement, être ambassadeur à Vienne, officier général, duc et pair, cordon bleu, et partir ce soir pour la guerre avec soixante-douze mulets de bagages, trente chevaux de main, trois cents valets d'écurie et douze officiers de bouche que de faire ici, comme un pleutre, la petite guerre à vos amours! Mais quoi! nécessité n'a pas de loi; M. Hérault demande et j'obéis. Tout à l'heure il m'a dit, son chapeau à la main : « Monsieur le chevalier de Beaulieu, je vous prie, ayez soin d'arrêter l'abbé galant et de l'enfermer dans mon cabinet; il y va du salut de l'État et de la paix du royaume. » Allons, mes enfants, séparons-nous de bonne grâce; un jour ou l'autre on se verra dans un monde meilleur. »

Parlant ainsi, le chevalier avait son œil droit plein de larmes, mais l'œil gauche était plein de feux à l'adresse de la fillette. C'était un homme habile : il arrêtait Colette et Colin tout ensemble; celle-ci pour son propre compte, et celui-là pour le compte du roi.

Cependant les deux jeunes gens cherchaient à comprendre; ils pressentaient une immense catastrophe et restaient atterrés par ce coup de foudre. Heureusement, Beaulieu vint à leur aide, et leur proposa de déjeuner chez le suisse, à l'ombre hospitalière d'un sycomore. Ils pourraient, tout au moins, en déjeunant, se reconnaître et pleurer à leur bel aise. Enfin, ce serait toujours autant de gagné sur l'emprisonnement du jeune homme et sur le veuvage de la fillette. Ils suivirent les indications du chevalier, et les voilà tous les trois, Beaulieu mangeant, la fillette pleurant, le garçon soupirant. « Ce sera peu de chose, et vous verrez que tout ira bien, » disait Beaulieu, entre la bouteille vidée et la bouteille pleine. En même temps, les deux pauvrets, si brusquement séparés, s'arrangeaient pour se revoir. Justement, Colette était la cousine de Mlle Babet, femme de chambre de Madame la lieutenante générale; et, pendant que Beaulieu détournait la tête pour ne rien voir, elle écrivit à Babet pour lui recommander son amoureux, le petit collet François de Pierres, accusé d'un crime d'État dont il était bien innocent. Deux belles heures furent employées à ces chères consolations. Vous eussiez pris de loin l'exempt pour un bon oncle offrant à déjeuner à la fille de son frère, au fils de sa sœur.

Le cabinet de verdure où ces deux jeunes gens se faisaient leurs adieux, ils ne l'auraient pas changé, non certes, contre la belle salle improvisée au beau milieu du jardin de Samuel Bernard. Dans cette élégante architecture en arcades étaient attendues Mlle Autier, Mlle le Maure, tout l'Opéra, et cinquante musiciens de l'orchestre..... « Adieu donc! adieu donc! » se dirent nos amoureux avec des serments de s'aimer toujours. Le jeune prince de Carignan, prenant congé de la princesse de Bourbon, n'avait pas meilleure grâce. Enfin ils se quittèrent, sur l'ordre absolu, définitif, du chevalier de Beaulieu.

Notre exempt, bien élevé jusqu'à la fin, offrit son bras à l'abbé galant, et, pour se rendre à l'hôtel de M. le lieutenant de police, ils prirent certaines rues écartées, pour éviter la foule qui venait du supplice de Nivet et de ses complices, six brigands que l'on avait conduits en Grève sur six charrettes, chacun des spectateurs admirant le courage et le sang-froid de ces malheureux. L'abbé galant, qui n'avait rien vu de ces supplices, en ressentit le frisson. Ces palpitations de la Grève étaient effrayantes; elles ont fini par jeter quelque peu de leur férocité dans l'esprit léger du peuple français.

Ils entrèrent par les couloirs dans l'hôtel de M. le lieutenant de police, et, selon l'instruction qu'il avait reçue, le chevalier enfermait à double tour, dans le cabinet même du magistrat absent, ce terrible abbé galant. « Étrange idée après tout! disait Beaulieu, et qui dirait que ce petit drôle soit si dangereux? ». Quand il fut seul, le premier soin du jeune homme, en ce lieu terrible, fut de chercher à se reconnaître. Il était bien malheureux; qui le nie? Mais on n'est pas impunément dans le bel âge, et le plus désolé se console assez vite avec l'amour et la jeunesse. Ajoutez qu'il se sentait parfaitement innocent des deux grands crimes de ce temps-là : il n'était pas janséniste, il n'était pas philosophe. Il s'inquiétait aussi peu des miracles du diacre Pâris que de la préface de l'*Encyclopédie*. Il était incapable également d'écrire une chanson pour le recueil de M. de Maurepas et de composer une philippique à l'usage des *Mémoires secrets*. O bonheur! sur un coin de la table où se tenait d'ordinaire le secrétaire de M. Hérault le jeune homme aperçut une grande pancarte, où il était commandé à tous gens de la force publique de courir sus à une brochure ayant pour titre : *l'Abbé galant*. « Voilà donc, s'écria le jeune homme en riant, le grand mystère de notre détention! Ils m'auront pris pour le livre.... » Et tout rassuré, il se mit à parcourir d'un regard curieux le vaste espace où il était enfermé, et Dieu sait les choses singulières! Ce cabinet du lieutenant général de police était le dépôt des livres défendus, des affiches incendiaires, des enseignes coupables, des noëls vagabonds, des satires anonymes, des mille et une inventions sorties de tant de cerveaux surexcités par la misère et l'ambition. Sur des rayons de chêne, dont cet étrange appartement était garni, reposaient les dossiers de tous les délits obscurs qui se rattachaient à l'honneur des familles puissantes, à la sécurité du trône, au repos des gens en place.

En ces papiers de funèbre aspect était contenue une justice obscure et malsaine, odieuse et ridicule, énorme et puérile ; elle appartenait à l'arbitraire uniquement, c'était la justice implacable et sans réplique du bon plaisir. Et ce qu'il y avait de pire, c'est que la poussière et l'araignée avaient établi leurs tabernacles sur ces dossiers misérables. Une oreille attentive et jeune eût entendu sortir bien des plaintes de ces sentines de la police, et cette fois le jeune abbé douta de sa propre innocence.

Il détourna son regard affligé de cet amas de délations, et, sans savoir d'où lui venait tant de hardiesse, il prit place au fauteuil de M. Hérault lui-même. Ah! cette fois il contempla tout à son aise un spectacle intéressant. La Bastille, la Salpêtrière, Vincennes, Bicêtre et le fort de Joux, les vingt-six prisons d'État adressaient tous les trois mois à M. le lieutenant de police un compte-rendu de leurs situations : tant de prisonniers dans les casemates, tant de captifs dans les oubliettes, tant de chaînes, de carcans, de menottes, de pain bis, de paille et de charpie, tant de mourants et tant de morts. C'était lugubre, et d'abord le jeune homme en eut le vertige. A peine il eut parcouru ces rapports mortuaires, il vit que, sur des papiers faits exprès, d'autres misères demandaient d'autres réponses, et que tous ces papiers étaient timbrés à l'avance, à l'encre rouge, du petit cachet du roi. Les papiers où le magistrat répondait par *oui* ou par *non*, c'étaient ces mêmes lettres de cachet par lesquelles toute justice était suspendue et toute liberté interrompue. L'homme ainsi frappé n'avait plus son âme et n'avait plus son corps ; il appartenait à la force invisible, et, sans autre forme de procès, il pouvait être anéanti cette nuit même. Autrefois le roi apposait de sa main son cachet à cet ordre absolu, et, dans l'intervalle qui séparait le cachet du papier, il pouvait se faire que le prince éprouvât comme un remords ; mais, à cette heure, ces rois coupables ne prenaient plus tant de peine, et laissaient ce souci à leurs ministres qui avaient fini par le laisser à leurs valets. Vous ai-je dit que notre abbé galant n'avait pas un esprit vulgaire? Au contraire, plus il était amoureux, plus il se sentait disposé aux bonnes œuvres. Donc, sitôt que sa décision fut prise, il résolut de mettre à profit ce moment de toute-puissance que lui donnait le hasard. Parmi ces papiers qui attendaient encore une réponse était une prière de Mlle Adrienne le Couvreur, première actrice de la Comédie-Française.

Elle se plaignait des insolences de la petite Carton, une chanteuse de l'Opéra, très-protégée du maréchal de Saxe. « Ordre à Mlle Carton, répondit la lettre de cachet, de porter ses regrets et ses respects à Mlle le Couvreur. »

— Réclamation de quarante-huit docteurs, curés et bénéficiers, demandant qu'une part de leur bénéfice leur soit rendue avec laquelle au moins ils pourraient vivre... Et par la volonté de l'abbé galant, la prière de ces persécutés était exaucée.

— Il y avait, dans les diverses bastilles, deux cents prisonniers dont tout le crime était d'avoir crié : Vive le roi et périsse la Constitution!.... Le galant abbé écrivit : Relâchés! relâchés! Et, voyez le pressentiment, il avait déjà le style et l'écriture d'un secrétaire d'État.

— Une vingtaine de malheureux étaient retenus à la Bastille depuis six ans pour n'avoir pas accepté la condamnation de la quatre-vingt-onzième proposition du P. Quesnel, où il est dit : *Que la crainte d'une condamnation injuste ne saurait nous affranchir de notre devoir*..... Relâchés! relâchés!

Ordre en même temps fut donné aux deux chambres des enquêtes de revoir tous ces procès dont s'inquiétait la conscience de Sa Majesté, et comme au fond le parlement ne demandait pas mieux d'en finir avec ces crimes imaginaires et que ses conclusions étaient toutes prêtes : « Défense aux jésuites de renouveler les sujets de dispute, le roi voulant rétablir la paix dans son royaume. »

Et plus l'abbé galant réformait l'injuste, plus il oubliait son propre danger.

— Ordre aux marguilliers de Saint-Étienne du Mont, de la Villette et de Saint-Médard d'être à l'avenir plus respectueux pour leur curé, bien qu'il fût janséniste.

Il y avait aux Filles repenties une belle personne, très-protégée par le cardinal Bentivoglio, archevêque de Carthage. On l'avait surnommée *la Constitution;* sa sœur cadette, enfermée avec elle, avait nom *le Bref.* Comme elles dînaient chez Campra, le directeur de musique, avec Mlle Pelissier, Mlle Camargo et Gentil-Bernard, ces dames firent un si grand tapage que le guet s'empara du *Bref* et de la *Constitution*, et les enferma, on ne sait dans quelle prison. Le triste cardinal en portait sa plainte à M. Hérault. — « Monseigneur, écrivit M. Hérault par les mains de l'abbé galant, vous retrouverez mesdemoiselles vos protégées aux Filles repenties. » Elle est si jolie et danse si bien, cette aimable Constitution ! se disait l'abbé galant en se frottant les mains.

Pensez donc si bientôt il prit goût à sa justice improvisée, et s'il fut touché de tant de plaintes que contenaient les cahiers de ces prisons d'État ! Non pas qu'il ouvrît la porte à tous les misérables. Il choisissait parmi les plus anciens, les plus oubliés, les plus abandonnés. Les prisonniers recommandés par quelque dame ou quelque seigneur de la cour, l'abbé galant les négligeait sans remords; mais s'il voyait dans quelque bastille lointaine, par exemple au château de Ham, de jeunes officiers condamnés pour un duel à vingt-cinq ans de prison, il leur faisait remise des deux tiers et demi de la peine.

Le lendemain du jour où le dernier des Stuarts fut arrêté comme un malfaiteur, un prêtre indigné avait écrit toute une philippique :

> Peuple jadis si fier, aujourd'hui si servile......

Notre abbé relâchait le prêtre, et même il écrivait à M. Dufort, seigneur d'Orsay, de donner au faiseur de satires une place dans ses bureaux.

— Un humble descendant de Clément Marot, le poëte aimé de François Ier, Jean Marot, greffier criminel du Châtelet, avait pris dans son greffe une petite bague en argent qu'il avait donnée à sa maîtresse. On menaçait Jean Marot d'un procès criminel... L'abbé galant, de sa main délibérée, écrivit : *A plus ample informé.*

— « Il faut sur-le-champ ouvrir la porte à M. Diderot, détenu au donjon pour les *Pensées philosophiques.* » La lettre était adressée à M. le gouverneur du château de Vincennes.

— Ordre au comte de Charolais, prince du sang, de rendre à son mari Mme de Courchamp, la femme du maître des requêtes, qu'il tient enfermée en sa petite maison du bas Montmartre.

— Ordre au marquis de Mouchy d'épouser, dans les vingt-quatre heures, la jeune veuve de M. de Ménage.

— Ordre à M. de Monthulé de rendre à M. Haudry, le

fermier de la Croix-Saint-Leufroy, sa fille cadette, enlevée à son père il y a quinze jours.

— Commandement à M. de Beauchamp, chevalier de Malte, de rembourser à M. de Courbon les dix mille livres qu'il lui a gagnées avec des dés pipés.

Bref, en moins de quatre heures, ce jeune aventurier accomplit autant de belles actions que l'auteur de *Télémaque* en avait rêvées dans son *Examen pour la conscience d'un roi*.

Cependant il se faisait tard. Notre amoureux avait bien peu déjeuné ce matin même; il avait grand'faim, mais on eût dit que dans ce cabinet des crimes et des miracles toute chose avait été prévue. La veille de ce grand jour, l'hôtel de la ville avait procédé à l'élection de deux nouveaux échevins; M. Hérault, en sa qualité de *quartenier d'honneur*, avait assisté messieurs les officiers et conseillers de la ville, et, pour sa peine, il avait reçu deux pains en forme de couronne, deux bouteilles du vin de la ville, une livre de bougies du Mans, et une corbeille de confitures sèches. « Voilà qui va bien, dit le jeune homme, et maintenant je puis dîner. »

Comme il achevait sa dernière bouchée et sa première bouteille à la lueur des deux premières bougies, il entendit un frou-frou de robe et le craquement d'un soulier neuf... C'était Babet, sa quasi-cousine, à qui le chevalier de Beaulieu avait remis le billet de la fillette aux yeux noirs. Babet accourait par une porte dérobée au secours du beau prisonnier.

« Vite et vite, il faut partir, mon cher cousin. Voici que monseigneur rentre et demande si l'exempt de robe courte a trouvé *l'Abbé galant*. — « Oui, monseigneur, lui ai-je dit, et, selon votre ordre, il est enfermé dans le cabinet de monseigneur. — C'est bien, dit-il, pas plus tard que demain je veux qu'on le jette au bûcher. — Pardon! monseigneur, pardon! — Je le veux, a-t-il dit, et cependant va chercher sur ma table les rapports de la Bastille, du château de Ham, de Bicêtre et de For-l'Évêque, et toutes les autres lettres que tu trouveras. On les attend. »

Et la belle-fille, en riant, s'emparait de ces papiers, de ces rapports, pour les remettre aux émissaires qui les attendaient..

Sur quoi, l'abbé galant tirant de sa poche le livre incriminé :

« Petite Babet, lui dit-il, tu remettras *l'Abbé galant* à celui qui le cherche, et tu porteras ces cahiers, ces lettres et ces commandements à M. Chaban, le secrétaire, qui les fera tenir à leur adresse. Et maintenant, chère enfant, je me sauve ; embrassons-nous. »

D'un pas leste et joyeux, il descendit l'escalier qui le conduisait dans la rue, et il s'en fut retrouver sa maîtresse. Elle mangeait aux Porcherons les vingt-cinq louis du chevalier de Beaulieu. Et l'on dit que la vertu est toujours récompensée !

Or il advint que tous ces ordres salutaires, ayant suivi la filière accoutumée, ne rencontrèrent aucune opposition. Tous les malheureux qu'avait faits la bulle *Unigenitus* rentrèrent glorifiés par leur martyre, celui-ci dans sa chapelle, et celui-là dans sa maison. Le lendemain, à son lever, M. Hérault sentit deux grands bras qui l'embrassaient à l'étouffer : c'était Denis Diderot, tout couvert encore de la poussière éloquente du donjon de Vincennes, où le chevalier de Mirabeau était attendu. Le cardinal Bentivoglio envoyait à M. Hérault un tableau d'Andrea del Sarto en action de grâces. Mlle Constitution et Mlle le Bref l'invitaient à souper. Le greffier Jean Marot embrassait ses genoux. La future marquise de Mouchy lui donnait sa joue à baiser. A toutes ces grâces M. Hérault ne pouvait rien comprendre et se laissait bénir.

Le surlendemain, quand il se rendit, selon sa coutume, à Versailles, le roi, qui lui faisait grise mine, l'accueillit de son plus beau sourire. On n'entendait à la ville, à la cour, à l'Opéra, au parlement, chez les coquettes et chez les philosophes, que bénédictions, allégeances, enchantements. M. de Maurepas adressait ses meilleurs compliments au lieutenant général; M. le chancelier d'Aguesseau lui demandait la main de sa fille pour son petit-fils. « Je voudrais finir comme vous avez commencé, » lui disait M. Turgot. Enfin ce brave homme, heureux de ces bonheurs inespérés, rentra chez lui accablé de ses louanges, et dans la nuit même il mourut, le 2 août 1740, à peine âgé de cinquante ans, juste au moment où son confident, son ami, le sieur Chaban, lui portait ses plus vives remontrances pour avoir amnistié de son plein gré tant de scélérats.

C'est ainsi que M. Hérault mourut dans la louange universelle en laissant un nom glorifié..... par l'abbé galant.

Maintenant, si vous voulez savoir le vrai nom de ce rare et charmant gardien de la paix publique, on peut vous le dire : il s'appelait François-Joachim de Pierres, abbé, et plus tard cardinal de Bernis, le ministre, et mieux que cela, dit-on, de Mme la marquise de Pompadour.

XI

PARIS A VOL D'OISEAU

On ne se fera jamais une idée approchante du Paris d'autrefois. Cette foule active et turbulente de travailleurs était traversée à chaque instant par toutes sortes d'oisifs qui s'en venaient chercher la fortune à Paris. Ils entraient par quarante-cinq barrières, élevées aux frais de MM. les fermiers généraux. Une fois arrivé dans ce pays des mensonges, chacun se logeait selon la nécessité ou l'inspiration du moment, dans le faubourg du Roule, dans la rue Blanche, à la barrière des Martyrs, à Belleville, à Saint-Mandé, au boulevard Saint-Jacques, à Sèvres, partout où le logis était à bon marché, partout où l'on pouvait prendre patience et regarder pousser les arbres, entendre chanter les oiseaux. Les plus hardis parmi ces honnêtes coureurs d'aventures se logeaient dans une des îles de la Seine, les chevaliers de Saint-Louis dans l'île Notre-Dame, les plaideurs dans la Cité ; les uns et les autres, ils évitaient de leur mieux le quai de l'Hôpital. Pauvres gens ! perdus dans cet abîme, ils ne savaient plus que faire, que devenir ; toute porte leur était fermée, toute maison leur était défendue ; ils exhalaient je ne sais quelle odeur de ruine et de misère qui les entourait comme d'une solitude. Encore leur fallait-il, pour faire leur cour au roi ou pour saluer les ministres, se rendre une ou deux fois par semaine à Versailles. Pauvres nobles ! tout négoce leur était interdit sous peine de roture. Ainsi, ils se seraient crus déshonorés de mettre le pied sur le port aux Ardoises, sur le port au Blé, sur le port au Charbon, au Cidre, aux Fagots, aux Fers, au Foin, aux Poissons, au Sel. Quelques-uns cependant, lorsqu'ils rencontraient des amis dévoués, des mousquetaires gris ou noirs, se laissaient conduire sur le port au Vin, à la Râpée. Au fumet savoureux de la matelote éternelle qui se fabrique dans ces lieux favoris du vin et de la bonne chère à bon marché, ils oubliaient, les pauvres hères, leur château en ruine, leurs terres incultes, leurs enfants sans habits, leurs filles sans maris et leurs Pénélopes oisives qui aspiraient après leur retour.

Ou bien, nos gentilshommes, découragés et maudissant tout haut le ministre régnant, s'en allaient visiter les curiosités parisiennes : la *Pompe du pont Notre-Dame*, la *Samaritaine*, la *machine de Chaillot*, l'*aqueduc d'Arcueil*, et peu à peu, à force de marcher, de rêver, de soupirer haut, ils finissaient par connaître à fond les onze cent neuf rues, les cent neuf culs-de-sac, les treize enclos, les quatre-vingt-deux passages, les soixante-quinze places, les cinq cent cinquante hôtels de la ville. Ils avaient une promenade pour chaque jour de la semaine : le lundi, ils le passaient au jardin de l'Arsenal, qui se souvenait encore de M. de Sully, le meilleur ami et le serviteur le plus fidèle d'Henri le Grand ; le mardi, au jardin des Apothicaires, tout rempli des plus belles fleurs ; le mercredi, dans le parc de Mousseaux, Mousseaux, le grand parc aux galants mystères, aux folles aventures, aux anecdotes fabuleuses, aux rencontres impossibles; le jeudi appartenait au jardin du Luxembourg; l'étranger passait les trois derniers jours de la semaine au Jardin des plantes, aux Champs-Élysées, dans l'allée des Veuves, au Cours-la-Reine et au Champ de Mars.

XII

LES RUES

Mais le plus difficile en tout ceci, ce n'est pas d'étudier la ville qu'on a sous les yeux ; encore faut-il se rendre compte de ce qu'elle était avant une révolution qui a changé les lois, les usages, les passions, les mœurs, les habitudes, qui en a changé même les noms des rues et des places publiques.

Des vieux noms, cependant, quelques-uns ont été conservés, par suite de cet hommage involontaire que la génération présente rend toujours aux générations passées. Surtout, ce qu'il y a de difficile à changer pour un peuple qui se respecte, c'est la forme de ses temples, le nom des saints qu'il a révérés, l'invocation des églises dans lesquelles ont été ensevelis ses aïeux. Même quand les os de ses pères ont été chassés violemment de ce dernier asile, le peuple se souvient du saint patron invoqué dans ces murailles. C'est ainsi que vous avez encore, à Paris, les saints d'autrefois soumis à leur désignation populaire : Saint-Pierre aux Bœufs, Saint-Pierre aux Liens, Saint-Jacques le Mineur et Saint-Jacques le Majeur, Saint-Jacques la Boucherie, Saint-Jacques l'Hôpital et Saint-Jacques du Haut-Pas. Ce même peuple qui a tout brisé ne veut pas qu'on oublie le vieux calendrier de ses ancêtres; il tient à ses superstitions plus encore qu'à ses croyances. Peuple changeant et volage, dit-on, et cependant, dans ces rues boueuses, dans ces maisons sans soleil, dans ces passages fétides, dans tous les lieux malsains où il est né, vous le retrouverez toujours grouillant de siècle en siècle. Il y a telles rues éternellement obscures dans lesquelles la lampe brûle à toutes les heures de la journée. On m'a montré, dans la rue du Roule, une allée si étroite, que la propriétaire de la maison, forcée de s'aliter pour un mal à la jambe, avait grossi à ce point que, sa jambe guérie, il lui avait été impossible de sortir, et ainsi, par son propre embonpoint, cette femme s'était vue condamnée à une réclusion sans fin. Elle passait sa vie à la fenêtre; et vous pensez si elle avait profité de la permission de devenir immense, au-delà de toutes les proportions! En revanche, dans les maisons voisines, vous entrez par de vastes portes cochères. La porte était gardée autrefois par un suisse décoré d'une vaste bandoulière sur laquelle étaient gravées les armoiries du maître. Vous entriez; le suisse sifflait pour prévenir de votre arrivée. Le suisse jouait un grand rôle dans les intrigues de monsieur et de madame; moins il savait la langue du pays, et plus il passait pour un bon et fidèle serviteur. Ce qui valait mieux, à tout prendre, que ces affreux portiers qui exercent leur industrie malsaine au bas de chaque maison moderne. Ils annoncent tout au plus une échoppe. Messieurs les suisses, au baudrier doré, saluent de leur hallebarde d'argent les plus grands noms de la monarchie : la Trémouille, Rohan, Buci, Courtenay, Tonnerre, Tavannes, Dampierre, Nicolaï; qui donc encore? les soldats et les héros de la bataille de Fontenoy. Voltaire a mis ces grands noms dans son poëme à la louange du maréchal de Saxe :

> C'est vous que je salue, ô terribles seigneurs,
> Et c'est vous que j'invoque, ô superbes vainqueurs !
> D'Eu, Penthièvre, d'Harcourt, Gallerande, Tonnerre,
> De Pons, Dannoy, Thomond, Noailles, d'Aubeterre,
> Bérenger, Lowendahl, Chabannes, Langeron,
> Chabrillan, du Cayla, d'Apcher, Croissy, Biron...

Le peuple même s'est lassé de ces sombres maisons; il s'amuse à regarder le soleil ; il sait à peine l'histoire des prisons, des citadelles, des forteresses et des cachots ouverts à tant de juridictions diverses : le Grand-Châtelet, le Petit-Châtelet, la Tournelle, la tour de Nesle, la tour des Bois, le Louvre, l'Hôtel de ville, la Sorbonne, le Pré-aux-Clercs, le Palais de justice, et pour couronner dignement l'œuvre entière, le gibet de Montfaucon. Oh! le beau et touchant spectacle! Et à chaque entrée de la ville, une tour, une forteresse, une bastille : la tour de Billy, de Saint-Antoine, la tour du Temple, la tour Saint-Martin, la tour Saint-Denis, Montmartre, Saint-Honoré. Chaque tour avait son fossé, chaque fossé avait ses soldats armés et sa boue liquide; la nuit venue, tout se fermait, tout se barricadait; dans la rivière étaient tendues des chaînes.... C'était beau à voir et charmant! Ce n'était pas une ville, c'était un labyrinthe inextricable. Chaque détour était une rue, et toutes ces rues innombrables se mêlaient, se croisaient, se heurtaient, se confondaient, celle-ci dans celle-là, à ce point qu'on eût dit une ronde infernale un jour de sabbat. Des rues, comptez-les! des flèches, des dômes, des ponts, des rives, des grèves, des ruisseaux, des chapelles, des églises, des bannières, comptez-les, comptez-les! Ce n'étaient que pignons taillés, toits aigus, tours rondes, donjons, arabesques, tours bizarres, nains et géants, caprices, fantaisies, difformités. Ces vieux toits étaient couverts d'une mousse jaunâtre, d'un plomb noirci, d'une ardoise à demi brisée; sur les murs mêmes poussaient les pustules et les verrues. Les jours d'orage, ces pierres, on eût dit à les voir de loin, aiguës et tout armées de pics menaçants, qu'elles allaient se battre, se heurter, se déchirer. Quant à la Seine, elle disparaissait sous ces maisons, sous ces immondices, sous ces ponts chargés d'horribles cabanes, sous ces solives informes, qui s'avançaient menaçantes dans la rue, si bien que l'ombre était partout, même durant les plus beaux jours.

Dans ces rues ainsi enchevêtrées, le vacarme était immense, affreux : les écoliers, les artisans, les blanchisseuses, les soudards, y poussaient, chacun de son côté, le cri de la profession ; sans compter les moines tout-puissants et respectés devant lesquels se rangeait soudain toute cette cohue : les bernardins, les génovéfains, les mathurins, les bénédictins, les cordeliers, les augustins; chacun d'eux ayant sa tour, sa justice, sa prison, son église, sa chapelle et sa bénédiction à distribuer aux têtes qui s'inclinent quand ils passent. Et les églises, qui les compte? Saint-Jacques de la Boucherie, Saint-Jacques du Haut-Pas, Saint-Magloire, Notre-Dame des Champs, Saint-Germain des Prés; et le pilori, et la tuilerie, et le four banal, et la maladrerie pour enfermer les lépreux; car à toutes les beautés singulières que nous disons là, il faut ajouter la lèpre. Vous aviez aussi de grands hôtels remplis de seigneurs insolents et impitoyables : l'hôtel de Jouy, l'hôtel de Sens, l'hôtel Barbeau, et l'hôtel des Tournelles, et l'hôtel Saint-Paul, où logeaient jusqu'à vingt-deux princes aussi puissants que des rois. Il y avait aussi l'hôtel de l'abbé Saint-Maur, du Petit-Musc, du comte d'Étampes, et chacun de ces hôtels avait ses meurtrières, son château fort, sa grosse tour, ses mâchicoulis, ses moineaux de fer, qui ne valent pas les joyeux, ronds, éveillés et insolents moineaux du jardin des Tuileries.

Des tours, toujours des tours; des créneaux, toujours des créneaux; la force, partout la force; flèches, clochetons, girouettes, spirales, lanternes, pavillons, tourelles! Et voyez-vous cette *botte de tours noires comme l'encre,* ce pont-levis toujours dressé, cette herse toujours tombée? C'est la Bastille, entourée de canons. Et tout cela pressé, serré, heurté, rivé, relié par des fossés, par des murailles, par des ravins, par des gibets, par des chaînes tendues, par des moines, par des bourreaux; par des cimetières tout remplis de morts et de cadavres; par des égouts, par des immondices, par des sépulcres; par des trous où vivaient des recluses; par des intersections de maisons, culs-de-sac, pattes d'oie, dédales, carrefours; par de grands espaces boueux et sanglants, dans lesquels clapotaient pêle-mêle les truands des deux sexes; horrible nation dont les noms divers étaient horribles tout autant que la langue qu'elle parlait : culs-de-jatte, bossus, boiteux, manchots, béquillards, coquillards, cagots, lépreux, avec leurs plaies, beuglements, clapissements, hurlements; fourmilière d'ordures vivantes, la cour des Miracles pour tout dire.

Avant la révolution, chaque état avait sa police. Ils avaient en outre leur police claustrale. Chaque ville, en revanche, était moins avancée. Les unes étaient sous la juridiction municipale, les autres sous celles des commissaires de police qui exerçaient leur autorité en concurrence avec divers magistrats, parmi lesquels il faut citer le lieutenant de robe courte. Ce fonctionnaire avait deux lieutenants, un guidon ou porte-étendard, un procureur du roi, un greffier, un commissaire des guerres, un contrôleur des guerres, un huissier, un brigadier et soixante archers, dépensant tous ensemble presque autant qu'un beau régiment de cavalerie.

Quant à la police des campagnes, qui se montrait seulement les jours de dimanche, elle se trouvait dans les mains des juges seigneuriaux ou des chefs des municipalités : maires, syndics, collecteurs, marguilliers et notaires.

En ce temps-là, d'ailleurs, la police était faite non-seulement par les hommes, mais encore par les choses : les quatre terribles châteaux de France, la Bastille, Pierre-Encize, Brescou, le donjon de Nantes, et bon nombre d'autres châteaux forts, contribuaient puissamment par leur aspect morose et formidable à maintenir l'ordre établi. La lettre de cachet!... Quel épouvantail! On se plaignait tout bas, l'on raillait le pouvoir... sous le manteau de la cheminée.

Ces châteaux maussades et inquiétants n'étaient pas les seules prisons d'État. Au besoin, l'on enfermait volontiers les suspects dans certains cloîtres. On peut citer, parmi ces prisons supplémentaires, la maison des cordeliers de Neuville en Riez, et celle des frères des écoles chrétiennes de Marseille.

Gardons-nous d'omettre Saint-Lazare, si souvent peuplé de prisonniers qui, tous, ne savaient pas au juste quel crime ils avaient commis. Et les couvents de femmes?... Ils s'ouvraient fréquemment par ordre supérieur, et la liste de celles qui y sont entrées représente une cohue formidable.

N'oublions pas non plus le For-l'Évêque, où les malheureux débiteurs payaient leurs dettes en douleurs et gémissements. Souvent aussi n'a-t-on pas vu ses lourdes portes se refermer bruyamment sur de joyeux comédiens, jouets fragiles du parterre et des loges, qu'un caprice de noble seigneur, une jalousie de grande dame, condamnaient aux tortures de la détention?

Un grand danger pour le jeune homme imprudent et curieux, c'était la race à part des racoleurs. Comme il fallait des soldats pour recruter les armées du roi, il y avait, dans toute la France, des compagnies chargées de rassembler des recrues, et, les ayant bien catéchisées, de les réduire à l'état de soldats. Aux recruteurs tout était permis; ils avaient pour complices les vieillards, les jeunes gens, les anciens militaires, les bonnes d'enfants. On eût dit d'une bonne farce à l'usage des boutiquiers.

C'était sur le quai de la Ferraille et aux environs du Pont-Neuf, dans cet amas de boutiques en plein vent où se glissait la foule, achetant, revendant toutes les vieilleries de la défroque parisienne, que se tenaient messieurs les racoleurs. Florian l'a dit :

> Vous connaissez ce quai nommé de la Ferraille
> Où l'on vend des oiseaux, des hommes et des fleurs.

Le racoleur était chez lui, dans ce lieu de perdition. Vous le reconnaissiez à sa démarche hardie. Il allait la tête haute, la jambe tendue, appelant tout haut les jeunes gens qui passaient et les conduisant dans sa boutique, au bruit criard des trompettes et des tambours. A peine entré dans ce taudis de la gloire, l'innocent se sentait enguirlandé par toutes les séductions imaginables. Voici des armes; le vin coule à longs flots; les plus belles promesses remplissent l'oreille de l'innocent qui les écoute : « Enfants, venez avec nous! Nous vous mènerons dans les Indes, au milieu des diamants et des perles; il n'y a qu'à se baisser pour en prendre. Encore on ne se baisse pas, car les esclaves se baissent pour vous! Le dimanche, vous aurez des esclaves blanches pour vous servir. En même temps, Messieurs, tous les fruits d'une terre féconde : oranges, limons et grenades. Répondez seulement à notre appel. N'écoutez pas les bavardages de votre papa et de votre maman ; laissez-vous faire; en quinze jours vous êtes des héros. Plus de boutiques, et les plus belles armes entre vos mains remplaceront la demi-aune. Ou bien; si vous aimez l'argent, qui veut de l'argent? » Et les voilà qui faisaient résonner les sacs d'écus, pendant que leurs acolytes promenaient, dans les rues et sur les places, de longues perches appétissantes, surchargées de poulets, dindons, cailles, perdreaux. « C'est à vous, mes enfants! Pour vous toute cette bombance; et si vous avez soif, remplissez votre verre à ces bouteilles qui vous sont tendues par des princesses de Malabar. » Pour résister à ces belles avances, il eût fallu être un héros; les racolés consentaient bien vite, et, l'engagement signé, tout changeait : le vin de Beaugency et la piquette, le pain bis et les coups de bâton! Beaucoup de ces pauvres diables réclamaient la liberté perdue, appelant à leur aide leur papa, leur maman et le nom qu'ils portaient. On leur riait au nez. Et voilà comme, *avec l'autorisation de Sa Majesté,* messieurs les sergents du roi remplissaient les cadres de l'armée. Une fois engagés, c'était sans rémission. Les plus courageux faisaient contre fortune bon cœur, et, trois ou quatre ans après, ceux qui n'étaient pas morts ne s'en portaient pas plus mal.

XIII

LA BROCANTE

Après le racolage, autrefois comme aujourd'hui, la peinture était un grand art, entouré d'une admiration naïve, et les folies de ce temps-là valaient bien les folies de ce temps-ci.

Le brocanteur, comme le racoleur, était un homme intrépide. Il avait toute une fortune d'éloquence, et, quand il avait persuadé à quelque imbécile l'excellence d'une œuvre, il sentait que, pour lui, la partie était gagnée. Ah! les admirables inventions! les plus grands noms étaient invoqués pour venir en aide à ces croûtes splendides : Raphaël, Rubens, Titien ou bien Michel-Ange. On disait le nom des musées auxquels appartenaient ces chefs-d'œuvre. On disait les palais d'où ils étaient sortis. C'était une rage, un délire, et souvent, pour gagner une pièce de trente sols sur le cadre ou sur la toile de tableau! Déjà, en ce temps-là, le brocanteur portait de longues oreilles, des oreilles d'âne, et le public riait d'un bon rire. C'est pourtant ainsi que s'est fondé ce magnifique hôtel des commissaires-priseurs, un véritable eldorado... Changez les noms, changez les amateurs, et vous rentrez dans la brocante, et les oreilles sont les mêmes, que l'on paye en effet cent mille francs ou un petit écu une dépouille du temps passé.

Aussi bien les plus grands artistes, Mme de Pompadour elle-même, semblaient s'être imposé une tâche impossible. Ils voulaient absolument tenter l'absurde et par la toile et par le marbre. Par les efforts les plus coûteux ils allaient facilement à leur but. Cela s'appelait le genre *rocaille*; et, disait Watelet, en parlant de Boucher : « En voilà un, certes, qui témoigne ouvertement de son profond mépris pour l'art des maîtres, et pour la statuaire des anciens Grecs ! » On se demande en vain, en présence de ces efforts misérables, quel était le projet de ces artistes favoris. Pourquoi ces guirlandes? Pour qui ces bonshommes, ces nymphes, ces pygmées, ces géants? Pourquoi faire? A quoi bon ? Pour démontrer que l'acheteur était un riche, un prince, un fermier général. Enfin, chose étonnante! toute une révolution! Nous nous sommes passionnés pour le rococo rageur; nous rachetons à tout prix ces épaves du passé, et Dieu sait si nous sommes fiers et contents quand nous pouvons dire : « C'est un Boucher! ».

Nous ne retrouverons pas, si vite et si bien, la tournure de ces marchés abondants, faciles et bien garnis. Les femmes règnent et gouvernent dans ces lieux de la bombance, et surtout elles marchandent. Le marché à la volaille est situé sur cet espace de la rive gauche de la Seine qui s'étend du Pont-Neuf au pont Saint-Michel. Ce fut d'abord une prairie plantée de saules, d'un bel effet; mais Philippe le Bel fit abattre les arbres et élever un quai en pierres, pour dompter les inondations du fleuve. Là, déjà, s'étaient établis des marchands de volaille qu'approvisionnait la navigation courante. Il y eut aussi des libraires qui commencèrent à se poser au bord du quai nouvellement bâti, et c'est pourquoi vous aviez encore naguère ce mélange incroyable de toutes sortes de nourriture pour le corps et pour l'esprit. Sur ce quai des Augustins se trouvaient des volailles toutes plumées, des rôtisseurs qui les mettaient à la broche, et des gens de bon appétit qui les mangaient. C'était un peu contre toutes les ordonnances ; mais la veille de la Saint-Martin, la veille des Rois et du Mardi-Gras, c'était une fête de voir les petites bourgeoises acheter une oie, un dindon, une poularde. On rentrait en toute hâte au logis, on plumait la bête sur le seuil de sa porte, et chacun pouvait comprendre que le lendemain on ne mangerait ni le bœuf à la mode, ni l'éclanche accoutumée.

XIV

LA FÊTE-DIEU A SAINT-SULPICE

Si vous aviez vu la dernière procession de Saint-Sulpice, et compté le nombre d'ornements, de curiosités, de merveilles, qui marchaient à la suite de ce dais nouveau qui n'a pas coûté moins de cent mille écus, vous ne douteriez pas de la perpétuité de l'Évangile. Il n'y a pas ici-bas une tragédie, un drame, un opéra, un ballet, rien sur la terre, qui soit plus magnifique et plus rare que cet envahissement de Paris par le clergé de Saint-Sulpice. Le peuple entier se préparait depuis huit jours, par le jeûne et la pénitence, à célébrer cette fête solennelle, la fête-Dieu, où le Roi des Rois devait accompagner le roi de France. Chacun de nous, chrétiens de Rome ou de Paris, s'en allait à l'avance de chapelle en chapelle, aux Théatins, aux Frères du Saint-Sacrement, à Saint-Victor, aux Minimes de Passy; la confession était partout, partout l'absolution. Le magistrat eût rencontré plus d'un crime à châtier, le prêtre pas un seul péché à absoudre, et tout le clergé, disons mieux toute la la terre, écoutait ces musiques de l'autre monde et les bruits de l'encensoir, pendant que l'encens fumait et se mêlait à la suave odeur des roses et des œillets que prodiguait le printemps.

Ce dernier dimanche, au bruit des cloches qui retentissaient dans les airs doucement réjouis, la sainte procession sortit triomphante de ce vaste portail, décoré par Servandoni lui-même. Il avait imaginé des portiques, des colonnes, des jardins, des vases précieux, ornements variés de ce grand édifice, où s'étaient donné rendez-vous toutes les grâces et toutes les splendeurs. La marche était ouverte par les suisses en hallebarde et couverts de leur habit d'or; venaient ensuite un timbalier, six trompettes, douze hautbois et quatre bassons, qui sonnaient des fanfares. Deux beaux jeunes lévites, en surplis blanc, portaient dans les airs la bannière éblouissante de broderies et de toutes les couleurs éclatantes de l'arc-en-ciel. La livrée allait autour, tenant les flambeaux et les torches; vingt maîtres de cérémonie veillaient sur l'ordre et la marche de tout ce monde incliné par la prière, ou les yeux levés au ciel; et c'était un charme ineffable à voir passer dans leur plus magnifique appareil les six communautés religieuses, gardiennes de tous les enfants de la paroisse, et chantant les cantiques sacrés :

> Pange lingua gloriosi
> Corporis mysterium
> Sanguinisque pretiosi...

Pas un de ces chanteurs qui ne sût sa partie à merveille. Arrivaient à leur suite la sacrée congrégation de tous les arts et de tous les métiers, précédés chacun de sa bannière, et souvent cette bannière était peinte aux frais de l'œuvre par quelque grand peintre : Noël Coypel ou Vanloo, peintres du roi. Il y en avait même de plus anciennes qui étaient signées le Sueur ou Mignard. Venaient ensuite, et marchant sur deux lignes, de nombreuses confréries, au bruit des tambours, au son des hautbois de messieurs les mousquetaires noirs conviés à cette fête, et dans chaque paroisse un reposoir dominait les maisons les plus hautes. Sur ce reposoir, qui représentait leurs fortunes et leurs goûts, les habitants du quartier avaient apporté leur plus riche argenterie et leur orfévrerie la plus belle. Ah! tant de réchauds d'argent, tant de casseroles en vermeil, tant de plats massifs, des plus vieilles maisons! Tous ces millions ne voyaient le jour qu'une fois chaque année, à la fête-Dieu; mais c'était un véritable péché mortel de rien dissimuler de toutes ces fortunes. Les tableaux les plus rares, les statues exquises, les images des dieux de la Fable, avec les nymphes d'ici-bas, accouraient pour saluer cet univers chrétien, confondus les uns et les autres dans la même adoration.

A chaque reposoir où montait le prêtre, entouré de son clergé, messieurs les mousquetaires, quittant hautbois et tambours, jouaient de la flûte traversière, heureux accompagnement de la voix suave des enfants de chœur. Chaque église avait sa chapelle; à chaque chapelle était attaché un chanteur du premier ordre.

O Dieu du ciel! voici maintenant les confréries, et la première de toutes, la confrérie du Saint-Sacrement. Voici les collectaires et les acolytes, en tuniques nouvelles. Saluons la croix d'argent dans les mains vaillantes d'un prêtre en chape, à la clarté bienveillante des cierges qui brûlent sur des chandeliers d'argent. Qui n'avait pas d'argenterie et de tableaux pour servir d'ornement au reposoir prêtait ses plus beaux enfants, dont on faisait autant de petits Jésus, portant leurs croix fleurdelisées, et de petits saint Jean-Baptiste, un agneau bouclé dans les bras. Suivait enfin le clergé de l'église en surplis, en tuniques, chapes, chasubles et dalmatiques; ils étaient plus de quatre cents priant avec ferveur, et marchant à pas comptés.

C'est maintenant que nous allons voir la pieuse cohorte qui jette au Saint-Sacrement toutes les fleurs de ses corbeilles. Vingt porte-encensoirs, ornés de ceintures écarlates, douze acolytes en aube, avec des ceintures bleu de ciel, remplissaient les airs d'un nuage d'encens. Chaque fleur était comptée, et pas un qui osât ramasser un seul bouton de ces fraîches épaves. Puis encore des flambeaux, et, marchant seul, suivi de quatre archevêques, et de vingt évêques en grand habit, monseigneur le cardinal de Polignac; la traîne de son manteau était portée par un officier de Saint-Louis. Puis les pages en grande livrée, aux couleurs du prince de Condé, du prince de Conti, de monseigneur le duc de Chartres. La beauté des habits attestait la galanterie et la jeunesse de ces fils des dieux. Eux-mêmes, le matin, ils avaient passé en revue ce régiment à leur livrée, et qui eût vu circuler en si bel ordre ces jeunes pages ne se serait point douté des espiègleries qui les rendaient populaires. Conversion! conversion! sur toute la ligne et dans tous ces groupes. A la fin, et quand tout semble épuisé, voici le dais de cent mille écus, tout couvert de ses plumes blanches, et semblable à quelque trône qui serait porté par les Dominations. Sous le dais, qui le recouvrait sans le cacher, apparaissait le Saint-Sacrement dans sa gloire. On eût dit le soleil dans les mains du vieux prêtre, et lançant ses rayons lumineux sur tout l'univers. Il était accompagné des deux premiers marguilliers de Saint-Sulpice, M. le maréchal de Matignon et M. le duc de Saint-Aignan, suivis, de

M. le duc de Choiseul, marguillier d'honneur, et de tous les marguilliers de la paroisse. Or, ce beau titre était si recherché que M. Pigalle, le premier sculpteur du roi, comme un jour le roi lui demandait à quel honneur il pouvait prétendre : — « Ah ! Sire, s'écria-t-il, rien ne manquerait à mon bonheur si j'étais marguillier de Saint-Sulpice ! »

En effet, ce grand corps comprenait tout ce que la paroisse avait de plus grand, de plus glorieux, de plus célèbre. En ce moment cavalcadait le régiment des gardes suisses, suivi du régiment des gardes-françaises. Tant de chevaux, d'uniformes, de drapeaux, de casques et de cuirasses reluisant au soleil !

Quand vous pensiez que tout était fini, et que l'admiration n'était plus possible, alors recommençait, dans les rues et sur les places publiques, devant chaque maison enveloppée d'une tapisserie éclatante, la procession triomphante à travers mille chefs-d'œuvre de marbre, de pierre et de laine. Elle rencontrait sur son passage, à genoux, les plus beaux enfants, les femmes les mieux parées, et chantant *Veni Creator*. De la rue de Tournon à l'avenue du Luxembourg des gardes-françaises étaient rangés en bataille; les portes étaient gardées par messieurs les gardes-du-corps et les Cent-Suisses du roi. On saluait à genoux, fièrement posé sur les dernières marches de la cour, exhaussée et fermée par un balustre en marbre blanc, le reposoir royal. C'était le roi qui, vraiment, voulait paraître à son tour et faire une profession de foi qui fût digne de sa couronne. L'enfoncement de ce reposoir était orné de parements de damas cramoisi à crépines d'or. Sur chaque côté de cette auguste chapelle étaient posées des pentes de velours brodé d'or, et des cierges, des bougies sans nombre, et des orangers vieux comme François Ier, qui les avait légués à l'orangerie de Versailles. Il y avait, pour l'ornement du reposoir royal, toutes les tapisseries de la couronne, représentant les miracles de la peinture, au Vatican, les loges de Raphaël, puis Jules Romain, Pierre le Brun, le peintre des batailles d'Alexandre. Le pavé de la cour disparaissait sous les tapis de Turquie et les fleurs de la Savonnerie. En même temps, figurez-vous, de chaque côté, vingt-cinq fenêtres magnifiquement tapissées et garnies de toutes les dames des grands appartements; dans le salon du dôme était assis le roi, entouré de tous ses pairs, le duc de Bourbon, le comte de Clermont, le maréchal de Villeroy, le duc de Mortemart, les Noailles et les Fitz-James, les maréchaux de Coigny, de Balincourt et de Clermont-Tonnerre, tous cousins du roi, et le nonce de Sa Sainteté.

Ce fut alors un bruit terrible et charmant. Les trompettes de la chambre, les trompettes des gardes du corps et leur timbales saluaient de la terrasse le Saint-Sacrement qui s'avançait. Alors le roi se mit à genoux, courbant la tête à son tour, et sembla charmé lorsqu'au nom de Saint-Sulpice quatre chanoines, députés à Sa Majesté, lui offrirent une corbeille de fleurs. Un cri de *Vive le roi!* remplit alors toute la ville et ne s'arrêta qu'aux nuages du ciel.

Voilà comment le clergé de France a répondu aux attaques violentes de l'*Encyclopédie* et des philosophes. — Vous niez Dieu; nous vous le montrerons; vous sentirez sa force et vous comprendrez que rien ne peut prévaloir contre une si terrible et magnifique royauté.

XV

SALONS ET CAFÉS

Par quelle force et quelle puissance Paris a si longtemps résisté à la cour, et brisé les arrêts de la cour, sifflant ce qu'elle avait applaudi, honnissant ce qu'elle avait admiré, ce n'est pas seulement parce que la ville avait le privilége de parler et d'écrire, mais encore parce qu'elle savait lire et causer. Certes le grand salon de Versailles était une grande autorité dans le monde des faits ; mais il y avait à Paris même plus d'un salon tout petit dont la louange et le blâme étaient comptés par tous ces seigneurs, dont le moins habile était de l'Académie. La conversation remplissait la vie, et la philosophie était reine en tous ces salons, instituteurs des tyrans de Versailles. Les femmes, lassées de bonnes fortunes, duchesses, marquises et comtesses d'antique édition, voulaient plaire aux beaux esprits, aux grands esprits. Elles tenaient à l'*Encyclopédie;* elles voulaient que leur salon fût l'écho des passions et des amours de l'heure présente. L'égalité et la liberté, d'une main délibérée, ouvraient ces portes difficiles. Sans remonter bien haut, nous avions le salon de Mme de Genlis, où M. le duc d'Orléans donnait l'accent et le ton à la raillerie. Ici venaient les maîtres du monde à venir : Brissot et Camille Desmoulins. Chez M*me* Helvétius, qui trouvait tant de bonheur *dans quatre arpents de terre*, se rencontraient les démons de l'*Encyclopédie*, avec Volney, l'abbé Sieyès et Manuel. Ce grand esprit, Champfort, qui avait plus d'esprit que Voltaire (et c'était beaucoup trop), démolissait d'un mot les plus grandes renommées. Chez M*me* Panckoucke arrivaient, tout joyeux, Marmontel, Sedaine et la Harpe, ou bien M. de Fontanes et Garat. Le salon de M*me* de Sabran appartenait à M. de Boufflers, à M. de Ségur, au prince Henri de Prusse, à M*me* la duchesse d'Orléans. — On rencontrait, dans les meilleurs endroits, Saurin, Suard, d'Alembert, Marmontel, Delille et Grétry. La marquise de Laval et le baron des Cars attiraient à leur char M*me* de Simiane et M*me* de Coigny, la jeune M*me* de Broglie, Barnave et les deux Lameth. Grimod de la Reynière avait institué ces fameux soupers où brillaient M*me* et M*lle* de Saint-Amaranthe, deux victimes de Robespierre. Nous avions aussi les lundis de M. de Créquy, les mardis de M*me* de Chambonas, où le vicomte de Mirabeau se moquait si souvent de son illustre frère.

Du salon la causerie allait dans la rue.

Ce rassemblement de braves gens, vus de dos, comme on dit chez les Vernet, vous représente une réunion curieuse: attention à ce musicien qui chante, à ce violon qui joue, à cet artiste de la foire ou de la Courtille, qui répète aux échos les flonflons de la vieille musique, ou des fantaisies de sa composition empruntées aux bouffons d'Italie, ou des souvenirs de Versailles, dont les échos du tapis vert ont gardé le souvenir : l'*Amadis,* le *Roland,* le *Phaéton*, l'*Armide* et l'*Isis* de Lulli; puis la *Galatée* et le *Polyxène* avec un brin du *Te Deum;* et des branles et des mascarades, et des fêtes de

Bacchus, entremêlées de *l'Europe galante* et de *la Servante maîtresse*, et tantôt le *Stabat* de Pergolèse, tantôt le *Veni Creator*, tantôt le *Jubilate;* puis, le cantique pour Mme de Maintenon. Que vous dirai-je? un pot-pourri féroce et charmant du bon papa Duni, et du fameux Baptiste, un polisson de génie. Maître, il donnait, sur son violon frappé d'un archet plein de fièvre, une vie inconnue, un accent tout nouveau à ces fragments qui avaient été la danse et l'amour des Montespan, des Fontanges, des la Vallière, les gloires et les amours d'autrefois. L'instant d'après, si ces grands airs de la grande musique ne trouvaient pas l'enthousiasme et l'admiration, voici les ponts-neufs de Moulinet et toute la gamme anacréontique des *Lon lan laire et lon la derirette* et *Ma raison s'en va grand train*. Préville et Dugazon, Molé, Dazincourt, toute la clique de la grande livrée, applaudissaient comme s'ils avaient entendu M. Gros et Mlle Piel, la maîtresse du baron de Grimm. Telle était la musique au Palais-Royal, dans la grande allée des Marronniers ou sur la terrasse des Capucines. Il faut savoir, quand on veut parler de Paris et du dix-huitième siècle, se reconnaître à tous les échos et murmurer tous les refrains. Voyez passer, dans leur carrosse, nonchalante et dédaigneuse du sourire des passants, la princesse de Robecq et M. de Choiseul, Mlle Arnould et M. de Lauraguais, la Harpe et la Deschamps, le philosophe Diderot et Mlle de l'Espinasse. A chaque instant de ces fêtes de la rue on rencontre une curiosité : Mlle Cléophile, la tête de mort, l'abbé de Voisenon et Mme Favart, Florise et Marton. Les tentatives de Watteau, les amours de Lancret, Saint-Lambert qui s'en va rejoindre au plus vite Mme d'Houdetot, l'abbé Cerutti qui va dîner chez le cardinal de Tencin. C'est à désespérer de sa propre curiosité. Place à Jean-Jacques Rousseau, entraînant dans son logis Thérèse Levasseur! En moins de cinq minutes j'ai reconnu Galiani, Thomas, Raynal, Damilaville et Chastellux.

Cependant les rôtisseries envoient au loin leurs fumées odorantes, l'hôtellerie attire à ses tentations la gourmandise à plein ventre et la soif à plein verre. Nous boirons, si vous voulez, d'un vin généreux de Bourgogne, la patrie de Bossuet, de Buffon et du grand Crébillon : vin de Bourgogne, andouillettes de Troyes et poulardes du Périgord, avec une matelote et des petits pieds, on ne dîne pas mieux chez le riche Bouret. Quiconque a dîné de cette façon plantureuse et savante aura bientôt assez de génie et d'invention pour écrire les *Égléides* de Poinsinet, les *Druides* de l'abbé le Blanc, le *Bélisaire* de Marmontel et *le Séducteur* du marquis de Bièvre.

Si, par bonheur, quelque habitué du café Procope, après vous avoir offert une tasse de café, vous invite à voir représenter sa comédie, ô la bonne aubaine! Allez, mon ami, vous placer debout, dans le parterre, entre la Morlière et Fréron, non loin de la petite loge où se tiennent, semblables à deux chiens de faïence, Mlle Dubois et Mlle Clairon. Et si vous voulez plaire aux puissances d'ici-bas, à Lafosse, à Pompignan, aux Dalibray, Sabatier, Chiniac, Mailhol, Chevillard, Marmontel, applaudissez de toutes vos forces ces grands réformateurs de l'histoire et de la société, sans oublier le sieur de Portelance ou le cynique Robbé. Ou encore, si vous connaissez le souffleur de l'Opéra et s'il vous invite à passer la soirée en cette boîte abominable où clapote incessamment l'archet du chef d'orchestre, allons, vous voilà au troisième ciel! vous êtes le cousin de Voltaire et de Montesquieu, du maréchal de Villars et du cardinal de Bernis; vous voilà à tu et à toi avec la Deseine et la Balaincourt, et tous ces biens parce que vous aurez bien dîné ! Que disons-nous ? M. Vestris, dans l'entr'acte, vous présente à Mlle Allard ; Mlle Vestris vous présente à M. Boucher, premier peintre du roi. Cependant prenez garde à ne pas rencontrer sur le seuil de ce palais de tous les beaux-arts, le poëte May, un vieillard de soixante ans. Il avait mangé sa fortune avec les batteurs de clavecin et les batteurs de pavé ; comédiennes et comédiens avaient dévoré le bonhomme jusqu'à l'os et l'avaient bu jusqu'à la lie. Il rencontre un soir des choristes qui s'en allaient souper gaiement à la Grand'-Pinte et qui lui dirent : « Que faites-vous là, monsieur May ? — Vous le voyez, mes enfants, je souffre. » Il logeait dans une écurie du prince de Soubise ; il rentre en son logis et meurt sur la paille où couchait Fille de l'Air, la reine des courses de chevaux.

C'est une mode presque générale à Paris que de prendre une tasse de café après le dîner. Je ne prétends pas prouver que cette boisson est trop saine : elle fait du bien à quelques-uns, à d'autres du mal. On estime que le café est un bon remède pour chasser la mélancolie ; témoin une dame (on prétend que ce fut une illustre duchesse à Paris dont je n'ose pas divulguer ici le nom par respect), qui, apprenant que son époux avait été tué dans une bataille, s'écria : « Ah ! malheureuse que je suis ! Vite, vite, qu'on m'apporte du café ! » Les amateurs de tabac en prennent volontiers une tasse quand ils fument, disant qu'on passe ainsi le temps avec le plus grand plaisir. La chanson qui recommande tant le café est connue.

A Paris, il y a un nombre infini de cafés, tellement qu'on en trouve quelquefois dix, douze et plus dans la même rue, dont quelques-uns sont en grande considération, et souvent visités par des princes et d'autres grands personnages. On y entre sans être toujours obligé de faire quelque dépense. Les cafés qui sont auprès de l'Opéra et de la Comédie sont hantés par plusieurs centaines d'hommes, qui y viennent par pure curiosité de voir qui entre au spectacle et qui en sort. La veuve Laurent, dans la rue Dauphine, tient un café, dit *le Café des beaux esprits*. Là s'assemblent certaines gens, qui mettent sur le tapis toute sorte de matières curieuses et spirituelles. Grimarest, ce célèbre maître de langue, qui a écrit les *Campagnes de Charles XII,* présidait de son vivant dans cette assemblée. Il y en a un autre semblable chez Poincelet, sur la gauche, à la descente du Pont-Neuf. Dans la ville, rue Rouillé, il y en a un autre, le rendez-vous de quelques savants qui s'entretiennent sur des sujets qui regardent la littérature, et cela s'appelle *le Café savant*. Il y en a encore d'autres où l'on trouve des nouvellistes qui y raisonnent, à l'occasion des gazettes, sur les affaires d'État qui s'y présentent.

On ne fume point dans tous ces cafés, comme on fait en Hollande et en Allemagne; aussi y a-t-il très-peu de personnes de condition en France qui aiment le tabac à fumer. De plus, on trouve les gazettes ordinaires en très-peu de maisons de cette sorte, mais on les peut acheter de certains coureurs qui les portent à vendre par toutes les rues, ou on les peut aller lire aux petites boutiques, au quai des Augustins et autre part, où l'on trouve aussi le *Mercure galant*, le *Journal des Savants,* les *Mémoires de Trévoux,* ceux de Verdun et d'autres semblables pièces savantes. Ce n'est pas non plus a coutume de jouer aux cartes ou aux dés dans les cafés, quoiqu'on y joue quelquefois aux échecs.

Je trouve fort bon qu'un jeune voyageur aille parfois en ces cafés, l'après-dîner ou vers le soir, pour y écouter les discours des *nouvellistes*. On ne sort pas volontiers le matin; cela dérange tout l'avant-midi. Quelquefois ces gens-là raisonnent comme une cruche, à tort et à travers; mais quelquefois ils tiennent des propos très-spirituels. On n'est pas toujours obligé de se mettre de la conversation ni de soutenir le contraire, lorsqu'on n'est pas justement de leur opinion. Cependant on s'avance beaucoup dans la langue, et l'on découvre à cette occasion les différents caractères du monde.

On trouve dans tous les cafés toutes sortes de liqueurs, mais qu'on s'en garde d'en boire *à la glace :* elles gâtent l'estomac et sont très-dangereuses à ceux qui n'y sont pas accoutumés, surtout quand on les prend après s'être échauffé, car une telle débauche est ordinairement suivie de fièvres chaudes et d'autres grandes maladies.

Le nombre des jeux de paume et des billards n'est pas moindre à Paris que celui des cafés; on les trouve surtout au faubourg Saint-Germain, comme au rendez-vous des étrangers. Les billards sont fort hantés tant par les étrangers que par les Français. Pour le jeu de paume, cet exercice est estimé par des rois et des princes. Il faut donc qu'un homme de qualité s'y exerce aussi, surtout s'il pense s'établir un jour à quelque cour.

Les grands seigneurs prennent quelquefois plaisir à peu de chose, de sorte qu'un habile joueur de paume peut quelquefois entrer fort avant dans leurs bonnes grâces par son adresse. Cependant il n'en faut pas faire son métier, ni jusqu'à tel point que de courir tout le jour au tripot, car avec cela on négligerait ses autres affaires plus nécessaires. Qu'on y aille les jours que les maîtres ne viennent pas donner leçon et qu'on se fasse montrer quelques coups par le paumier. On peut assez avancer en dix ou douze tours et acquérir de l'adresse en ballottant.

Le jeu de billard est une chose dont on se peut bien passer, et il n'importe pas tant pour un homme de qualité qu'il le sache ou non. C'est ordinairement le passe-temps de ceux qui n'ont rien à faire, qui n'ont point appris d'autre métier et qui ne sauraient, sans cela, passer leur temps. Pour ma part, j'estime les moments qu'un étranger passe à Paris trop précieux pour les perdre à un jeu inutile.

XVI

LE CAFÉ PROCOPE

Ce dernier mois de l'hiver, on a mis en vente, au prix de mille francs une fois payés, ce fameux établissement qui représentait à lui seul le boudoir, l'école, l'Académie et le champ de Mars du dix-huitième siècle. Il était le rendez-vous universel des esprits les plus violents et des hommes les plus timides. Quand on avait dit *le café Procope*, on disait toutes les justices, toutes les renommées, toutes les gloires, l'ironie et le mépris de ces temps avant Voltaire. Il n'y avait rien de plus terrible et de plus rare. Au café Procope se rencontraient les mauvais poëtes et les mauvais prosateurs. Là se faisaient, au jour le jour, les plus mauvaises comédies et les tragédies les plus tristes. Que de bons vins perdus, que d'éclanches de mouton inutiles ! Aussitôt que le maître de céans avait froncé son sourcil olympien, les amateurs de défi perpétuel à la langue, au bon sens, aux passions de ce grand peuple, on les eût retrouvés tremblants de leur audace. Une fois sous ces voûtes solennelles, ils ne connaissaient ni le frein, ni la règle. Ils n'obéissaient plus qu'au hasard, ils ne reconnaissaient pas d'autre Muse que leur inspiration. Tout rompre et tout briser, voilà le charme ! Aussi bien que de gémissements, que de plaintes et d'injures ! Il y avait, dans cette émeute adroite et brisant toutes choses, un homme appelé Voltaire, un autre homme appelé Jean-Jacques, et Diderot entre les deux. Tous les trois également frondeurs de l'esprit, de la sagesse et du bon sens.

Ce café Procope, on s'y amuse, on s'y plaît ; on y dit mille atrocités contre tout le monde, et tant de calomnies, de médisances, de chansons, d'épigrammes, de gueulées, de bouts-rimés ! C'est un pêle-mêle insensé de platitudes, que chacun s'arrache et colporte avec une rage, un plaisir, un contentement ! C'est à qui frappera sur ses meilleurs amis, et, faute de mieux, à qui se daubera soi-même. Témoin la Harpe : il a décoché contre sa *Mélanie* une épigramme, et son épigramme a réussi plus que *Mélanie* !

Écoutez ce que disait un héros de ce café des bénédictions :

« Nous sommes là-dedans un tas de gredins de la plume et de bandits de l'écritoire, sans sou ni maille, sans feu ni lieu, de vrais aboyeurs, tous un collier au cou, l'oreille coupée et la gueule ouverte, et pille ! pille ! Et nous mordons, et nous sommes mordus ! Et nous nous réjouissons de toutes sortes de pots-pourris, et rien n'échappe à notre espionnage, à notre ironie sauvage, à nos murmures. Ah ! le joli métier et les jolis écrivains : l'abbé Aubert et Charnois ; Chevrier, qui est mort de peur avant-hier, quand il a cru qu'on venait le prendre et le conduire au Châtelet ; la Beaumelle, Dupuy-Demportes, qui a fait cinquante volumes, dont vous n'avez pas lu le premier mot ; le docteur Riballier, l'ennemi de Voltaire, et Coqueley de Chaussepierre, un animal monstrueux. Il porte en sa poche un poëme intitulé : *le*

Roué vertueux, et si vous saviez quel gredin ! Nous avons aussi l'abbé Cerutti, ci-devant jésuite. Il est le plus jeune de la bande ; il avait les yeux noirs et les cheveux bouclés ; il est aussi dangereux et aussi méchant que la Grange de Checieux, censeur royal... Amours, pleurez ! Grâces, pleurez ! L'abbé Cerutti vient d'épouser, des deux mains, la vieille duchesse de Brancas ; Cerutti est pire que duc, Cerutti mange et ne mord plus. Sa fortune étant faite, il ne se gêne avec personne. Il m'a rencontré l'autre jour (il était en carrosse), et ce prestolet m'a éclaboussé, de la tête aux pieds, en me désignant à sa duchesse. Nous avons aussi chez Procope, en fait d'aiguiseurs de vers, le Mierre et Saint-Foix, Rochon et Duclairon, auteur de l'*Arlequin sauvage;* et Pèlerin, et le premier de tous, Marin, le gazetier, le pourvoyeur des bastilles ; le même que l'on montrait à la foire, au milieu de toutes sortes d'animaux féroces : *C'est ici que l'on voit le monstre marin, cet animal sans pareil, né à la Ciotat !* N'ayez garde aussi que je vous oublie, ô mes chers confrères de la chronique scandaleuse : Linguet, l'abbé Grosier, l'abbé de la Porte, l'abbé du Tertre, ex-jésuite, de Caux, de Rességuier, Palissot, Bret, de Bruix, Dorat, Bergier, d'Arnauld, Coste, Blondel, Patte, Poinsinet, Vandermonde, de Sivery, le Roy, Castillon, Colardeau, d'Éon de Beaumont, homme et femme, espion et catau.

« Quoi encore ? Et ce fourbe à petit collet, Gossard ? Et le roi des fourbes, le chevalier de la Morlière, un tyran de comédie, un pirate de coulisses, un claqueur ? Pour un dîner il eût applaudi le *Régulus* de Dorat. Pour un souper il insultait la Dangeville. O le méchant homme ! A peine si deux ou trois fois il a écrit une page qui se lise ; et tel qu'il est, il s'est fait l'arbitre de toutes les renommées. Chacun tremble à son aspect, la maîtresse et l'amant. Chacun le flatte et le supplie. Il fait peur à le Kain, il intimide Molé; le regard faux de la Morlière suffit à troubler cette grande cavale de Clairon. Il a fait réussir par son bon goût le *Zaruckma*, du sieur Cordier, et, par son caprice, il a fait passer M{{lle}} Duplant avant M{{lle}} de Beaumesnil. Il est le bienvenu chez le prince de Soubise; il est l'ami de Palissot, le collaborateur de Voisenon, le parasite de M. de Marigny. Chacun le hait et le salue. Quand il entre à la Comédie, on s'incline; à l'Opéra, sa présence est une fête; au café, il est le maître absolu... Voilà ma compagnie habituelle, et quand huit jours se passent sans le voir, je suis comme un saint que l'on ne fête plus. Il me semble que je ne suis plus bon à rien.

« Dieu sait pourtant que j'ai de la malice à revendre, et qu'en fait de méchancetés je ne manque pas d'inventions. Ce matin, par exemple, avons-nous fait de la besogne! Hormis le roi et le lieutenant de police, nous n'avons épargné personne, et ce soir je vous promets que nos chansons et nos anecdotes ne tomberont pas dans l'oreille des sourds. Ce soir, tout Paris saura que Dugazon a surpris, dans la poche de sa femme, une lettre du marquis de Langeac; on saura que M{{lle}} Doligny est partie en poste pour Villers-Cotterets; que M{{lle}} Contat... elle est amusante l'histoire de M{{lle}} Contat, et je vais vous la dire. Elle a reçu avant-hier la visite d'un prince du sang, et par méprise elle avait laissé traîner plusieurs assignations de ses créanciers, qui tombèrent entre les mains de Son Altesse. « N'est-ce que cela? dit le prince, je m'en charge! » En effet, le surlendemain il revint avec un arrêt de répit pour une année. O les bons billets de M{{lle}} Contat!

« Dans cette même séance à tout brûler, nous autres, les jurés-peseurs de l'honnêteté des femmes et de l'honneur des hommes, nous avons arrêté que Mlle Guimard avait trompé le prince de Soubise pour le maréchal de l'Hospital; que le comte de Lauraguais était l'auteur du mémoire intitulé : *Pour moi, par moi!* que l'ambassadeur d'Autriche, le comte Mercy d'Argenteau, avait acheté une baronnie, une terre à clocher, à Mlle le Vasseur; que Mlle Dumesnil avait bien fait d'enlever le rôle d'Ériphile à Mme Vestris, et que Molé était pathétique et touchant dans *le Père de famille*.

« Avons-nous mangé de la Clairon, de la Rosalie et de la duchesse de Mazarin! Avons-nous ri de M. de Créqui, s'arrêtant devant une auberge à lire : « Ici, bon vin, bon logis, jolie servante, à pied et à cheval, » et ne voyant pas qu'il était à la porte de Mgr l'évêque de Rennes!

« Nous excellons dans la chanson; nous tournons le couplet sans rime et sans raison avec des refrains à l'emporte-pièce, et sur des airs à la diable. Ils ne vivraient pas, ces Parisiens, si chaque jour ils n'avaient à chanter une chanson nouvelle. Il faut leur fabriquer, chaque matin, l'esprit qu'ils auront le soir; ce sont des échos que nous ne laissons pas mourir d'inanition. Puis, cachés dans nos trous, nous écoutons le bruit de ces fariboles ; nous étudions le désespoir de ces messieurs et de ces dames, nous voyons le grincement de la Comédie et les rages de la Tragédie, et ça nous amuse et ça nous venge! Et tant pis pour Mlle Asselin, si nous avons signalé sa ressemblance avec la grenouille; et tant pis pour Dauberval, si nous avons visité le salon carré de sa nouvelle maison!

« Nous savons tout, nous voyons tout, nous disons pis que tout. Nous étions, le samedi saint, à la Sainte-Chapelle, où l'abbé de Sailly, grand-chantre de cette collégiale, a touché les possédés, et les a renvoyés hurlants et guéris. Nous avons assisté à la répétition d'*Aline, reine de Golconde*, et nous avons compté les œillades de M¹¹ᵉˢ Heinel, Asselin, Guimard, Peslin, Myon, Pitrot, dirigées contre le sieur Bertin. A la séance publique de l'Académie, où M. Thomas a remporté le prix de poésie, nous avons découvert, les premiers, dans la loge du directeur, M. de Moncrif, une prêtresse de Cythère appelée M¹¹ᵉ Mazarelle, et sa digne associée, la petite Armand. Pensez à la fureur de Moncrif ; de toutes parts il cherche quelqu'un à bâtonner : c'est un vrai sauve qui peut ! Nous savons aussi quelles seront les armoiries de M¹¹ᵉ Duthé : la housse de cocher, les supports des laquais, les roues, les moyeux, les marchepieds du carrosse, autant de merveilles ! Mais nous, de rire et de compter ce que cela coûte. Ah ! nous avons de la morale et de l'esprit à revendre ! et nous nous sommes indignés vraiment, quand nous avons vu, sur les panneaux de ce beau carrosse,

Où tant d'or se relève en bosse,

se becqueter ces deux colombes amoureuses dans un nid de fleurs de lis. Nous savons aussi que la grande Clairon sera tantôt princesse et margrave de Baireuth. Elle sera reine, elle aura sa cour, ses chambellans, sa maison, son almanach, ses ducs et pairs, ses gouverneurs et lieutenants généraux, ses brigadiers d'infanterie et sa chambre souveraine. Elle aura son garde-meuble de la couronne, son école royale militaire et son gouvernement de l'hôtel royal des Invalides. Elle aura son arsenal, son château royal de la Bastille, son état-major général de la cavalerie légère, et ses chevaliers de la Toison d'Or. Elle aura son chancelier garde des sceaux, son prévôt maître des cérémonies, ses trésoriers, ses ministres, ses ambassadeurs. Elle aura sa chapelle et son grand-maître, son grand chambellan ; elle aura sa garde-robe et ses capitaines des gardes du corps ; elle aura sa petite écurie et sa grande écurie, et ses cent-suisses, et son maître d'hôtel, et ses gardes de la porte, et ses serviteurs de la chambre et du cabinet. Voilà ce qui l'attend, cette auguste Clairon, la plus mauvaise comédienne de la Comédie. Et songer que M. de Voltaire, un si grand homme, n'a pas eu de honte d'écrire, à la louange de cette infante, des vers de mirliton :

> Les talents, l'esprit, le génie
> Chez Clairon sont très-assidus...

« Nous vous dirons aussi demain, pas plus tard, comment le sieur Rebel, directeur de l'Opéra, a surpris Mlle Petit dans sa loge avec M. de Meslay, président de la chambre des comptes ; comment Mlle Guimard a préféré ce même Dauberval au prince de Soubise ; et comment Mme de Charnois, la protégée du marquis de Permangle, au moment où elle montait sur le théâtre, a été prise et conduite aux Madelonnettes, et, l'infortunée ! un vil exempt a brisé son sceptre et sa couronne. On l'a rasée, on l'a fouettée, on l'a condamnée à la bure, au pain noir pour le reste de ses jours, pendant que Mlle Rosalie était portée au troisième ciel de l'Opéra. Messieurs, pleurez Mlle Dangeville : elle a perdu M. le duc de Praslin, membre de l'Académie des sciences. Mesdames, pleurez Marmontel : il est en train de quitter la femme de son financier, pour épouser une Agnès de la rue Saint-Denis...

> Ce Marmontel si gros, si long, si lent, si lourd...

« Pleurez Mlle Guèle, une danseuse surnuméraire ; elle se croyait morte... elle a donné tout son bien à ses parents ; elle est ressuscitée, et son bien est mangé. C'est une fortune à recommencer. Plaignez Mlle Cléophile ; elle porte à son palais une feuille d'or, et, qui pis est, elle a pour son poëte M. de la Harpe :

> Quoique Amour m'ait dans ses chaînes
> Engagé plus d'une fois ;
> Quoique Amour, malgré ses peines,
> M'ait fait adorer ses lois,
> Par une erreur très-facile
> Dans un cœur bien enflammé,
> Je crois, près de Cléophile,
> N'avoir pas encore aimé.

« Ce même soir, dira la chronique, Mme Sénac a quitté le comte de la Marche pour le duc de Fitz-James, et le comte de la Marche a convolé avec Mme Prévost. Dans la rue Meslay habite une belle fille appelée Mlle d'Argent. Elle était peu connue ; aujourd'hui, sa fortune est faite ; un homme s'est jeté par sa fenêtre en criant : *Je meurs pour elle !* et s'est cassé le cou. Mlle Châtillon est condamnée à un an d'hôpital, pour avoir séduit un cent-suisse des Tuileries. Mme de Chambonnas, la digne mère de Mme de Langeac, a perdu son procès contre Mlle Fanier, sur le rapport d'un vieux grand chancelier, M. Pasquier, revenu depuis longtemps des erreurs de sa jeunesse :

> Fanier disait en s'en allant :
> Moi, sans art je sais plaire ;
> On peut se passer de talent
> Quand on est minaudière.
>   Mon nez retroussé,
>   Mon maintien pincé,

> Ont toujours fait merveille;
> Mon ton, mon caquet,
> Tout est déjà prêt
> Pour quand je serai vieille.

« Voilà, ou peu s'en faut, le travail de la nuit passée, et vous pensez bien que, parmi nous, c'était à qui ne s'en irait pas le premier, tant chacun avait peur de servir de plastron à tous les autres. Nous nous connaissons si bien, nous nous estimons si peu! Sans compter ceci, que M. le lieutenant de police aura la fleur du panier de nos calomnies, le dernier couplet et le premier couplet de nos chansons. Ça l'amuse! il fait son profit de nos badinages: il en divertit la favorite; et la favorite, à son tour, en fait des gorges chaudes avec Sa Majesté. Puis, bonté divine! si la dame a négligé de sourire, si le maître a froncé le sourcil, si le lieutenant de police a jugé

> Que nous faisons un bruit à rendre les gens sourds,

à Saint-Lazare! à la Bastille! au fort de Joux! ces mécréants, ces trouble-fêtes! Tout n'est pas rose et jasmin dans notre métier. Un bon mot nous tue, un couplet nous enferme. Il y a contre nous des rancunes qui durent vingt années. Je suis encore épouvanté de ce que j'ai vu l'autre soir avant de venir dans nos cavernes chercher la même peine peut-être et le même châtiment.

« Un pauvre homme oublié, Desforges, nous revenait du château de Ham, en Picardie, où, depuis vingt-sept ans, il était enfoui dans un cachot de huit pieds carrés, sur la paille, en proie aux plus vils insectes, sans feu, sans vêtements, sans lumière. Il était seul, abandonné, plus que mort; et toutes ces misères, en châtiment d'une action qui ferait envie aux plus honnêtes gens. Ce pauvre homme était à l'Opéra lorsque fut arrêté, contre le droit des gens, le prétendant, le dernier des Stuarts, qui réclamait en vain l'hospitalité de la France. Il vit Charles-Édouard colleté par Quidor ; il entendit cette voix royale appeler à son aide et se débattre en invoquant le nom de Louis XIV... Le nom du grand roi se perdit dans l'espace, à peine si les échos du château de Saint-Germain l'entendirent, et le Stuart fut traité comme un pamphlétaire ! Rentré chez lui, le pauvre diable, dont je parle, écrivit d'une main pleine de fièvre cette adjuration au peuple français :

> Peuple jadis si fier, aujourd'hui si servile,
> Des princes malheureux vous n'êtes plus l'asile.

« Pourquoi donc tout d'un coup l'avait-on rendu à la douce lumière du jour ? Comment rentrait-il soudain, après tant d'années, au café Procope, où l'exempt l'était venu prendre ? C'est encore un mystère. Il est revenu. Ses yeux n'ont reconnu personne. Il a pleuré, et quand on lui a demandé son nom, il n'a su que répondre. On eût mieux fait de le tuer tout de suite, il aurait moins souffert. C'est un fantôme.... et pourtant il n'est pas mort !

« Vous soupirez ! consolez-vous, avec les quatre vers que les garçons de Procope ont inscrits sur le collier du chien de Riballier :

> Passant, lisez sur mon collier
> Ma décadence et ma misère :
> J'étais le chien de Bélisaire,
> Je suis le chien de Riballier.

« Avez-vous vu comment nous avons traité le marquis de Pezay, notre ami, le talon rouge ?

> Ce jeune homme a beaucoup acquis,
> Beaucoup acquis, je vous assure :
> En deux ans, malgré la nature,
> Il s'est fait poëte et marquis.

« Enfin, n'étaient ces cachets, ces chaînes, ces étrivières, ces pailles pourries, tout va le mieux du monde. Le prince de Monaco est toujours aux pieds de Carabine ; M. de Voltaire est toujours amoureux du génie et du talent de Blin de Sainmore ; M. Dorat est toujours à la porte de Mlle Dubois, et se console en faisant des vers :

> Chassé deux fois, c'est trop, friponne,
> Quoique je m'attende à tes jeux....

« Le sieur Collinet, fils du bourreau d'Amiens, fait toujours des livres pour l'instruction de la jeunesse, et, cette année encore, nous avons un mandement sur l'air :

> *A Paris y a deux lieutenants.*
>
> A Paris sont en grand soulas
> Deux saints prélats :
> L'un est le chef et l'autre son
> Premier garçon.
> Leur carnaval est d'annoncer
> Qu'on peut laisser
> Filles, garçons, femmes et veufs,
> Casser des œufs.

« Certes, j'en conviens volontiers, la profession des lettres serait la plus honorée et la plus honorable des professions, si elle n'était livrée incessamment à tous les aventuriers de la plume et de l'écritoire. O misère ! est-ce vrai qu'il faille un diplôme, un chef-d'œuvre, une maîtrise, avant qu'on ait le droit de faire un bouton de guêtre, et que le premier venu se croie autorisé à faire un livre ?

« Quelle foule, hélas! de nos chers confrères, les écrivains du café Procope, si nous comptions les princes, les ducs, les comtes, les marquis, les barons et les chevaliers qui écrivent en prose et en vers! Ouvrons les livres nouveaux des dix derniers mois de cette année, et nous trouvons, acharnés à cette œuvre de ténèbres, des maréchaux de France, des lieutenants généraux, des maréchaux de camp, des brigadiers, des colonels, des capitaines, des gardes-du-corps. Les uns et les autres, chacun s'en mêle : chevaliers du Saint-Esprit, chevaliers de Malte, chevaliers de Saint-Louis, chevaliers de Saint-Lazare, chevaliers de Saint-Michel, chevaliers d'industrie et chevaliers sans chevalerie. Et, dans cette liste, il ne faut pas oublier les gens d'Église : prélats, abbés, chanoines, curés, vicaires et sacristains. La magistrature à son tour arrive avec des présidents, conseillers, maîtres des requêtes, maîtres des comptes, avocats, greffiers et procureurs. Les financiers, de leur côté, ne s'en gênent guère : fermiers généraux, receveurs généraux, payeurs de rentes et leurs commis. Ils font presque autant de livres que les médecins, les chirurgiens, les apothicaires et les dentistes. Chaque branche de différents états possède aussi son orateur, son historien, son démonstrateur : peintres, musiciens, violons de l'Opéra et joueurs de vielle. Enfin, parmi les artistes et les artisans, nous trouvons des horlogers, des maréchaux ferrants, un maître maçon, un maître boutonnier. Il y a aussi quelques libraires, Luneau de Boisgermain, par exemple; mais ceux-là écrivent peu, tant ils ont peur de se ruiner eux-mêmes. Encore, si chacun de ces écrivailleurs s'en tenait à sa partie, à sa profession, à ce qu'il sait plus ou moins bien! Mais non, ces messieurs n'ont point de cesse qu'ils n'aient été sur les brisées les uns des autres. Ainsi, Messieurs les curés font des tragédies, les magistrats des romans, les maîtres boutonniers des ouvrages de métaphysique et de morale. Les ordres religieux brillent également, dans l'*Almanach des Beaux-Arts,* par le nombre des plumitifs. J'en ai compté soixante-cinq parmi les jésuites, quarante-sept chez les bénédictins, quatorze dans la congrégation des oratoriens, dix parmi les chanoines réguliers, huit chez les jacobins, six parmi les capucins, trois ou quatre parmi les prémontrés, autant chez les cordeliers et les carmes, un seul chez les célestins, un seul chez les théatins, un seul chez les minimes. Les femmes auteurs sont au nombre de vingt-cinq, tant dames que demoiselles, etc. Les provinces qui fournissent le plus d'écrivains sont : la Normandie, la Bretagne, la Provence et le Languedoc.

« D'ailleurs, si les poëtes étaient moins rares, nous n'aurions pas l'*ode sur la Patience,* de M. le Mierre; nous n'aurions pas, non plus, les deux épîtres de l'abbé Delaunay, l'une *au Chien du Roi*, l'autre à Monseigneur l'évêque d'Orléans.

« Nous sommes une nation de beaux-esprits, nous produisons chaque jour des œuvres charmantes, et la postérité s'étonnera, soyez-en sûr, de tout le génie que nous avons inutilement dépensé. Mais voici l'heure où je vais au *Mercure,* uniquement pour remettre sur leurs pieds les énigmes de la Normandie, et les logogriphes du Languedoc. C'est une pièce de trente sous que ça me rapporte tous les mois. »

Et le pensionné du café Procope s'en fut en chantonnant.

XVII

LA CHRONIQUE SCANDALEUSE

C'est triste à dire ! Mais le fait n'est que trop certain : la chronique scandaleuse du dix-huitième siècle est, à de rares exceptions près, la seule histoire contemporaine qui nous reste de la vie du roi Louis XV.

Toute la moralité de ce règne de soixante ans est là. Les *Fastes de Louis XV*, la *Vie privée de Louis XV*, les *Mémoires historiques du temps*, le *Journal* de l'avocat Barbier, les *Notes de police* de Sartines, celles de Malesherbes, le *Journal* de Matthieu Marais, et, enfin, la plus excessive de ces indiscrètes productions, le trop fameux *Recueil* de Maurepas, tout est fatalement *chronique scandaleuse*. A peine daigne-t-on lire la solennelle et ennuyeuse *Gazette de France;* le *Mercure* n'a qu'un public d'élite; la faveur générale est pour les feuilles interlopes venues de Hollande, sous le manteau des colporteurs : *le Magasin, le Vendangeur, le Postillon, le Babillard, le Papillon, le Grenier à sel, les Anecdotes secrètes, le Sottisier, le Nouvelliste, les Nouvelles ecclésiastiques*, etc., etc. Des Tuileries aux petites-maisons, des hôtels des grands aux cafés et aux jardins publics, du Châtelet aux boutiques de la rue Saint-Denis, l'anecdote triomphe, l'intrigue de ruelle ou de boudoir fait fortune, les aventures des filles d'Opéra et des courtisanes font tourner toutes les têtes.

Quand la récolte des nouvelles ne suffit pas à la consommation, on les invente, et, pour approvisionner les conteurs de cour, on institue, en haut lieu, le *cabinet noir*, — une invention de Mme de Pompadour pour désennuyer le roi.

C'était un jeu plein de surprises et d'appas.

On n'en abusait guère, à vrai dire, que pour se distraire pendant une heure ou deux, et pour peu qu'il n'y eût en ces lettres violées ni traces de conspiration, ni épigrammes contre la favorite, ni sacrilége, car on était dévot, on riait, on recachetait, on expédiait, et il n'en était plus question.

Que dis-je? Il y eut des occasions où, moitié par remords, moitié par sentiment de bienveillance, on prenait plaisir à jouer à la Providence en réalisant, toujours histoire de rire, des vœux à peine ébauchés, prodiguant des faveurs avant qu'elles eussent été sollicitées. De là tous ces heureux d'un jour, enivrés de leurs succès faciles. Les nigauds! ils ne se doutaient pas qu'ils avaient côtoyé la Bastille; un mot de travers, dans une lettre interceptée, pouvait les y plonger, comme cet infortuné Latude.

A la chronique scandaleuse du dix-huitième siècle se rattache une des réunions littéraires les plus actives du temps. Il s'agit des *journées* de Mme Doublet de Persan. Elles alimentèrent, pendant plus de quarante ans, les *Nouvelles à la main*, et tinrent la police en éveil sans lui laisser jamais le plaisir de constater le flagrant délit. Ce fut une longue guerre d'escarmouches, d'expédients bizarres et de subterfuges comiques, durant laquelle la déroute fut toujours du côté de l'autorité. Mᵐᵉ Doublet était devenue un personnage important, surtout parmi les politiques, à cause de la profondeur, de la netteté des vues et des documents qui se rédigeaient chez elle, au jour le jour, sur tous les événements publics et particuliers. La cour et la ville faisaient si grand état des nouvelles de cette société, qu'à tout ce qui se débitait de par le monde, les vrais curieux demandaient, avant d'y ajouter foi : « Cela sort-il de chez Mᵐᵉ Doublet? »

Cette dame faisait sa résidence, par économie, car elle n'était pas riche, dans un appartement dépendant de la communauté des Filles de Saint-Thomas, près du Palais-Royal.

Tous les jours elle présidait un cercle d'hommes d'esprit et de personnages marquants. Chacun d'eux avait son fauteuil au-dessous de son portrait; chaque assistant était tenu d'apporter une anecdote qui était contrôlée et discutée par la compagnie, avant d'être inscrite sur les registres. Il y en avait deux : l'un pour les on dit douteux, l'autre pour les faits avérés. A la fin de la semaine, on relevait un extrait de ces archives qui était livré aux éditeurs des *Nouvelles à la main*.

Dans l'intimité, ces messieurs appelaient leur réunion *la Paroisse*. Le journal de l'Institut historique a recueilli les noms des principaux paroissiens : c'étaient les frères Lacurne de Sainte-Palaye, Piron, l'abbé Chauvelin, l'abbé de Voisenon, l'abbé Xaupi, régent de la Faculté de théologie; l'abbé le Gendre, de Mairan, Mirabaud, secrétaire perpétuel de l'Académie française; d'Argental, Falconnet, le médecin, et enfin Bachaumont, qui puisa dans les archives de la société le fameux recueil des *Mémoires secrets*, pour servir à l'histoire de la république des lettres.

Une société si brillante et si prônée devait trouver des imitateurs : — on appelait cela des *singes*. — Mlle Quinault, de la Comédie française, éleva bientôt sa petite *chapelle* à côté de la *paroisse*. Elle lui donna le nom de *Dîner du bout du banc*, et admit Caylus, son ami, à en partager les frais avec elle. La réunion avait lieu deux fois la semaine, un jour chez l'actrice, un jour chez l'antiquaire galant ; chaque convive payait son écot par une anecdote ou un conte. Elle se composait de Duclos, Fagan, Collé, Moncrif, Crébillon fils, Pont-de-Veyle, Voisenon et le comte de Maurepas. Le marquis d'Argenson et le chevalier d'Orléans y étaient aussi très-assidus.

Plusieurs publications légères et badines prirent naissance dans la collaboration de ces beaux esprits, légèrement entachés de libertinage. On cite les *Écosseuses*, les *Bals de bois*, les *Fêtes roulantes* et les *Mémoires de l'Académie des colporteurs* : c'étaient là les grosses pièces. Les menus morceaux allèrent enrichir de leur verve endiablée le volumineux *Recueil* de Maurepas qu'on pourrait appeler *le dix-huitième siècle satirique*.

Paris fourmillait en même temps de petits chroniqueurs besoigneux et faméliques, qui, moyennant trente ou quarante sous par mois, envoyaient par la poste, deux fois la semaine, ce qu'ils avaient pu recueillir touchant les affaires publiques ou les aventures particulières.

Barbier, dans son journal, décrit d'une touche assez pittoresque les manœuvres de ces pauvres hères à l'affût des nouveautés. « Ils ne manquent jamais, dit-il, les mercredis et les samedis de se trouver au Palais-Royal, où ils s'attachent à écouter tout ce qui se dit. Ils le font avec si peu de ménagements que quand, pour les éviter, on veut parler bas, ils ne se font point scrupule d'approcher leur oreille et de mêler leur tête avec celles de ceux qui parlent en secret. Cela leur occasionne souvent des duretés. Ils avaient commis un nommé Desjardins, bijoutier des galeries, pour leur apprendre les noms des principaux interlocuteurs, dans les conversations qu'ils espionnaient ainsi. »

Cela amena tellement d'abus et servit à propager un si grand nombre de calomnies ou de diffamations, que le parlement finit par intervenir, et rendit, en mai 1743, un arrêt défendant le débit des *Nouvelles à la main* sous peine du fouet et du bannissement.

Les nouvellistes les plus connus étaient Rhéville et du Breuil. Celui-ci avait été secrétaire de l'abbé Antonio Conti, à Venise; congédié pour quelque peccadille, il s'était fait nouvelliste à Paris. Nous avons sous les yeux une lettre qu'il écrivait, en 1727, à son ancien maître, pour le supplier de s'abonner à sa feuille. Tout le mécanisme de cette sorte d'industrie est renfermé dans ces lignes :

« Le parti que j'ai pris depuis que j'ai eu le malheur de vous déplaire, Monsieur, vous surprendra peut-être. N'ayant pu me résoudre après avoir perdu un si bon maître à en prendre un autre auprès duquel je n'eusse jamais trouvé les mêmes agréments, j'ai cru ne pouvoir mieux faire que d'en servir plusieurs à la fois.

« Je me suis fait à la cour et à la ville des relations fidèles que je donne à dix et douze livres par mois, et comme ce commerce demande un secret inviolable et que la crainte d'être puni me retient, il ne m'est pas jusqu'ici fort avantageux.

« Si vous acceptez mes services, je vous prie, lorsque vous manderez à M. Cavan de mettre mes lettres dans ses paquets, de ne pas leur marquer pour quel sujet je me donne l'honneur de vous écrire. »

On s'étonne de la facilité avec laquelle la chronique scandaleuse, celle qui paraissait chaque mois par cahiers imprimés, circulait dans Paris, malgré les efforts de la police pour la saisir. L'étonnement disparaîtra quand on saura de quel luxe de précautions les éditeurs entouraient leur dangereuse industrie. C'est encore l'avocat Barbier qui nous en a donné le sens.

« Quand l'auteur d'une chronique a composé sa feuille sur les matériaux fournis par ses collaborateurs, il jette les manuscrits originaux au feu. Il fait recopier sa minute qu'il brûle aussitôt après. La copie est portée par un affidé chez l'imprimeur. Le même affidé retire les exemplaires et les fait déposer par paquets de cent et par vingt-cinq ou trente porteurs différents dans vingt-cinq ou trente bureaux particuliers. Le maître du bureau paye au porteur le prix des cent exemplaires et celui-ci en tient compte à l'affidé de qui il les a reçus, mais sans jamais connaître son domicile, le lieu de leur rendez-vous variant à chaque numéro. Chaque buraliste sait à qui donner les exemplaires pour retirer son argent. Si par malheur l'un d'eux était arrêté, tous les autres sont aussitôt prévenus et ils transportent les exemplaires qui leur restent dans un autre endroit, en sorte que, quelque personne qu'on arrête, l'auteur et l'imprimeur restant toujours inconnus, la manivelle ne cesse pas d'aller et il n'est quasi pas possible d'arrêter le cours de ces nouvelles. »

C'était une véritable institution, et, pendant près d'un siècle, elle fut, suivant la situation particulière des auteurs de nouvelles, ou une arme terrible d'opposition, ou un moyen secret de gouvernement.

Maurepas, arrivé au pouvoir, fit servir les *Facéties calotines* qu'il avait inventées et qu'il faisait rédiger par Gacon, Desfontaines, Aymon, Roy et quelques autres, à favoriser ses vues gouvernementales. C'est par une *calotine* des plus mordantes qu'il tenta d'empêcher Mme de Châteauroux, Mme de Lauraguais et d'autres dames de la cour, de suivre le roi à l'armée. Mais, cette fois, il en fut pour ses frais d'épigrammes : ce que favorite voulait... le roi le voulait.

XVIII

LA REINE D'UN JOUR

C'est un long chapitre à faire, l'histoire des reines de la main gauche! On les retrouverait dans toutes les conditions, dans les beaux-arts, au ministère et voisines de nosseigneurs les cardinaux. Plus d'une fois un nez retroussé, un jupon court ont décidé du sort des plus grandes affaires; les femmes, sous le roi Louis XV, se sentaient faites pour le commandement. Leur moindre vœu était un ordre, et cet ordre était obéi. Que d'accidents, que d'aventures! les hasards merveilleux! Le philosophe étonné regarde au sommet voisin du trône : Eh! dit-il, c'est Fanchon qui gouverne! Il revient dans son logis tout pensif et cherchant tous les moyens de se retirer prudemment de la bagarre, ou bien, de son épouvante, il fait un conte à ses amis. Quoi de plus joli que l'historiette de Mlle de Pons? Elle était pauvre, elle était amoureuse d'un garçon aussi pauvre qu'elle. Absolument elle voulait faire un grand mariage et se tirer de la foule des demoiselles à marier. Son prétendu s'appelait Colas; Colas de qui? Colas de quoi? Colas de rien. Mlle Pauline un jour dit à Colas : « Laissez-moi faire et ne vous inquiétez pas, vous serez quelque chose. » Elle disait ces mots rassurants le jour même où le prince de Soubise, un très-grand seigneur qui n'était pas certes un grand esprit, avait jeté sur elle un de ces regards qui disent tant de choses et qui font tant de promesses. « Allons, se disait Pauline, il m'a regardée avec tant de respect que je le mènerai où je veux le mener; mais que Colas sera content ! »

Colas, cependant, confiant dans les promesses de Pauline, attendait la grande position qui ne pouvait lui manquer. Il était un simple commis aux écritures du gouvernement, et si naïf qu'il ne pouvait rien comprendre aux énormités les plus énormes. Il était docile et complaisant aux ordres de ses chefs; quand la chose allait trop loin, il se disait : « J'en parlerai à Mlle Pauline. » Oui, mais, s'il avait accès auprès d'elle, il en éprouvait tant de joie et de contentement, qu'il en oubliait toutes les confidences qu'il voulait lui faire. On n'eût jamais dit, à l'entendre, à le voir, à quels destins il était réservé. Un jour enfin, pressé à bout par sa mauvaise fortune, il vint se jeter aux pieds de Pauline : « Hélas! disait-il, ma chère Pauline, je suis ruiné, perdu, déshonoré; prenez pitié de moi ! » Pauline à peine écoutait le récit de cette grosse aventure; elle savait que son ami Colas était un honnête homme, un sincère amoureux, et voilà tout ce qu'elle voulait savoir. « Eh ! voyons, l'ami Colas, disait-elle, rassurez-vous, retenez ces gros soupirs et contez-moi ces grands malheurs. » Lui, alors, brossant son chapeau neuf avec son bras, il raconta sa peine à ses chères amours. « Voici le fait : rien de plus imprévu et de plus affreux. Le préposé aux fonds secrets, M. de Gatry, m'a appelé ce matin chez lui; il m'a signifié qu'il avait volé un demi-million à sa caisse, et que j'eusse à me déclarer coupable de ce vol dans les vingt-quatre heures. Demain, à dix heures, il faut que je lui porte un billet écrit de ma main, qu'il m'a donné tout rédigé, et que je parte en poste avec soixante mille francs et le déshonneur, sinon je suis enfermé à la Bastille pour le reste de mes jours. »

Sur quoi, très-calme, et confiante dans l'avenir de ses amours, la belle Pauline : « Allons, calmons-nous, mon cher ami, et retourne, en attendant ma justice, chez ton voleur M. de Gatry. »

Justement à peine Colas avait pris congé de sa dame et seigneuresse, le prince de Soubise entrait dans l'hôtel où il venait tout exprès pour saluer Mlle Pauline, un des arbitres de sa destinée. Pauline était encore tout émue; l'indignation, l'amour, la colère, le besoin de sauver Colas, tout lui donnait je ne sais quel charme incroyable. Jamais le prince de Soubise n'avait vu Pauline si jolie.

« Mon Dieu! que vous êtes belle, lui dit-il, et que je serais un homme heureux si vous m'accordiez le plus simple regard! »

Pauline, habituée aux douces paroles de ce prince charmant, n'avait pas l'air de les entendre. Elle était émue et indignée; ses beaux yeux avaient peine à retenir les larmes qui coulaient sans qu'elle en sût rien; puis, comme le prince de Soubise redoublait de galanterie et d'empressement :

« Monseigneur, lui dit-elle, pardon, monseigneur; mais je voudrais vous parler très-sérieusement. »

Et alors elle raconte au prince de Soubise, mais en le regardant en face de ses beaux yeux, avec une véhémence inspirée, et une éloquence qui partait du cœur, le crime et la trahison du voleur Gatry : les deniers dilapidés, un honnête jeune homme, un Breton, accusé de cette action infâme, le voleur échappant à l'infamie et l'innocent perdu à jamais! Elle parla si bien, que le prince de Soubise finit par écouter et par comprendre; il était tout ému, le pauvre prince, quand ayant achevé son récit :

« Je serais heureuse, lui dit-elle, que ce fût vous, mon prince, qui fissiez rendre justice à l'innocent et au coupable. Je vous en prie! »

En même temps elle joignait ses mains.

Le prince de Soubise s'en fut, du même pas, chez madame de Pompadour.

Mme de Pompadour était à sa toilette, occupée à gouverner l'État. Ce n'était plus la jeune fille dans le premier éclat de la jeunesse; c'était la noble dame dans toute la force de sa beauté et dans toute la vigueur de son esprit. C'était la femme aimée et respectée de Louis XV. La France, qui était alors une monarchie absolue, tempérée par des chansons, ne demandait pas mieux que de fléchir le genou devant cette élégante maîtresse qui n'abusait pas trop de son pouvoir. Le prince de Soubise, jeune et beau gentilhomme, très-brave et très-amoureux, même pour ce temps de bravoure et d'amour, était un des courtisans les plus assidus de la marquise.

Il jouait auprès d'elle un de ces rôles que les courtisans ont toujours joués, non sans profit, avec les majestés féminines, le rôle d'un amoureux qui n'ose pas parler de son amour. Ce mélange de passion et de respect avait fort bien réussi auprès de la grande dame, qui recevait le prince avec toutes sortes d'amitiés innocentes et d'égards empressés.

Alors voilà le prince de Soubise qui raconte, à son tour, à madame la marquise l'infâme action du misérable Gatry;

son vol énorme et le guet-apens tendu à l'innocence de son commis; le prince de Soubise était animé de l'émotion de Pauline; et M⁰ᵉ de Pompadour s'anima de l'émotion du prince de Soubise. « Mais ce Gatry est un misérable ! » Et la marquise versa deux ou trois larmes au plus ; elle avait alors trente-cinq ans, à cet âge les yeux rougissent facilement, et il n'est guère permis de pleurer beaucoup.

M⁰ᵉ de Pompadour passa chez le roi en quittant le prince de Soubise. Le roi lui trouva une figure étrange. « Qu'avez-vous donc, Antoinette? » lui dit-il. Car vous remarquerez qu'il appelait Antoinette M⁰ᵉ de Pompadour.

Alors la favorite fit au roi le récit que lui avait fait le prince de Soubise. Elle arrangea son petit drame. Le roi, qui n'avait guère que des histoires à entendre, s'arrangea assez volontiers de celle-là, comme on s'arrange de temps à autre d'une comédie larmoyante de la Chaussée.

Et le lieutenant de police reçut l'ordre de Sa Majesté d'étudier les affaires de M. de Gatry.

Il était nuit. Colas attendait tristement le lendemain, bien décidé à ne pas copier la lettre. Tout à coup on frappa à sa porte ; un exempt de police entra dans la chambre, et l'on vit, dans la demi-obscurité de la porte, des gens armés qui gardaient le corridor.

L'exempt pria Colas de lui remettre le modèle de la lettre, écrite en entier de la main de M. de Gatry.

Colas remit cette lettre en tremblant. Mais, ô surprise ! on s'empara de M. de Gatry, Colas fut libre, et le soir l'infâme Gatry, confondu par sa lettre, se jetait aux genoux du lieutenant criminel, demandant grâce pour sa famille. Le même soir, Colas s'introduisait un instant chez Pauline, qu'il appelait sa sœur. Pauline allait au bal ; elle n'eut que le temps de tendre la main à Colas, et au bal elle sourit à M. de Soubise en lui disant : Merci ! M. de Soubise, quittant le bal de bonne heure, alla remercier Mme de Pompadour. Mme de Pompadour, le même soir, fit avouer à cet imperturbable égoïste, le roi Louis XV, qu'il n'avait jamais trouvé tant de plaisir à faire une bonne action.

Le lendemain tout le monde parlait de l'affaire Gatry.

Le lendemain aussi Pauline dit à Colas :

« Veux-tu la place de M. de Gatry, Colas ? »

Colas pensa faire le signe de la croix, tant il était surpris de la bonne opinion que Pauline avait de lui.

Quelques jours après, Mlle de Pons, ou si vous aimez mieux Pauline, se trouvant avec le prince de Soubise, lui parla de nouveau de son protégé.

« Je vous ai fait faire une si belle action, et vous n'avez rien fait pour lui, Monseigneur ! Donnez la place de Gatry à cet honnête et bon jeune homme, Nicolas Rosier. »

Le prince de Soubise écrivit sur ses tablettes le nom de l'heureux et vertueux Rosier.

Il en parla à Mme de Pompadour, qui en parla au roi, qui écrivit de sa propre main qu'il donnait la place de Gatry à Nicolas Rosier.

M. Nicolas Rosier devint donc un personnage; il eut une très-belle place, et le monde sut bientôt que son nom avait été écrit tout au long de la main du roi.

Personne ne pouvait expliquer la faveur de Rosier. Il était visible que M. Rosier était favori de quelqu'un; mais favori de qui ? Là était la question. On ne pouvait guère se douter que ce petit Colas n'était que la créature de Mlle Pauline. Au reste, ce mystère ne nuisait pas à la considération de Colas; au contraire, au lieu d'un protecteur connu on lui en attribuait trois ou quatre, parmi lesquels Mᵐᵉ de Pompadour tenait une place assez honorable pour notre héros. Quant à lui, heureux d'être heureux, il allait dans le monde et s'abandonnait aux œillades des filles à marier et aux cajoleries de leurs mères ; il jouissait à l'aise de son triomphe et de son crédit; puis le lendemain il racontait à sa sœur Pauline tout ce qui lui était arrivé, ajoutant toujours que, parmi toutes ces femmes, il n'en trouvait pas une qui fût aussi belle que sa sœur. Disant cela il lui baisait la main.

Un jour que M. Rosier était allé, après la comédie, à un jardin public où l'on donnait une fête, M. Rosier fit rencontre d'une très-belle fille nommée Juliette, dont le père était relieur du ministère. Juliette était une grande brune de dix-huit ans, alerte, bien faite et Française de la plante des pieds à la pointe des cheveux; mais coquette autant qu'elle était Française. Elle donnait le bras, ce soir-là, à un Anglais attaché à l'ambassade, sir John Brown, un Anglais du bon temps des Anglais. Sir John était fort épris de Juliette, et il se conduisait avec elle en véritable Capulet, ne la quittant pas du regard, dansant avec elle, se faisant Français autant que possible. Même il sortit si complétement de sa nature, il poussa si loin sa prévenance amoureuse, que Mˡˡᵉ Juliette, impatientée et craignant le scandale, quitta le bras de son Roméo et s'en vint prier le jeune Rosier d'être son cavalier pour le reste de la nuit. Rosier ne dit pas non : il prit le bras de Juliette, et le voilà dansant avec elle, mais toujours d'un grand flegme, d'un flegme anglais, pendant que sir John faisait feu et rage et brûlait d'envie de chercher querelle à ce petit jeune homme. Rosier, cependant, quand il eut bien dansé, alla s'asseoir sous un de ces éternels petits berceaux de feuillage, rôtis par le soleil, qui sont restés si à la mode chez les champêtres Parisiens.

Je ne sais comment cela se fit, mais sous le même berceau se trouvèrent réunis plusieurs Anglais de l'ambassade. Sir J. Brown, échauffé par le vin (on buvait beaucoup en France, et surtout du vin de Bourgogne), s'avisa de parler très-haut contre le roi, contre les ministres, contre tout le monde, contre Mme de Pompadour elle-même, tant il était ivre; il finit par dire que le cabinet de Saint-James était trop poli d'envoyer à Paris un homme comme lord Albemarle ; que la première grisette aurait été assez bonne pour cette ambassade, et que pour sa part il en connaissait des milliers plus belles que la Pompadour.

Rosier, qui était le plus simple enfant du monde, entendant ainsi traiter une femme qu'il trouvait la belle des belles, qui avait été bonne pour lui, et qui était la maîtresse de son maître, ce qui était beaucoup alors, fit remarquer à l'Anglais qu'il était un insolent.

L'Anglais lui donna une chiquenaude sur le nez.

Rosier répondit à la chiquenaude par le plus vigoureux coup de poing qui se soit jamais donné dans les quatre royaumes (non unis) d'Irlande, d'Écosse, d'Angleterre et de France. Sir John, en se relevant, tira son épée ; Rosier tira la sienne, et il reçut un grand coup sous le bras qui entra assez avant dans les chairs. On eut quelque peine à reconduire Rosier à la maison.

Le pauvre Nicolas était blessé... et d'un bon coup. Le chirurgien, en levant le premier appareil, se plaignait de l'insolence des Anglais, disant que, si cela dépendait de lui, tous les Anglais recevraient, avant vingt-quatre heures, leur passe-port. Colas, qui souffrait de grandes douleurs, prit la main de son chirurgien, en l'assurant que la guerre serait déclarée à l'Angleterre avant trois jours. Le chirurgien, l'entendant parler ainsi, s'imagina que son malade avait la fièvre chaude.

Mais quoi! vous aurez peine à vous figurer l'indignation de Pauline, quand elle vit son protégé, sa créature, son ami, l'époux qu'elle se fabriquait en espérance, si cruellement traité; elle était furieuse contre l'Angleterre; elle eût voulu pouvoir chasser de France tous les Anglais. L'histoire de Mlle Juliette que Rosier lui avait racontée ingénument, n'avait pas fait un seul instant de distraction à cette grande colère, tant il avait parlé naïvement de cette pauvre fille. Cependant Colas, qui avait ce grand coup d'épée sous le bras et sur le cœur, jurait tout haut qu'il irait demander une seconde satisfaction à ce terrible sir John Brown, aussitôt qu'il serait guéri.

Voilà Pauline bien en peine! Comment empêcher son ami de se battre? Et d'ailleurs Colas exige que la France rompe avec l'Angleterre : il l'a promis à son chirurgien, il ne faut pas que ce soit là une promesse en l'air. Heureusement, Pauline retrouve le prince de Soubise, au moment où elle avait ce coup à porter.

« Vous savez, Monseigneur, que ce pauvre Nicolas Rosier s'est battu pour vous? »

Et la voilà qui raconte à M. de Soubise toute l'aventure ; que Rosier s'était battu pour le prince et pour Mme de Pompadour, indignement insultés par des gens de l'ambassade anglaise. A ce discours, M. de Soubise, fort en colère, s'en va chez Mme de Pompadour, et lui raconte l'histoire « des milliers de grisettes *plus jolies qu'elle.* »

Trois jours après, l'ambassade anglaise reçut l'ordre de

repasser le détroit, et voilà comment la guerre fut déclarée.

Quand elle revit le prince de Soubise, Pauline lui fit un agréable sourire, et le complimenta hautement de ce qu'il n'avait pas reculé devant l'Angleterre. Puis elle ajouta :

« Je suis sûre aussi, Monseigneur, que vous n'avez pas oublié celui qui a versé son sang pour vous, votre intrépide et dévoué défenseur, ce pauvre Nicolas Rosier. »

Le prince, qui n'avait pas du tout pensé à Rosier, répondit à Mlle de Pons qu'il venait justement de demander pour lui des lettres de noblesse et la croix de Saint-Louis.

Le lendemain, le prince, qui ne voulait pas avoir menti à Mlle de Pons, envoya à M. de Rosier, ci-devant Rosier, son brevet de chevalier et ses lettres de noblesse. Il n'y eut plus qu'à enter M. de Rosier sur une branche noble ; ce fut l'affaire d'un artiste héraldique, qui planta tout exprès un grand arbre généalogique, à l'ombre duquel s'épanouit tout à l'aise M. Nicolas Rosier, baron de la Roserie et autres lieux.

Quand la fortune de Rosier fut faite, restait à faire la fortune de Mlle Pauline. Depuis sa noblesse, Rosier n'avait plus besoin de protection ; il se protégeait tout seul. M. le cardinal de Bernis, qui se connaissait en hasards heureux, étonné de la fortune de Rosier, le fit nommer conseiller du roi. Rosier, nommé conseiller, s'en fut remercier Pauline ; mais Pauline lui répondit que cette fois elle n'avait rien fait, qu'il n'avait plus qu'à voler de ses propres ailes, et qu'il songeât seulement à voler bien haut. Nicolas Rosier promit de lui obéir.

Comme ils étaient à parler ainsi dans un coin du salon, entra dans le salon la jeune comtesse de Stahrenberg.

« Mon Dieu ! dit Colas, qu'elle est jolie !

« — Mon Dieu! dit Pauline, que son voile est beau! Je n'aurai jamais un pareil voile, Colas.

« — Pourquoi donc? reprit Colas.

« — Parce qu'il n'y en a que trois dans le monde, reprit Pauline ; celui-ci, celui de l'impératrice-reine et un troisième, qui ne tombera pas sur mes épaules.

« — Qui sait? » repartit Colas.

Et du même pas il s'en fut saluer l'ambassadeur de l'impératrice Marie-Thérèse, le comte de Stahrenberg. Il était venu pour conclure une alliance entre la cour d'Autriche et celle de Versailles contre le roi de Prusse. Le cardinal et Mme de Pompadour étaient fort opposés à cette alliance.

« Et si je la conclus à moi tout seul? » disait Rosier.

« — Vous aurez le voile, » repartit l'ambassadeur. Et véritablement, en dépit de tous les efforts du cardinal de Bernis, Nicolas Rosier jeta le beau voile sur la tête de Pauline.

Le lendemain de ce grand jour, M. de Bernis s'alla reposer à Fontainebleau, emmenant Rosier. Rosier écrivit à Pauline qu'il était à Fontainebleau, et Pauline, en toute hâte, rejoignit Colas. De son côté M. de Soubise, avec l'agrément de la marquise, partit pour Fontainebleau, et Mme de Pompadour persuadait au roi qu'un petit séjour à Fontainebleau ne lui serait pas désagréable. Alors voilà tout un monde attentif de valets, de courtisans, de piqueurs, de marmitons, de laquais, de secrétaires, de cuisiniers, de poëtes, de perruquiers, de chanteurs, de gentilshommes et maîtres des plaisirs qui s'abattent sur le château. Les trompettes sonnent; les tambours battent aux champs; les cloches s'ébranlent en volée. Les gardes du corps, les chevau-légers, les gardes du roi sont de service. Saints et saintes du paradis!

la belle solitude que voilà! Deux jours après, Rosier, qui avait promis au cardinal de le débarrasser de cette foule, retourne à Paris; Pauline se plaint de sa migraine et revient à Paris, et le prince de Soubise après elle. En même temps la marquise; enfin le roi et l'armée. « Il faut que ce petit Rosier ait fait un pacte avec le diable, » se disait le cardinal de Bernis.

Quand il n'y eut plus d'obstacle, il advint que Pauline, qui avait ses vingt ans et qui ne voulait pas rester fille, épousa son petit Colas de Rosier, le jour même de la bataille de Rossbach.

XIX

EN PROVINCE

Cependant rien n'était encore changé à l'impôt de la terre. Elle restait imposée sous les noms d'autrefois : cens, fouages, tailles. Elle payait tantôt le sixième, tantôt le septième. Il y avait le bois d'hiver, le pré des ormes, le pré des saules, le champ de froment, le champ de blé noir. Au dix-huitième siècle, la vigne est déjà tout un poëme : la vigne haute, la vigne basse, et nos vignerons en savaient déjà plus que ceux de François Ier, qui en savaient plus long que ceux de Virgile. Les valets de campagne ont aussi leur histoire; le premier domestique avait trois cents francs de gages, et le batteur, cent quarante francs et sa toile. Il y avait Marguerite, il y avait Jeannette, servante de campagne et servante de ville; la femme de charge et la demoiselle suivante.

« Mes amis, à qui cette grande pièce d'eau?

« — Monsieur, c'est l'étang du seigneur.

« — Et ces vastes prairies?

« — Ce sont les fermes du seigneur. »

Il y a l'homme d'affaires; bêtes et gens travaillaient pour le seigneur. Le village se levait avant le jour; les villageois amenaient les agneaux, les pourceaux, les chevreaux, les dîmes de toutes espèces. Dans le repas pris dans les champs, l'aliment le plus ordinaire est la bouillie de sarrasin. Le pain blanchit de jour en jour ; les hommes sont vêtus d'excellent drap de laine à côtes de fil. Dans ces maisons bien bâties et recouvertes de belles tuiles, vous rencontrez d'ordinaire le grand lit *à quatre quenouilles,* la grande table et les grands bancs, les bancelles, les ustensiles de cuivre ou d'étain. Le maître donne à ses domestiques des souliers, des *ganaches*.

En Normandie, la bêche ne se montre guère hors des jardins. Chaque soir on sonne le couvre-feu. On parle des frairies, des nombreuses maisonnées du Limousin, tous fils, petits-fils ou descendants du même père. Il y a mieux dans cette province : il y a des hameaux habités par d'antiques parentés, dont toutes les familles portent le même nom ; je citerai celui de la Gousserie, où tous les habitants sont le Monnier ; celui de la Hénardière, où tous les habitants sont Hénard ; celui de la Gomondière, où tous les habitants sont Gomond. Quand quelqu'un part, il va prendre congé dans toutes les maisons ; quand il arrive, il est embrassé à toutes les portes.

Chez les bons villageois normands, tous les états et tous les âges et tous les sexes se tutoient. Rien de plus beau que la vallée d'Auge ; elle représente un tapis vert de trente ou quarante lieues carrées, où vous rencontrez de nombreux troupeaux de vaches, qui portent des ruisseaux de lait dans leurs mamelles fécondes. Ces fermes recouvrent des laiteries souterraines, où se manipulent le fromage de Livarot et le beurre d'Isigny, qui n'a pas son égal sous le soleil. Chaque navette nourrit son homme, chaque marteau picard représente un chef-d'œuvre. Le villageois flamand est grand consommateur de beurre, de laitage et de viande. Le fermier franc-comtois est un père de famille qui régit paternellement ses enfants. Dans la grande Ile-de-France et la banlieue de Paris ont commencé les plaines de petits pois, les plaines de rosiers et de groseilliers, les melonnières, les hautes murailles empourprées de l'or des abricotiers. Voici Montreuil, voici Fontainebleau, voici les vignobles de Thommery! Au sortir de l'Ile-de-France, vous entrez dans les belles terres du Gâtinais; quel beau voyage! Vous passez du Berry dans le Nivernais, du Nivernais dans le Lyonnais, du Forez dans le Velay.

L'habit villageois est le même du Rhin aux Pyrénées : chapeau clabaud, culotte longue le dimanche; et pour nourriture, pain de seigle, châtaignes, pommes de terre, grosses raves, abondance de toutes choses. La marmite normande a fait le tour de la France.

C'est le moment de vous parler de cet Anjou par lequel nous aurions dû entrer en Bretagne, et de ce Poitou par lequel nous allons en sortir; ces deux provinces s'appellent et bien sûrement s'appelleront historiquement la Vendée. De quelle manière, direz-vous, le Poitevin fume-t-il les terres? Il y répand les engrais en les divisant, en les semant comme du grain, et voici quelle est sa rotation des récoltes : pendant cinq ou six années, blé; pendant cinq ou six autres, repos ou plutôt pacage. Durant ce temps, la terre se couvre de hauts genêts et de grandes herbes; les herbes, les genêts sont coupés, brûlés, et la terre est de nouveau emblavée. Autre part, les grosses fermes sont de six, huit charrues; dans ce pays elles ne sont, comme en Bretagne, que de trois ou quatre. Les vignes ne sont pas échalassées. Vous avez partout entendu parler des beaux ânes du Poitou. Les plus beaux, ceux d'espèce, ceux des haras, se vendent, comme une petite ferme de notre Gévaudan, deux, trois mille francs.

De même que les choses simples d'un pays ressemblent aux choses simples des autres pays, les villages du Poitou ressemblent aux autres villages; mais le villageois du Poitou fait meilleure chère; il paye plus franchement la dîme et la rente de son pot. Il est d'ailleurs habillé simplement; toutefois il a l'air étoffé.

Vous croiriez que la belle Poitevine, dont une coiffe, agréablement serrée par une agrafe au-dessous du menton, encadre si gracieusement le visage, dont un haut corset marque toute la finesse de la taille, dont un riche clavier d'argent à plusieurs chaînes semble, pour ainsi dire, sonner à tous ses pas sa portion d'empire, soit, dans son domestique, choyée, considérée? Il s'en faut bien : elle sert humblement son mari, et ne s'assied à table que lorsqu'il lui en a donné l'ordre. Dans sa chaumière, le villageois poitevin est roi et il n'y a point de reine.

Retenez bien, je vous prie, cet usage du Poitou : lorsqu'un bon vivant a achevé dans une fête la barrique, il en porte la cannelle au chapeau. Retenez encore ceci : lorsqu'un jeune garçon veut se louer pour les travaux champêtres, il se présente sur la place paré d'épis; lorsqu'il veut se louer pour la domesticité, il se présente paré de fleurs.

Le villageois poitevin est un bon, un excellent homme, franc, simple, droit de cœur et de sens; loyal, religieux, moral, mais opiniâtre, surtout dans ses opinions.

XX

RICHELIEU

La France, en ce temps-là, était divisée en provinces, et le plus fastueux de ses gouverneurs de province, M. le duc de Richelieu, régnait à Bordeaux. Il fut le plus hardi dans les plus braves; il fut à la mode et galant; il eut tous les genres de succès, même le succès du bel esprit. Les honneurs avaient été si loin pour ce favori de la ville et de la cour, que l'on avait fini par lui attribuer la paternité de Voltaire, et pourtant il se vantait, ce membre ingénieux de l'Académie française, de ne pas savoir l'orthographe. On l'aimait pour toutes ses jactances; on approuvait toutes ses vanités. Il vint au monde honoré de ce grand nom du cardinal de Richelieu, qui avait été le maître absolu de la France, et l'avait conduit d'une main ferme à ses brillantes destinées. Il naquit sous le règne du vieux roi Louis XIV. Enfant, il put assister aux derniers éclats de ce soleil couchant. Voilà comment il fut plus tard le plus digne, le plus complet représentant du grand siècle.

Il avait à peine quatorze ans, lorsqu'il fut présenté à Mme de Maintenon, et la dame, à l'aspect de ce beau gentilhomme, étourdi, vif et léger, se sentit très-intéressée. On a même gardé la lettre qu'elle écrivait au père de M. de Fronsac : « Votre fils, monsieur le duc, plaît au roi et à toute la cour ; il fait très-bien tout ce qu'il fait, il danse à merveille, il joue honnêtement, il est bien à cheval, il est poli, non timide, il n'est point hardi, il est bien élevé, il est de très-bonne conversation, rien ne lui manque enfin. Mme la duchesse de Bourgogne a une grande attention pour votre fils. » En effet, la duchesse de Bourgogne appelait M. de Fronsac *sa poupée*.

Même il paraît que cet enfant était si hardi que son père lui-même sollicita pour ce chérubin précoce une lettre de cachet et le fit enfermer à la Bastille. Il accepta légèrement cette légère disgrâce, et mit à profit ces longues heures pour apprendre à lire le merveilleux Virgile. Ce fut même un des moindres bonheurs de ce jeune homme de se plaire aux *Bucoliques*, et de les lire avec fruit toute sa vie. Enfin Mme de Maintenon, à la prière de la jeune princesse, ouvrit les portes de la Bastille, et le voilà mousquetaire, lieutenant, ce qui était dignement commencé pour devenir l'un des héros de la bataille de Fontenoy. Le maréchal de Villars voulut avoir pour son aide de camp ce vaillant jeune homme et ce porteur d'un si beau nom qui faisait si bon marché de sa personne. Ils prirent ensemble Marchiennes, Fribourg, Douai. Villars l'envoyait à Versailles, orné d'une légère blessure, pour annoncer au roi que les forts se rendaient. C'était la première fois que, depuis la Bastille, le roi revoyait *M. le duc de Richelieu*.

Nous disons M. le duc de Richelieu ; en effet, son père était mort en laissant de grosses dettes, que le fils paya de toute la succession paternelle, au grand étonnement des courtisans. Payer les dettes de son père insolvable ! à peine si les bourgeois de Paris s'acquittaient d'un pareil devoir. Et quand mourut Louis XIV, peu de seigneurs furent attristés de cette mort qui les affranchissait d'une tutelle sévère, on vit le jeune duc de Richelieu pleurer le patriarche des rois. Il avait tous les instincts bourgeois, et toutes les habiletés du gentilhomme.

Alors vint la régence, une époque où le vice et le bel esprit, déchaînés par Philippe d'Orléans, devaient accomplir tous leurs miracles. Richelieu comprit tout d'abord qu'il serait le vrai roi de ce monde enfin délivré de ses vieilles croyances, et, pour commencer, il fit une grande opposition à ce bon prince indulgent pour la jeunesse. Il éleva boudoir contre boudoir; il fit le métier de braconnier dans les amours, dans le luxe et dans les folies du régent.

Il enlevait au régent ses maîtresses; il lui gagnait son argent. Compromis dans la ridicule conspiration de Cellamare, et jeté dans les cachots de la Bastille (29 mars 1719), le duc sut garder son secret et ne dénonça personne; à tous les genres de courage il réunissait tous les genres de bonheur. Dans cet abîme, il apprit que les propres filles du régent, Mlle de Charolais et Mlle de Valois, avaient pitié de sa misère; elles le défendaient contre leur propre père. A leur exemple, toutes les femmes de Paris furent émues de pitié pour ce jeune homme; elles accouraient chaque jour dans leur plus bel équipage et leurs toilettes charmantes, pour entrevoir les murs de sa prison, et pour le saluer d'un sourire quand il se promenait sur le perron. Longtemps le faubourg Saint-Antoine, ce terrible ennemi qui dormait encore, attendant l'heure de la révolte, ne fut plus qu'une procession de duchesses et de rendez-vous des marquises; même les femmes qu'il avait trahies, et dont il faisait un jouet frivole, arrivaient en toute hâte à la même heure, pour contempler de loin cette ombre charmante et captive de leurs amours. Elles disaient tout bas dans leur silence et toutes dans leurs regards : « O jeune homme, on te pardonne; hélas! ton inconstance n'est pas seulement ta faute, elle est la nôtre encore, et nous te pardonnons justement parce que notre cœur était faible, et que nous t'avons beaucoup aimé. »

Quand il sortit de la Bastille, racheté par une jeune et belle princesse au prix de sa propre liberté, M. de Richelieu avait à peine vingt-quatre ans. Il accepta les honneurs de l'Académie (12 décembre 1720), où l'attendait le fauteuil de Dangeau. A la nouvelle de ce nouveau confrère, trois académiciens, des premiers de l'Académie, à savoir Fontenelle, Destouches et Campistron, se mirent l'esprit à la torture pour écrire son discours de réception; mais le nouvel élu répondit à ces beaux esprits, qui voulaient le servir, qu'il suffirait à sa tâche, et que Fontenelle avait trop d'esprit, pendant que les deux autres ne savaient pas assez le langage de la cour. Donc, à lui tout seul, il improvise, toujours avec l'orthographe de ses billets doux, un discours académique, tout rempli de ces belles grâces sans apprêt, et de ce goût naturel qu'il avait puisé autre part que dans les livres. Dans ce discours, qui est un des meilleurs que l'Académie ait entendus, le public applaudit de toutes ses forces un bel éloge de Louis XIV; l'enchantement durait encore.

Lorsqu'il fut reçu pair au Parlement, les plus belles dames lui servirent de cortége, et le duc de Saint-Simon s'inclina devant ce duc et pair qu'il n'a jamais beaucoup aimé. « Le 6 mars 1721, écrit Matthieu Marais, le duc de Richelieu entra au Parlement. Il avait tout son habit, le manteau et les chaussures d'une étoffe d'or très-riche, et qui coûtait deux cent soixante francs l'aune. Il ressemblait à l'Amour. »

Quand mourut M. le régent, raisonnablement atteint de la disgrâce publique, et quand le roi Louis XV, émancipé, commença ce long règne si mêlé de mal et de bien qui allait à l'abîme, M. le duc de Richelieu fut envoyé ambassadeur à Vienne (1725) dans les circonstances qui étaient les plus difficiles. En cette cour, qui partageait les rancunes de l'Espagne, tout irritée du renvoi de l'infante confiée à notre garde, M. le duc de Richelieu lutta de hauteur et d'insolence avec les seigneurs les plus insolents et les plus hautains; même un jour que Ripperda, le ministre de Philippe V, voulait prendre le pas sur l'ambassadeur de France, celui-ci repoussa brutalement l'Espagnol, et cette offense au milieu de toute la cour fut presque applaudie.

C'était toujours la même parole où le feu roi tenait la première place, quand on disait dans toute l'Europe : « Le roi est mort, » sans dire le roi de France ; et pourtant le cardinal de Fleury était premier ministre, un esprit si timide, un ministre si prudent; il ne conduisait pas Richelieu, c'était Richelieu qui l'entraînait, comme il le fit bien voir dans les affaires du roi Stanislas. Quand il eut perdu Mlle de Noailles, sa première femme, il épousa Mlle de Guise (1734), une princesse de Lorraine, alliée à toutes les familles royales ; c'était une femme accomplie, admirablement belle, qui aima passionnément son mari et ne se vengea de ses nombreuses infidélités que par d'ingénieuses plaisanteries. Six ans plus tard, Richelieu la perdit, et il la pleura. Cependant, lorsqu'au siége de Philipsbourg il fut insulté par le prince de Lixin, son beau-frère, il le tua d'un coup d'épée, à minuit, au bout de la tranchée; heureusement pour lui, le lendemain de ce jour funeste à sa gloire, il montait à l'assaut et fut blessé à cette même place, humide encore du sang de son parent.

Au retour de la guerre, il était gouverneur de la province du Languedoc, et à Toulouse comme plus tard à Bordeaux, il rappela, par son faste plein de goût, par ses vives reparties et son talent de se faire aimer des jeunes gens et des vieillards, son entrée à Vienne sur des chevaux ferrés d'argent qui perdaient leurs fers à chaque pas.

Le premier, il a deviné la grâce et le parfum du vin de Bordeaux ; avant lui les soldats, les magistrats s'enivraient de vin de Bourgogne. « On boit, disait-il, sur les bords de la Garonne, un petit vin fluet qui nous tient en parfaite humeur et que nous avons tort de laisser boire à nos laquais. » En même temps il apaisait les troubles religieux dans cette heureuse province, délivrée, par son gouverneur, des massacres de Toulouse. En ce moment surtout, Voltaire était son père, et comme il écrivait de belles choses à Monsieur son fils ! Tolérance et bienveillance étaient le fond de cet aimable caractère ; il serait mort de honte et d'effroi s'il avait fait égorger, pour cause de religion, d'honnêtes gens confiés à sa surveillance.

Rien de trop était sa devise, et même aux temps les plus fougueux du roi Louis XV il maintenait la jeune cour dans une sorte de décence.

Un jour que le vin de Bourgogne avait exalté les esprits, le roi donne un petit soufflet à M. de Richelieu, qui le rend à son voisin en disant : « Le roi veut que ça passe, » et le soufflet fit le tour de la table. En ce moment le père Voltaire eût donné sa meilleure tragédie, ou même son meilleur conte, pour avoir trouvé ce mouvement de son digne fils. Dans cette part de sa vie, il fallait à M. de Richelieu bien du tact pour échapper à l'entraînement de la cour au milieu de tant de passions. Avec quelle grâce il s'inclinait devant Sa Majesté la reine de France, Marie Leckzinska ! d'autre part, comme il savait modérer l'envahissement des maîtresses et rappeler au royal habitant de Versailles que toute l'Europe avait les yeux sur ses amours ! — En tous ces débats si divers et pour des causes si différentes, il n'a jamais trahi personne, il a sauvé sa propre estime ; il restait fidèle à la maîtresse royale jusqu'à l'heure où ces majestés éphémères disparaissaient dans le caprice du maître absolu.

C'est ainsi que, rencontrant dans Mme de Châteauroux un esprit ferme, un courage à toute épreuve, et comprenant qu'elle aimait la gloire, pour elle et surtout pour le roi de France, il se servit de Mme de Châteauroux lorsque la guerre d'Autriche embrasa toute l'Europe, et que la jeune dame entraîna Louis XV à la bataille. Le roi passait sa vie entre la paresse et le sommeil, et Richelieu le réveillait par ses grands conseils, qu'il soufflait à sa maîtresse. A la bataille de Dettingen, il perdit la moitié de ses troupes et fut blessé grièvement ; son premier soin fut d'envoyer à l'hôpital six cents Anglais sauvés par lui. Si Louis XV, dans Metz, succombant sous un mal sans nom, et pleuré par toute la France, enfin se releva victorieux de la mort avec ce grand nom de *Bien-aimé*, que lui donna dans un couplet un chansonnier de la cour, c'est que M. le duc de Richelieu était à son chevet pour le protéger contre les prêtres, les médecins, les courtisanes, et pour défendre, à ses risques et périls, la pauvre femme éperdue à ce lit de mort, Mme de Châteauroux.

Ainsi couvert de gloire et de bonheur, ayant sauvé de tous ces périls ce jeune roi et sa vaillante maîtresse, il était encore un des mieux faisants à la bataille de Fontenoy. L'hésitation d'un moment pouvait tout perdre; à la tête de la Maison du roi il se précipita dans cette colonne formidable et, disons mieux, dans ce rempart de soldats anglais qui déjà criaient victoire. Il était au nombre des capitaines qui s'en vinrent avec le roi visiter sous sa tente M. le maréchal de Saxe. « Holà! disait le roi, vous avez bon visage, M. le maréchal!... — Sire, reprit M. de Richelieu, tout s'explique, M. le maréchal de Saxe est le seul homme que la victoire ait désenflé. » Cette bataille, où Richelieu fit jouer l'artillerie avec si grand à-propos, est restée une consolation dans nos défaites, une espérance dans nos guerres; elle a sauvé l'honneur de la couronne de France au moment le plus dangereux, et Louis XV lui-même, en ses plus grandes imprudences, ne put effacer de nos souvenirs la bataille de Fontenoy.

Quand le roi eut perdu cette admirable et vaillante amie et ce bon conseil qui l'avait conduit dans tous les bons sentiers, Mme de Châteauroux, la couronne appartint désormais aux femmes les plus perverties et les plus téméraires. Jusqu'en ce moment de notre histoire, les rois de France prenaient leurs maîtresses uniquement dans les familles les plus nobles de leur royaume; on eût dit que c'était une charge de cour que se disputaient les grandes dames. A cet usage Henri IV avait manqué rarement; François Ier, pour l'avoir oublié, l'a payé de sa vie; et quel grand scandale aussitôt que Mme de Pompadour eût pris effrontément la place et l'emploi des demoiselles de Nesle!

Richelieu partagea la peine et l'étonnement général;

mais, cette fois encore, il sauva son propre honneur, même aux pieds de la maîtresse régnante. Assidu courtisan de la faveur, il restait digne de ses commencements, et lorsque la favorite hardiment lui proposa de marier Mlle d'Étioles au duc de Fronsac, le duc de Richelieu échappa avec un esprit infini à cette étrange alliance et sans déplaire au roi son maître.

En même temps et toujours il recherchait les occasions de guerre et de plaisir.

Il a pris Port-Mahon au son des violons ouvrant la tranchée, pendant que les gardes-françaises applaudissent à cette aimable surprise ; il a pacifié Gênes, délivrée enfin de l'ennemi qui l'opprime ; il a repoussé, à l'embouchure de l'Elbe, le duc de Cumberland et son armée ; il a gagné son maréchalat à force de victoires ; il a conquis sa renommée à force de plaisirs : il était un gentilhomme, un diplomate, un maréchal de France, autant de titres excellents pour être le très-bien venu des dames.

Il a fermé les yeux du roi Louis XV, au moment où toute la cour se précipitait aux pieds du nouveau roi et de la jeune reine, les brèves et tristes amours d'un peuple qui les devait égorger au milieu des insultes et de toutes les impiétés : *breves et infaustos populi romani amores,* disait Tacite en songeant au prince empoisonné par Tibère.

Cette fin d'un siècle attendu par de si terribles et si funestes représailles, Richelieu la traversa la tête haute et rendant à ses ennemis insulte pour insulte ; même il avait supporté sans ployer le genou la terrible philippique de l'abbé de Beauvais : *Encore quelques jours, et Ninive sera détruite!* « Il me semble, lui dit à ce propos le feu roi, que le prédicateur a jeté plus d'une pierre dans votre jardin.

— Oui, répliqua Richelieu, mais si fort qu'il en a rejailli jusque dans le parc de Versailles. »

A l'âge de quatre-vingt-quatre ans, en 1780, il se maria, pour la troisième fois, avec la veuve d'un lieutenant général, Mme de Rooth. L'année suivante, il accepta la présidence du tribunal du point d'honneur; mais toujours superbe, une fois qu'un officier venait se plaindre au maréchal d'une insulte irréparable : « Allez-vous laver, Monsieur, et revenez à mon tribunal! » Il avait réglé le duel, il eût été désolé de l'abolir. Il se conduisit de telle sorte avec les pouvoirs passés, avec la royauté présente, que le roi Louis XVI, comme on voulait l'indisposer contre le vieux courtisan, le rappelait à la cour, et le présentait à la reine. Alors Richelieu se retrouva dans sa maison, chez son parrain Louis XIV, chez son ami le roi de Fontenoy, chez la bonne reine Marie Leczinska. « Quand la goutte me prend par un pied, disait-il, je me tiens sur l'autre et je marche. »

Il avait grand plaisir à s'entretenir avec l'un des maîtres de ce temps-là, M. le comte de Maurepas. Le vieux courtisan l'écoutait avec la passion même de Voltaire entendant raconter Henri IV et rêvant déjà les honneurs de *la Henriade*. Un jour qu'ils étaient assis sur un banc du palais de Versailles, Richelieu lui prédit la révolution qui s'avançait, et la prédiction était presque incroyable à l'aspect de ce palais des féeries. « M. de Beauvais avait raison, disait Richelieu; Ninive sera détruite, et je ne serai plus là pour me demander ce qu'eût pensé Louis XIV et pour crier de ma voix mourante : Vive la reine et vive le roi! »

Le 8 août 1788, il mourut « sans faire l'enfant, » comme il l'avait dit de Voltaire, assez à temps pour ne pas voir s'en aller une toute-puissance à laquelle son grand-oncle avait consacré sa vie et ses labeurs; il avait déjà dépassé la quatre-vingt-douzième année. Il fut enterré en Sorbonne, auprès du fameux cardinal qu'il avait tant aimé.

Non moins que le cardinal de Richelieu, le maréchal de Richelieu représente tout son siècle : il eut le courage et la grandeur, l'habileté, l'imprévoyance et l'égoïsme avec l'abandon, la grâce et la bonne humeur. Son siècle et lui vivaient pour les plaisirs et pour les douceurs de vivre, ils n'ont rien prévu sinon à leurs derniers jours, quand ils n'avaient plus rien à redouter des châtiments et des vengeances que leur réservait l'avenir. Richelieu est tout ensemble un héros, un fanfaron de vice et de vertu. — Il aime et recherche avec soin le scandale et le bruit; il est prodigue et n'est pas libéral; à condition qu'on le verra, il est capable de tout, même d'une bonne action; il est fier sans être insolent; il porte en toutes les choses sérieuses une ironie assez voisine du mépris, et dans toutes les choses frivoles une imperturbable gravité.

Comme il partait pour Port-Mahon, son valet de chambre en grand habit lui vint dire : « A quelle odeur M. le maréchal veut-il faire la campagne? — A l'iris tous les jours, à la tubéreuse un jour de bataille. » Richelieu est tout entier dans cette auguste réponse.

XXI

LA PETITE MAISON

Parlons une fois, pour n'y plus revenir, d'une des folies les plus ruineuses de ce siècle, où l'on ruinait, comme à plaisir, tout ce qui avait été l'honneur de la monarchie française.

Parlons des petites maisons.

Le nom de *Folies* leur est resté : on disait encore naguère la *Folie Beaujon*, la *Folie Regnauld*, et nous avons conservé la *Folie Méricourt*. Nous leur devons, il est vrai, d'adorables modèles d'architecture. Les petites maisons étaient des palais de féerie que les grands seigneurs et les gros financiers faisaient bâtir par-delà l'enceinte de la ville, pour quelque fille d'opéra ou quelque impure à la mode, et où ils accumulaient les trésors des arts, les prodigalités de l'industrie, tout ce que la mode divinisait, en ses orgies échevelées de soie, de joyaux, de velours, de tapis, de vaisselle précieuse, de meubles et de colifichets innommés et ruineux. Pénétrons dans ces lieux de délices.

Nous entrons par un vestibule, orné, dans des niches élégantes, de six statues en marbre, de Pigalle et de Coustou : *le Silence*, un doigt sur la bouche; *le Mystère*, enveloppé de voiles; *la Folie* et ses grelots; *Mercure* et son caducée; *Hébé*, la nymphe à la coupe d'or; *Hercule*, un fuseau dans la main. Trois portes de ce glorieux vestibule, au rez-de-chaussée, conduisaient dans la salle à manger, au salon, et de la galerie au boudoir. Les voûtes étaient peintes par Lagrenée et Fragonard. L'arc du milieu laissait entrevoir des tapis de verdure, où brillaient des roses naissantes au milieu d'arbustes exotiques. Un escalier en bois d'acajou, rare et singulier, conduisait en toute hâte aux chambres supérieures. Ce n'étaient que pilastres, colonnes, entrelacs, glaces biseautées à Venise, alcôves, sofas, lits de repos : tout était galant, riche, élégant, silencieux.

On voyait dans la galerie, entre autres jolies toiles : *le Repas italien*, de Lancret, peintre du roi; *la Solitude agréable*, de Boucher, peintre du roi; *le Départ pour la pêche*, de M. Vernet, peintre du roi. Dans le boudoir petillaient *les Quatre Heures du jour*, *le Ballet du prince de Salerne*, *l'Amour à l'école*, et *le Village pillé par les pandours de M. le maréchal de Saxe*. A M. Coypel, peintre du roi, avaient été confiés les dessus de porte, où brillaient en camaïeu *Bacchus et Vénus*, *l'Officier galant*, *les Vivandières*, *le Négligé*. Dans le salon d'attente, Carle Vanloo, peintre du roi, avait représenté *le Faiseur de châteaux de cartes*, *la Pupille*, *le Paradis terrestre* et *Job sur le fumier*.

On voyait dans la salle de billard plusieurs tableaux qui n'eussent pas déparé une chapelle : *Saint Antoine de Padoue prêchant l'Évangile aux oiseaux....* Les oiseaux l'écoutaient.... beaucoup mieux que n'eussent fait les habitants et habitantes de céans. Ici la *Madeleine*, à demi repentante; un peu plus loin, *Judith*, coupant la tête d'Holopherne; et puis *les Gentilles villageoises*, *les Belles vendangeuses*, *le Temps mal* employé; la *Vue*, le *Toucher*, *l'Odorat*; le *Berger content*, le *Siffleur de linottes*, le *Pot au lait*, la *Tentation de saint Antoine* et *le Parc aux cerfs*, digne composition de ce libertin de Deshayes, le gendre de Boucher, mort de débauche entre les bras de ses modèles.

La maison était pleine de chiffonneries, et encore aujourd'hui nous sommes possédés de cette manie, et nous ressemblons à ces dames des petites maisons qui ne laisseraient pas traîner un bout de jarretière inutile. Autour de ces peintres galants arrivaient, comme à une curée certaine, les poëtes galants, les musiciens galants, les chanteurs de romances galantes:

> En vain le dieu de Cythère
> Nous offrirait son secours,
> Tout languirait sur la terre
> S'il n'était point de beaux jours.

Autour de ces dames et de ces messieurs papillonnaient deux abbés, un jeune magistrat qui soufflait sur ses manchettes et deux mousquetaires dans le bel âge. Ils riaient avec la Cydalise; ils lui contaient des histoires, ils amusaient son petit monde, ils faisaient de leur mieux pour vivre. Ils applaudissaient à la musique, à la chanson. Ils savaient *Armide* par cœur, chose incroyable en ce pandémonium de toutes les décadences.

> Voici la charmante retraite
> De la félicité parfaite;
> Voici l'heureux séjour
> Des jeux et de l'amour.
> Jamais dans ces beaux lieux votre attente n'est vaine;
> Le bien que vous cherchez se vient offrir à vous;
> Et pour l'avoir trouvé sans peine,
> Devez-vous le trouver moins doux?

Les maréchaux de France et les ducs et pairs fréquentaient la petite maison. Elle était faite pour leur esprit. C'était vraiment le séjour des sept péchés capitaux et des maréchaux qui portaient leur nom : duc d'*Harcourt,* la paresse ; duc de *Noailles,* l'avarice ; comte de *Nicolaï,* la gourmandise ; duc de *Fitz-James,* l'envie ; comte de *Noailles,* l'orgueil ; comte de *Muy,* la colère ; duc de *Duras,* la luxure. Ils portaient dignement ces beaux prénoms, que le peuple leur avait donnés. Enfin, ce qui surtout explique le succès de la petite maison, c'étaient les cuisines et le cuisinier, qui complétaient toutes ces merveilles.

Sur ces tables chargées de viandes, entourées de nudités de toutes espèces, la cuisine, une des gloires les plus incontestables de ce Versailles des casseroles et des saucières, déployait toutes ses merveilles. C'étaient des fêtes à cent soixante et quinze plats, vingt-cinq dormants et quatre-vingt-huit relevés, comme en savait composer le sieur Hélyot, écuyer de bouche de Madame, aux grands soupers du roi, à l'Hôtel de ville. — *Entrées.* — *Ouilles.* — Quatre ouilles, huit potages moyens, douze grandes entrées de poissons pour relever les potages, et bientôt trente-deux entrées, quarante-quatre entrées moyennes, douze entrées de relevé ; quatre hors-d'œuvre et deux grands entremets, suivis de trente-deux plats de rôti, plus quatre moyens plats dans les bouts, quarante entremets froids, quarante-huit entremets chauds ! Mangez, harpies ! déchiquetez, vautours !

Paraissez, Navarrois, Mores et Castillans !

Paraissez ! râbles *à la royale,* boudins d'écrevisses *à la Richelieu,* coulis, jambons, carpes *à la Chambord, à la Fontenoy,* tanches au vin de Champagne, *à la Chantilly,* bouchées *à la reine,* truites aux truffes entières *à la Pompadour,* faisans à la rocambole, poulardes à l'Urtubie, dindons *à la Villeroy,* canetons, ramereaux, pigeons *à la duchesse,* petits poussins au beurre de Vanves, perdreaux, tourtereaux, cailles au laurier, gigoteaux d'agneaux, pâtés, crépinettes *à l'archevêque,* filets-sauce *à l'extrême bonté,* bouchettes, lapereaux, semelles de faisans à l'espagnole, orillons au basilic, matelotes, pâtés de jambon, pâtés de poularde à la gelée, faisandeaux, cailles bardées, coqs vierges, faons de daims, marcassins, perdreaux blancs, becfigues, écrevisses, gâteaux, millefeuilles, ballons de dindons gras, poires de rousselet, pommes *à la surprise,* pêches au vin rouge, rognons, ragoûts en tortue, cailles à l'estouffade, boudins, filets, ris, ailerons, ballotines, profiteroles, champignons, beignets de blanc-manger, gelées, gimblettes, cardes, huîtres, asperges, abaisses de massepains, œufs pochés au café, cardons à la moelle de faisans, beignets, nougats, babas, gelées, charlottes soufflées, fondues, croquembouches, croquettes, croquantes et croquants. Cuisiniers! marmitons! rôtisseurs par la grâce de Dieu! donnez à toutes ces mangeailles le nom de nos victoires et de vos maîtresses! C'est le droit de vos tournebroches et de vos marmites. Nous vivons sous un roi cuisinier.

Tous les fromages, tous les fruits, tous les cafés, toutes les liqueurs, tous les vins : tout Bordeaux, toute la Côte d'Or, tout le vin d'Aï! Tel était le menu de ces festins nocturnes, où s'engloutissait en victuailles la fortune de nos financiers.

Tout boire et tout manger, tout grignoter, tout souiller, aux hennissements de tous ces cœurs lascifs! Mais quoi! vous seul vous le savez, dieu des ténèbres, des vendanges et de l'imprévu; dieu des bons vins, des jupes brodées, des caves remplies et des licences inassouvies, vous savez si l'orgie atteignit sa plus extrême hauteur sous ces voûtes de la luxure.

Telle était la petite maison, dont le nom seul indignait les jolies prudes de la bourgeoisie.

XXII

JOURNAL D'UNE PROVINCIALE

Maintenant, s'il vous plaisait de savoir l'emploi d'une journée au siècle passé, nous vous raconterions volontiers le journal d'une jeune provinciale, la digne fille d'un receveur général, qui était en même temps un bel esprit du premier ordre. Elle s'appelait Mlle Laurette de Malboissière. Encore enfant, elle brillait d'une grâce ingénue et déjà savante. Elle apprit de bonne heure le grec et le latin; à quinze ans l'espagnol et l'italien n'avaient plus de secrets pour elle; elle lisait Shakespeare en anglais et Klopstock en allemand. Trois fois par semaine arrivaient le maître de mathématiques et le maître à danser, le menuet et les équations allant de compagnie. Elle écrivait à main levée, au jour le jour, des lettres que chacun voulait lire. Elle écrivait en vers, elle écrivait en prose. Elle pouvait raconter les histoires d'Hérodote. Au Tasse elle empruntait son Armide; à l'Arioste son Angélique et son Roland. L'une des premières, elle eut l'honneur d'étudier les premiers tomes de l'*Histoire naturelle* de M. de Buffon, *génie égal à la nature*, disait la statue élevée au Jardin du Roi, par l'ordre de

Louis XVI, qui, lui-même, écrivait de sa main royale le *Naturæ par ingenium*.

Le soir venu, comme il fallait absolument que la jeune Laurette eût un digne emploi de sa soirée, elle allait tour à tour à la Comédie italienne et au Théâtre-Français, et le lendemain des grandes soirées, c'était merveille d'entendre ce jeune esprit raconter à sa jeune cousine la comédie ou la tragédie nouvelle.

« J'étais hier, dit Laurette, à la Comédie italienne, où j'ai vu la petite Camille jouer le rôle de mère dans *Arlequin perdu et retrouvé*. »

Vous iriez à Charmes, non loin de Mantes-la-Jolie, et vous retrouveriez dans le vieux château de MM. de Randon la trace et le souvenir de Laurette. Elle en a laissé, sans le savoir, une description charmante : « Il pleut ; tout notre monde est à la maison ; les hommes jouent au billard, les dames lisent dans le premier salon, et moi je suis restée dans le second à lire et à vous écrire. Ce château est beau, le jardin surtout est délicieux. Il y a des eaux magnifiques et de très-belles promenades. Les appartements, quoique simples, sont fort nobles. J'ai une petite chambre dont les fenêtres donnent sur le parc. Elle est séparée de celle de ma mère par une antichambre et un cabinet ; sa femme de chambre loge dans une petite pièce près de la mienne, et son domestique au-dessus de son antichambre. Je m'amuse assez ici, nous nous promenons beaucoup. Je me lève quelquefois à six heures, et je vais réveiller mon père, qui loge sur le jardin, dans le corps de logis des bains, pour me promener avec lui. Cela dure jusqu'à huit heures ; ou bien, quand je me suis fatiguée la veille, je me coiffe, je m'habille, je travaille jusqu'à une heure et demie. Nous dînons à deux heures; je reste quelque temps au salon, puis je me retire dans ma chambre jusqu'à l'heure de la promenade, qui a lieu ordinairement à six heures jusqu'à neuf. Nous soupons à dix heures. Telle est ma vie. »

On ne parle en ces lieux paisibles que de ballets, de comédies et d'opéras nouveaux. Mme de la Poupelinière a chanté sur le théâtre de Passy le rôle d'Orphée (il ne s'agit pas encore du chevalier Gluck) en présence de la duchesse de Choiseul, de la duchesse de Grammont, du comte de la Marche et de l'ambassadeur d'Espagne. On a sifflé une comédie de Palissot, l'auteur des *Philosophes,* et la chute honteuse de Palissot a fait plaisir à tout le monde.

Voici cependant un grand événement : « Les Anglais vont bombarder Calais (17 juin 1762). » Certes, c'est là ce qui s'appelle une grosse aventure, et cette nouvelle arrivant de nos jours comme une bombe exciterait dans Paris toute une émeute... Eh bien, il y a cent ans, Calais bombardé par les Anglais arrachait tout au plus cette humble réflexion à la jeune Laurette : *On ne croit pas que cela leur serve à grand'chose.* Et la voilà, sur la même page, racontant l'heureuse aventure arrivée à M{md} de Beauffremont, il y a trois jours, lorsqu'elle eut la fantaisie de visiter le château de Bellevue.

« Elle y fut promener jeudi avec Mme de Montalembert. Le roi y arriva quelque temps après elles, et reconnut la livrée de Mme de Beauffremont. « Est-ce que la princesse est ici? — Oui, Sire. — Et avec qui est-elle? — Avec Mme de Montalembert. — Leur a-t-on fait voir tous les appartements? — Oui, Sire. — Sont-elles entrées dans les jardins? ont-elles mangé de nos cerises? — Pas encore, Sire ; on attendait Votre Majesté. — Je vais donc me dépêcher bien vite pour qu'elles puissent en manger à leur tour. » Quand il en eut mangé, il dit à M. de Champcenetz, qui est gouverneur de Bellevue : « Allez bien vite chercher ces dames. » Et pour les laisser libres, il alla à Babiole, une petite maison auprès de là appartenant à M. de Champcenetz. N'est-ce pas là une action d'un bon prince? Que j'eusse été contente si j'avais été là lorsqu'il est arrivé! je l'aurais vu, ainsi que ces dames, de bien près, et sans qu'il m'aperçût. »

Tel était ce prince charmant, un vrai prince de féerie. A peine s'il se doutait, dans les enchantements de ses petites maisons, que les Anglais voulaient bombarder cette ville héroïque. Attendons encore; il verra représenter, au Théâtre-Français, *le Siége de Calais,* au milieu de l'enthousiasme universel.

Huit jours plus tard, un autre événement très-considérable signale la Russie à l'attention publique. En quatre ou cinq lignes la jeune Laurette a raconté cette royale catastrophe :

« Eh bien, ma belle petite, l'impératrice de Russie me semble prendre son parti sans balancer longtemps. Son mari, dit-on, voulait la répudier, on prétend même lui faire trancher la tête, et faire déclarer ses enfants illégitimes, de plus établir le luthéranisme dans ses États; mais elle l'a prévenu, l'a fait enfermer lui-même, et s'est fait déclarer czarine. » Il s'agit de Catherine II.

En revanche, on vous dira tout au long comment un bal public vient de s'établir sur la pelouse de la Muette, en concurrence avec le fameux bal de Vincennes. Ce bal de la Muette est charmant : on y danse, on s'y promène, on y va le dimanche, et la compagnie est encore meilleure qu'à

Vincennes. Un peu plus tard, ce lieu de fêtes aura nom *le Ranelagh*.

Nous n'irons plus au bois, les lauriers sont coupés...

C'est la chanson de Mme de Pompadour.

Encore une nouvelle importante : « On jouait, hier, *Tancrède* et *le Legs* à la Comédie française, et le duc de Bedford était dans une loge. » Or le duc de Bedford venait justement pour traiter de la paix.

A peine si les plus graves événements tiennent autant de place, en cette histoire écrite sous l'émotion du moment, qu'un serin qui s'envole, un chien perdu, ou la mort d'un singe favori. Évidemment, toutes les choses sérieuses étaient au second plan. Tout le monde ignore ou semble ignorer la menace ou le danger de l'heure présente. A peine on entend un murmure, une plainte, une espérance; on ne voit que la surface, on s'arrête uniquement à ce qui plaît. La décadence est invisible et se fait à peine sentir. Ces grands livres qui paraissent coup sur coup : *l'Esprit des lois*, l'*Histoire naturelle*, l'*Essai sur les mœurs*, l'*Encyclopédie* elle-même, et tant de grandes œuvres qui sont grosses d'une révolution, Laurette qui sait tout, on dirait que c'est à peine si tous ces bruits sont venus à son oreille. Elle ne voit, elle ne sait et n'entend que les cantiques, les louanges, les *Te Deum*. Ces vastes famines, ces misères sans nom, ces faillites d'argent et d'honneur, cet abaissement des âmes et ces conquêtes de l'esprit, Laurette n'en sait rien. Elle vous dira plus volontiers les sept églogues de Virgile qu'un seul des épisodes sanglants de la guerre de Sept ans. Innocence est le mot très-inattendu de cette idylle en plein dix-huitième siècle.

Écoutez Laurette : elle se félicite en son patois de son *cold warm hearted*, c'est-à-dire d'avoir *un cœur mêlé de chaud et de froid.* Cette froideur est d'un bon présage au milieu de passions brûlantes, à l'heure de *la Nouvelle Héloïse* et de *Manon Lescaut.* On s'aperçoit à chaque instant que Laurette habite assez loin de la cour. Elle n'en sait que les histoires les plus décentes ; pas un des hommes sages et pas une des honnêtes femmes qui l'entourent n'oserait lui parler des scandales de Versailles. Ses livres favoris se composent de l'*Histoire de l'Angleterre,* de l'*Histoire des abeilles* et des *Idylles de Gessner,* traduites par Didot, qui ne s'en vante guère. Du grand Diderot, maître ès arts, docteur en philosophie, Laurette n'a jamais lu que ce poëme innocent : *le Premier navigateur.* Un beau jour quelqu'un lui prêta *Gil Blas,* et cette enfant qui lisait Tacite à livre ouvert, que rien n'étonnait dans les hontes et dans les crimes des empereurs, cette enfant qui disait : « Je les ai vus quelque part, eux et leur suite, » oubliant qu'elle était à quelques lieues de Luciennes, elle ne comprit pas grand'chose au roman de le Sage. Elle ne vit pas que, dans son *Gil Blas,* le Sage avait représenté le caprice et le courant de la vie humaine, et que le lecteur, à chaque page, pouvait s'écrier : « Je reconnais mes propres aventures. » Laurette en savait trop peu pour en savoir tant que cela. Cependant elle a très-bien compris plusieurs des choses et des personnages du règne actuel. Par exemple, à ses yeux, cette femme habile entre toutes les femmes de la cour de Louis XV, que sa mère avait tout exprès élevée afin que d'un bond elle pût atteindre *aux honneurs* de la maîtresse régnante, Mme de Pompadour, n'était rien moins qu'un simple ministre absolu dirigeant les affaires de l'État. De tout le reste elle savait peu de chose; elle ignorait les commencements de la dame et son origine de fille d'un boucher, de petite-fille d'un pendu. Ce qu'elle savait de Mme de Pompadour, c'était sa passion pour le théâtre, et son petit talent de comédienne, et sa voix de fausset qui lui servait à chanter le rôle de Colin dans *le Devin du village* :

> Non, Colette n'est point trompeuse,
> Elle m'a donné sa foi...

Mme de Pompadour avait profité de la gloire et des succès de Fontenoy; elle s'était trouvée de plain-pied avec le maréchal de Saxe et le maréchal de Richelieu. Les poëtes et les gens de lettres, Voltaire en tête, et ce n'est pas le plus beau moment de son histoire, s'étaient faits les flatteurs en titre de cette infante. Elle avait compris confusément que l'opinion publique obéissait volontiers à l'autorité de *ces gens-là*, comme disait Louis XV. Puis, quand la malheureuse eût joué tous ces rôles, soulevé la guerre de Sept ans, chassé brutalement le dernier des Stuarts de ce Paris qui avait toujours été l'asile des rois détrônés; quand elle eut bâti une douzaine de maisons de plaisance, dépensé sans compter l'argent du trésor royal; quand elle eut appelé à son aide le Parc-aux-Cerfs et ses hontes, peuplé la Bastille, et jeté un désordre infini dans ce royaume aux abois, la voilà qui disparaît. Elle meurt d'une mort obscure, et le roi, voyant passer son cercueil à travers un brouillard, se prit à ricaner. « Mauvais temps, disait-il, pour le dernier voyage de la marquise! »

A la même heure, notre jeune provinciale était occupée également de son serin, de son singe, de son chien et de Mme de Pompadour: « Mon serin est mort tout couvert d'abcès. Brunet, mon singe, allait beaucoup mieux ; il me faisait toutes sortes de caresses. Le voilà mort, en même temps que notre jeune archiduchesse. On dit que Mme de Pompadour est très-malade.

« Voudriez-vous bien, ma chère petite, rendre un grand service à un pauvre chien que nous avons, que mon père avait fait dresser, et à qui nous voudrions trouver une bonne place, n'ayant aucun besoin de ses services? Vous le connaissez peut-être, c'est Aldobrandin ; il est grand, beau, bien marqué de feu et très-doux. Proposez-le à M. le marquis de la Grange ; il pourrait l'envoyer à une de ses terres où cet animal vivrait heureux, maman ne voulant pas absolument le garder. Je ne puis vous dire s'il est grand chasseur, car il n'a encore vu de gibier que chez son garde. Vous me feriez un grand plaisir, mon cœur, si vous vouliez en parler à M. de la Grange. Si vos éloges pouvaient le tenter et qu'il voulût l'accepter, vous auriez la bonté de me le faire dire et je vous enverrais le chien.

« Tout le monde disait ce matin que Mme de Pompadour allait un peu mieux.

« Prêtez-moi, s'il vous plaît, votre serinette. J'ai un petit serin qui commence à chanter. Nous allons samedi à l'Opéra... Elle est morte enfin, cette pauvre marquise. Adieu, mon petit cœur, j'ai mal à la tête ; je vais me déshabiller, souper, me coucher et faire de jolis rêves. Si de votre côté vous savez quelques nouvelles, des mariages, des morts, des pièces tombées, vous m'en ferez part. »

Et voilà tout : plus un mot de la défunte, et pas un mot des révolutions de Versailles, du timide Dauphin, de Mme Adélaïde, des greniers d'abondance et de l'horrible pacte de famine. Pas un mot du parlement exilé ; mais, en revanche, une assez jolie histoire du parlement de Toulouse. Il venait de chasser les jésuites comme on les avait chassés de Paris ; mais les femmes de messieurs les conseillers et des principaux de la ville, fâchées de l'arrêt qu'avaient prononcé leurs maris, les unes parce qu'elles avaient leurs enfants chez ces Pères, et les autres leurs directeurs, se sont mises d'un commun accord dans un couvent. Les maris, à leur retour, ne trouvant plus leurs femmes, se sont assemblés et ont donné un arrêt par lequel ils leur enjoignaient de demeurer un an au couvent aux frais des religieuses qui les avaient reçues.

« J'ai acheté ce matin trente volumes latins et grecs de la bibliothèque des jésuites. » En effet, c'était pour le moins la seconde fois que la maison professe des jésuites de Paris avait vu se perdre aux quatre vents du ciel les nombreux livres qui portaient son chiffre et qui le portent encore de nos jours.

« Aujourd'hui, dit-elle, après avoir lu Locke et Spinosa, fait mon thème espagnol et ma version italienne, j'ai pris ma leçon de mathématiques et ma leçon de danse. A cinq heures est arrivé mon petit maître de dessin, qui est resté avec moi une heure un quart. Après son départ, j'ai lu douze chapitres d'Épictète en grec, et la dernière partie du *Timon d'Athènes* de Shakespeare... » Le reste de la soirée appartenait au théâtre. On donnait *Héraclius* et *le Cocher supposé*, et, fouette cocher ! on rentre au logis. On soupe, et voici le menu de ce repas simple et frugal : « Une bonne et franche soupe à la paysanne, sans jus, sans coulis, avec de la laitue, des poireaux et de l'oseille ; un petit bouilli de bonne mine, du beurre frais, des raves, des côtelettes, bien cuites, sans sauce, une poularde rôtie excellente, une salade délicieuse, une tourte de pigeons, une de frangipane, et des petits pois accommodés à la bourgeoise : voilà tous les plats qui parurent sur la table. Au dessert, nous eûmes un fromage à la crème, des échaudés, des confitures, des bonbons et des abricots séchés, et pour que *finis coronat opus,* on nous servit du café que j'avais fait moi-même. » Le lendemain, Laurette achète encore un beau Dante en maroquin à la vente des jésuites. Le même jour, elle va visiter au Louvre l'atelier de Drouais le fils.

« Nous y avons vu le portrait de Mme de Pompadour, qui est réellement une très-belle chose. Elle travaille sur un petit métier; son attitude est très-noble; sa robe est de perse garnie en dentelle et de la plus grande beauté. Son petit chien cherche à monter sur son métier. »

A la campagne, chez ses nouveaux hôtes, Laurette habite une belle chambre, et la description de son appartement, entre deux tourelles, sera la bienvenue après le récit de son dîner :

« Je suis dans une grande et assez belle chambre; mon lit est cramoisi, brodé en nœuds blancs; sur ma tapisserie sont des chars, des gens montés dessus, des chevaux pomponnés, des curieux aux fenêtres, etc. J'ai pour meubles une commode, une cheminée, une chaise longue autrefois de damas bleu et blanc, six chaises en tapisserie, deux fauteuils, un crucifix, le portrait du père et de la mère de notre châtelain. J'ai vue sur l'eau et sur le parc; mais mon cabinet de toilette est délicieux; il se rapproche (ce vendredi au soir) de la description de votre futur château. Il y a deux fenêtres étroites, dont l'une est au nord, et donne sur la partie la plus large du fossé et sur un paysage charmant. Il est meublé en indienne, bleu et blanc; a une cheminée et une petite glace; c'est là où couche ma gouvernante, Mlle Jaillié. »

C'est à la campagne que Laurette fait jouer ses propres comédies; et comme elle est heureuse quand elle peut ramasser, dans les châteaux environnants, une troupe de comédiens! Le soir même de la représentation d'*Eudoxe* fut signalé par toutes sortes d'accidents.... « J'étais dans la coulisse attendant ma réplique, et j'entre enfin avec mon *Florimont*, qui débite d'un ton glacial les choses les plus pathétiques. Nous rentrons ensemble; la scène entre nous se passe assez bien. Mais comme ma voix était exténuée, les spectateurs m'entendent à peine. Tout va passablement jusqu'au moment où un laquais vient dire à Florimont que *Léontinus* le demande; Saint-Jean débite cette phrase d'un ton si emphatique que tout le monde part d'un éclat de rire. Nous nous remettons encore, et tout va presque bien jusqu'à la scène de reconnaissance entre Eudoxe et Florimont; mais dans l'instant où Florimont se jette aux genoux d'Eudoxe, qui le tient embrassé, ils tirent tous deux leurs cahiers de leurs poches et lisent ce qu'ils doivent dire. Je leur fais de loin des reproches. « Eh! s'écrie M. Loiseau, je savais mon rôle ce matin à merveille dans mon lit! » Ils finissent cependant. Les spectateurs ont la bonté de ne point siffler, et moi celle de ne point les étrangler dans le passage. »

C'étaient là ses jours de fête et ses grands plaisirs. Son bel esprit s'en donnait à cœur joie. Eh bien, lorsqu'il fallait se mettre au niveau des bonnes gens de la campagne et partager leurs amusements, la belle et bonne Laurette était la première à les encourager : « Il y avait eu le matin dans notre village un mariage auquel nous avions assisté, et le soir toute la noce était venue danser au château. La mariée n'est point jolie, elle n'a que de belles dents et vingt-deux ans. Le marié est fort laid aussi : trente-cinq ans, et n'est point de ce village-ci. J'ai presque toujours dansé avec lui, et mon cousin avec son épouse. Ils viennent encore ici aujourd'hui pour faire le lendemain. »

Et pendant que cette aimable enfant s'amuse avec tant de belle grâce innocente, le palais de Versailles, le parlement de Paris, le peuple ameuté, la guerre menaçante et la faim partout.

« Sire, disait le vieux duc de Noailles, j'ai vu l'horrible année 1709 ; nos peuples avaient faim, nos soldats avaient peur, nous étions moins bas qu'aujourd'hui. » Voilà ce que l'on disait à cette Majesté endormie ; elle était ignorante du danger, elle ne redoutait que l'embarras. C'est en vain que Frédéric le Grand se manifeste ; intrépide au danger, seul contre tous les rois de l'Europe et leurs maîtresses, habile et patient, lettré, philosophe et poursuivant de son gros rire les deux impératrices : celle d'Autriche et celle de Russie ; on dirait que le roi de Versailles a des yeux pour ne rien voir, des oreilles pour ne rien entendre. Il fait pitié à Frédéric, roi du champ de bataille, subissant toutes les intempéries ; soldat le jour, roi la nuit, compagnon de ses soldats et rimant des vers pour Voltaire. J'admire en ce moment par quel excès d'innocence et par quel excès d'abaissement la Laurette villageoise et le roi des petits appartements arrivent à la même ignorance. Elle ne sait rien des événements et des aventures dont s'entretient l'Europe entière. Il ignore absolument dans quel abîme il entraîne à sa suite une monarchie que Louis XIV croyait avoir fondée sur une roche inébranlable.

Et pendant que le roi de France est sans remords, Laurette est sans crainte. Elle ne voit pas que déjà la mort s'avance ; elle souffre, elle est malade, elle éprouve je ne sais quoi semblable à l'ennui. Sa jeune amie et confidente, hélas ! la voilà qui se marie. Ah ! pauvre Laurette ! Un jeune homme, un certain Lucenay, son cousin, au cœur tendre, à l'esprit frivole, elle l'aime un peu, beaucoup, passionnément... pas du tout. Le charmant Lucenay a délaissé la charmante Laurette ; il aime ailleurs. Il va, il vient, on lui pardonne : « Zeste ! le voilà qui s'échappe encore ! » Ah ! le fourbe ! elle pleure, elle rit, elle oublie. Avant toute chose, elle était une fille de bon sens. Elle avait également le grand art de détourner la vue à propos, ce qui était le plus sage et le plus difficile de tous les arts sous le roi Louis le bien aimé.

Un jour qu'il était à sa fenêtre des Tuileries (le jour même de la Saint-Louis), le roi découvrit, de son regard blasé, dans cette foule ivre de joie, une belle jeune fille au bras de son grand-père, un vieux chevalier de Saint-Louis. Comment se fit-il que ce vieillard eût si bien remarqué cette fillette, et qu'il l'eût si merveilleusement dépeinte à Lebel, son valet de chambre ? Toujours est-il qu'un simple coup d'œil suffit à ce satrape d'Asie, et la plus simple indication à l'esclave de ses plaisirs, pour que l'instant d'après, dans l'agitation de cette foule pressée, la jeune fille, arrachée au bras de son vieux père, disparût, en appelant, mais en vain, à son aide. Huit jours après l'enlèvement de Mlle de Romans (je vous écris à vingt pas de son jardin), Laurette en parle à demi-mot : « Faut-il donc la plaindre ou la blâmer ? » dit-elle.

A coup sûr, il faut la plaindre, et tout de suite elle

revient aux petits événements de la journée. Hier, le bon peintre Michel Vanloo, le digne frère du célèbre Carle Vanloo, a représenté Laurette en Melpomène, et le soir elle apprenait la mort du pauvre d'Alembert. Le surlendemain, l'éloquent M. Thomas remportait le prix de l'Académie, avec le plus curieux de ses éloges, l'éloge de Descartes. On voyait bien que M. d'Alembert n'était pas assis parmi les juges.

Peu à peu, cependant, tout s'assombrit dans ces lettres charmantes. Ce n'est pas sans un déchirement de cœur que la jeune fille a brûlé la prose et les vers du jeune M. de Lucenay. En vain elle veut s'en consoler en lisant l'illustre Pope; elle s'ennuie. A peine elle a dix-neuf ans qu'elle dirait volontiers, comme autrefois Valentine de Milan : *Rien ne m'est plus, plus ne m'est rien*. C'est qu'en effet la voilà qui se meurt. Pourquoi vivre encore? Son amoureux l'a quittée et son amie est mariée. Il n'y a rien de plus triste et de plus doux que les derniers jours de l'aimable Laurette. Elle met en ordre toute chose, et puis elle dit : « Je voudrais voir M. Tronchin. » C'était le médecin à la mode. Voltaire et Mme du Châtelet l'avaient signalé comme infaillible... le pauvre d'Alembert venait de mourir entre ses mains. Il se rendit chez Laurette, et cet homme, lassé de tout, qui tenait, palpitant sous son regard sérieux, les évêques, les philosophes, les jansénistes, les molinistes, tous les démons de l'*Encyclopédie* et toutes les duchesses de la cour ; Tronchin, qui avait vu partir, dans un sanglot, l'âme ambitieuse et légère de Mme de Pompadour; Tronchin, le témoin de tous les désespoirs silencieux, de toutes les douleurs muettes et des plus terribles agonies que contenaient ces temps de désordre et de doute, comme il dut être étonné et charmé de cette enfant résignée et calme, et regardant la mort sans pâlir!

Ainsi, la bonne conscience et le détachement des choses de ce bas monde entourent jusqu'à la fin la jeune et savante Laurette d'une grâce ineffable et d'un respect irrésistible. Elle est vraiment la violette au milieu des tubéreuses, le bluet dans un bouquet de pivoines, le brin de serpolet sous les roses épanouies au souffle brûlant de Luciennes ou de Trianon.

XXIII

LA FINANCE

Ces messieurs des Fermes générales ont souvent donné le signal à de grands artistes. Ils ont tenté de grandes entreprises, et les amis des livres leur doivent, entre autres galanteries, la belle édition de la Fontaine, dite des Fermiers généraux. Ils ont fait autour d'eux plus d'une grande fortune à plus d'un poëte, et qui les voudrait juger justement d'après ce la Fontaine des Fermiers généraux, commettrait une grande injustice. Au contraire, ils étaient plusieurs qui firent voiler plusieurs de ces gravures trop licencieuses, et ces épreuves ainsi corrigées sont très-recherchées des amateurs de livres.

On vous racontera que plus d'un, parmi ces messieurs, a poussé jusqu'à l'excès le dévouement à son maître et l'amour de sa maîtresse. Il y avait le financier Bourette, qui était l'homme à la mode. On portait tout à la Bourette : habits, chapeaux, carcans de pierreries à la Bourette. Il fit bâtir un pavillon dans la forêt de Sénart et dépensa trois millions pour le bonheur de voir Sa Majesté le Roi manger sous son toit doré une seule pêche.

A côté de Bourette il y avait M. de Beaujon, chez qui on

admirait toutes les violences que l'argent peut faire à la nature : les bassins, les ruisseaux, les jeux de l'eau obéissante aux caprices du maître. Il était, ce Beaujon, le digne héritier du fameux Pâris de Montmartel, de Magnan de la Balue, et de tous les tyrans de l'Artois, de la Bourgogne, du Languedoc, du Béarn, de la Bretagne et de la Provence. On ne parlait que des berceuses de M. de Beaujon : six berceuses des plus belles et des plus jolies chargées de l'endormir.

Il y avait aussi M. Boutin, qui marchait à trente-six chevaux, six carrosses, un fourgon, neuf grands paniers d'osier, douze malles couvertes de peau de sanglier, quinze écuyers en habits bleus galonnés d'argent et quatre piqueurs. N'oublions pas M. Gauthier de Mondorge et le fameux Baudard de Saint-James, qui s'en fut chercher dans la forêt de Fontainebleau un rocher qu'il transporta en moins d'un an dans un coin du bois de Boulogne ; et M. de Brunoy qui dépensait, dans une seule procession, deux cent mille livres ; à telles enseignes qu'il a mangé vingt-quatre millions et que, dans l'église qu'il a bâtie, il a fini par être chassé du banc seigneurial.

Voilà des seigneurs ! voilà pourquoi tant de bruits si considérables autour de ces noms de la finance ! Ils ont tenu leur place ; on les a tués en place de Grève. A cette heure encore, nous sommes contents si nous parvenons à saluer quelqu'un des chefs-d'œuvre qui leur ont appartenu.

Au premier rang de ces faiseurs de chefs-d'œuvre il faut placer maître André Boulle, ébéniste de Louis XIV et de Louis XV. Il avait construit le bureau de Samuel Bernard, qui lui fut payé cinquante mille livres, et qui se vendrait aujourd'hui plus de cent mille écus. André Boulle est un génie. Le roi le logeait en plein Louvre et n'avait jamais assez de ses ouvrages. Il y avait dans ce Louvre une suite d'artisans et d'artistes : le peintre Guernier, Nicolas Boulle, brodeur, Calliard et Pierre de la Barre, orfévres, émailleurs, ébénistes. André Boulle était aussi faiseur de marqueteries, doreur et ciseleur. Louis XIV l'avait nommé premier menuisier de sa maison; il inventait, pour plaire au roi, des meubles d'une admirable ordonnance. Il avait fait pour Monseigneur et madame la Dauphine un cabinet qu'il appelait son chef-d'œuvre. Un de ses clients, M. Crozat l'aîné, lui fit un procès pour diverses pièces d'ameublement : quatre piédestaux, un socle et deux armoires, que M. Crozat lui avait commandés, et Boulle perdit son procès. Il mourut pauvre, un incendie ayant dévoré sa collection de meubles et de tableaux, un Berghem, un Snyders, un Paul Bril, trois le Brun, une bataille de Bourguignon ; à ces tableaux il fallait joindre les estampes pour lesquelles il avait refusé une terre et une métairie. La flamme avait dévoré plus d'un million, et le malheureux, qui ne s'en consola pas, mourut en 1732, à quatre-vingt-neuf ans. Il fut inhumé à Saint-Germain l'Auxerrois.

XXIV

L'ÉTIQUETTE

Au-dessus de la loi, au-dessus de la religion, au-dessus du roi, au-dessus de tout, il y avait l'étiquette.

L'étiquette était à la fois une chose sacrée, terrible, ridicule et cruelle.

Elle était la discipline de la majesté.

Grâce à l'étiquette, le cœur n'était compté pour rien dans la joie ni dans la douleur des princes.

Rire était contre l'étiquette; pleurer était contre l'étiquette.

A force de soumettre leurs sentiments à ces règles du cérémonial, ces grands seigneurs arrivaient à n'avoir plus de cœur; les affections, les longues habitudes d'intimité, tout ce qui fait le charme de la vie devait s'effacer devant le cérémonial.

Un duc et pair, un prince du sang, un ministre, le roi lui-même, osaient enfreindre les lois; ils n'auraient pour rien au monde transgressé les prescriptions de l'étiquette.

La mort de Mme la marquise de Pompadour nous en donne un grand exemple.

De son vivant, elle était plus que reine; morte, elle n'appartient plus à rien de ce qui touche aux grandeurs de la terre; elle échappe à toute étiquette; il n'y a pas de chapitre au cérémonial pour régler les honneurs qu'on peut rendre à une femme qui a été tout ce que la fantaisie peut rêver, qui n'a été rien de ce que la réalité officielle accepte. On l'enterre avec moins d'éclat qu'une simple boutiquière de la rue Quincampoix.

Et derrière la vitre d'où il regarde passer la dépouille de celle qui fut l'arbitre de ses joies et de ses dissipations, le roi Louis XV ne trouve qu'un mot : « Pauvre marquise! elle s'en va par un bien mauvais temps! » C'est odieux, mais l'étiquette n'en permettait pas davantage.

Il y avait l'étiquette de Versailles, la grande, la solennelle.

Il y avait l'étiquette de Marly, de Trianon, de Compiègne.

Enfin, quand le roi, accablé de ces grandeurs, désirait une vie plus simple, il faisait un voyage à Choisy, à Crécy ou à Bellevue.

A la cour, toute chose avait son cérémonial obligé, réglé par les décisions d'un conseil qui avait pour mission de sauvegarder les droits, de peser toutes les prétentions.

Les règles de l'étiquette ont été formulées au détriment de la liberté des rois par les grands du royaume, pour s'assurer des charges honorifiques et des prérogatives inaliénables.

Il y avait un cérémonial pour la naissance du Dauphin; il différait de celui qu'on observait à la naissance des princesses ou des princes puînés.

Il y avait un cérémonial pour les mariages, pour les enterrements; il y en avait un pour les lits de justice, les réceptions du parlement, les visites des échevins de Paris, les réceptions d'ambassadeurs, selon l'importance des gouvernements représentés ; pour les serments, les hommages féodaux, les révérences.

Il y avait un cérémonial pour chaque acte particulier de la vie domestique, depuis le lever jusqu'au coucher.

L'étiquette des appartements du roi, de la reine et du Dauphin formait à elle seule un gros volume de prescriptions minutieuses.

Il y avait six sortes d'entrées chez le roi :

Entrées familières ; le roi était dans son lit ;

Entrée de la garde-robe ;

Entrée des brevets ; le roi passait de sa chambre à coucher dans la chambre où il devait s'habiller ;

Entrée de la chambre ; elle avait lieu au moment où le roi allait faire ses ablutions ;

Entrée après la chambre ; elle était particulière aux ducs et pairs, aux maréchaux de France et à ceux des seigneurs qui y étaient admis par faveur ;

Entrée générale, au moment où la chemise allait être présentée au roi.

Il fallait être prince du sang pour avoir le droit de prendre la chemise des mains du grand chambellan et la passer au roi. Les princes du sang avaient également le droit de prendre la serviette des mains du premier maître d'hôtel pour la donner à Sa Majesté. Ce fut une grande joie dans la maison de M. le duc du Maine, lorsque l'ordonnance de 1723 lui accorda, ainsi qu'à M. le comte de Toulouse, le droit de la chemise et celui de la serviette.

Un jour, le vieux maréchal de Richelieu présente la robe de chambre au roi. Sa Majesté, occupée à parler chasse, né l'aperçoit pas, et va causer avec un chasseur qui était du côté opposé. Le maréchal, les bras tendus, le suit en chancelant ; Louis XV, plein de son sujet, revient à l'endroit d'où il était parti. Le maréchal, toujours nanti de la robe de chambre, revient sur les pas de son maître, qui fait encore quelques tours sans le voir ; et cette scène, qui dura quelques minutes, ne fut pas suffisante pour déterminer M. de Richelieu à renoncer aux honneurs de présenter un vêtement et un chapeau.

Parmi les particularités bizarres de l'étiquette, il suffira d'indiquer le cérémonial obligé pour le bouillon du roi.

Lorsque le bouillon est apporté par l'écuyer de la bouche, l'officier du gobelet et le contrôleur ordinaire de la bouche, l'huissier annonce au premier gentilhomme de la chambre les seigneurs qui ont le droit d'assister à la prise du bouillon. L'entrée du bouillon, les jours de médecine, subissait une légère modification. Le premier médecin, les médecins, chirurgiens et apothicaires ordinaires de quartier, devaient y assister. Dans le conseil du cérémonial du mois d'avril 1757, il fut décidé qu'à l'avenir le premier maître d'hôtel assisterait à tous les bouillons. Cette décision fut prise un jour que l'écuyer de la bouche et ses deux acolytes ayant été retenus par un service extraordinaire et non prévu, le roi avait été privé de son bouillon. Il était beaucoup moins grave de supprimer la collation du roi que de la lui faire présenter par un serviteur dont ce n'était pas la fonction.

Dans les dernières années de son règne, Louis XV se plaisait à échapper à l'ennui du cérémonial.

Un petit hobereau de province, venu à Paris pour étudier le droit, rêvait dans sa mansarde aux splendeurs de la cour.

« Si je pouvais parler au roi, se disait-il, ma fortune serait faite ! » Et, tous les jours il errait autour des grilles du château, montrant sa figure éveillée aux gardes, aux huissiers; saluant, d'un air d'intimité, quelques grands seigneurs qu'il avait coudoyés au théâtre ou rencontrés dans deux ou trois salons où il avait accès.

Enfin, apprenant que le roi était à Trianon, il y courut. Mais il n'était pas facile de franchir les grilles de ces jardins : il y avait à chaque porte un hallebardier, qui vous barrait le passage.

Cependant notre jeune homme saluait à droite, à gauche, toutes sortes de figures connues ; mais apercevant l'aumônier de quartier, qui était justement son compatriote, il lui prit le bras et entra bravement.

Le roi se promenait dans les jardins. Notre jeune homme se tenait sur ses pas, et contemplait Sa Majesté d'un regard si tendre et si persistant, que Louis XV finit par vouloir connaître la cause de l'assiduité de ce jouvenceau de bonne mine.

D'un geste, il l'appela devant lui.

« Au bout du compte, Monsieur, lui dit-il brusquement, que voulez-vous ?

« — Le bonheur de voir Votre Majesté, Sire. »

Cette réponse, faite avec l'effusion d'un cœur naïf et sincère, décida de son sort.

« Votre nom ? demanda le roi.

« — Le chevalier de Non, Sire.

« — Eh bien, Monsieur le chevalier de Non, vous serez toujours le bienvenu à Versailles. »

Dès le lendemain, le roi se plaisait à causer avec lui, à l'interroger, à rire de ses reparties ; et comme l'étiquette interdisait à ce jeune inconnu l'entrée des appartements, il le nomma, pour commencer, gentilhomme ordinaire de la chambre. Il avait alors dix-huit ans. Deux ans plus tard, il était secrétaire d'ambassade et bientôt après ministre plénipotentiaire.

Cet audacieux, le seul peut-être qui, pendant toute la durée du règne, eût osé violer l'étiquette et tirer profit de ce méfait, n'était autre que le savant et illustre Vivant de Non, surnommé depuis, par Napoléon, l'*homme universel et indispensable*.

XXV

L'ALMANACH ROYAL

Nous voilà déjà bien loin de l'*Almanach royal*!
C'était alors le recueil nécessaire des noms les plus glorieux de cette maison de Bourbon, qui prétendait n'avoir pas d'égale sous le soleil. A chacun de ces noms, devant lesquels chacun s'inclinait, les Français peuvent répondre aujourd'hui : *Mort sur l'échafaud!* Le roi? la reine? Madame Élisabeth de France? morts sur l'échafaud! Après ces noms augustes, l'*Almanach royal* inscrivait sur sa liste fastueuse tous les grands dignitaires de l'Église et de la cour, les cardinaux, les archevêques, les évêques, les abbés commendataires, — décapités, dépouillés, mis en fuite, écrasés sous les débris du trône et de l'autel! Venaient ensuite les parlements, les cours souveraines, les commensaux de la maison du roi, les secrétaires du roi, au nombre de neuf cents, auxquels il était enjoint *de porter leurs écritoires honnêtement*. Après quoi brillait du plus vif éclat cet ordre royal, le plus beau et le plus admiré des ordres de l'Europe, avec la Jarretière et la Toison d'Or, l'ordre du Saint-Esprit, et ensuite l'ordre de Saint-Louis, et les ordres de Saint-Lazare, de Jérusalem et de Notre-Dame du Mont-Carmel, et l'ordre

de Saint-Michel, chevalerie instituée par Louis XI, chevalerie bourgeoise et roturière comme le roi qui l'avait créée.

Quel tapage c'était alors pour occuper dans l'*Almanach royal* rien qu'une ligne, et comme on se disputait pour savoir à quelle page, à quel endroit de la page ! Grandes batailles, dont le souverain juge, après le roi, était M. Chérin, un homme qui savait les ascendants et les descendants, les agnats et les cognats de toutes les familles nobles de la France, seulement depuis Adam ! A M. Chérin nul n'était assez habile ou assez hardi pour demander une injustice ; il donnait à chacun et à tous ce qui leur revenait d'autorité et de respect. Celui-ci, nommé d'hier, obtenait à peine de M. Chérin le *messire ;* tout au plus lui disait-on *Monsieur le chevalier, Monsieur l'écuyer.* Les nouveaux anoblis étaient les plus petits de l'échelle de la noblesse ; venaient ensuite, déjà plus importants dans le nobiliaire de France, MM. les membres des douze parlements du royaume, de la cour des Comptes, de la cour des Aides, de la cour des Monnaies ; les maîtres des requêtes, les grands baillis, généraux, gouverneurs, les lieutenants généraux d'épée. Que si vous aspiriez à l'honneur très-envié de monter une fois en toute votre vie dans les carrosses du roi, ce qui vous donnait le droit de suivre le roi à la chasse et d'être présenté à la cour, M. Chérin exigeait vos preuves de noblesse, des preuves certaines, authentiques, non interrompues, depuis l'an 1400 tout au moins. Aviez-vous par bonheur un siècle de plus sur la tête de vos ancêtres, M. Chérin vous faisait un beau salut par dessus le marché. On n'était pas aussi sévère quand il s'agissait de choses moins importantes que de monter dans les carrosses du roi. Par exemple, pour être page de la grande ou de la petite écurie; pour être page de la chambre du roi, voire de la chambre du duc d'Orléans, de M. le prince de Condé ou de M. le duc de Penthièvre, il ne fallait que deux cents ans de noblesse. Il n'en fallait guère moins pour porter la chaise percée du roi. Quand Sa Majesté prenait médecine, ladite chaise était portée l'épée au côté et en grand cérémonial. Quoi d'étonnant? le grand maître de la garde-robe était M. le prince de Condé en personne.

Versailles, en ce temps-là, savait le blason. Il connaissait les oiseaux : aigle, paon, coq, canette et merlette. Il connaissait les poissons : dauphin, barbot, chabot, coquille. Les plantes, les fleurs, les fruits héraldiques, les raves tigées et feuillées, il les préférait à toutes les fleurs des jardins et prairies. Il se retrouvait sans peine en tous ces *casques, couronnes, chausse-trapes, écussons, gonfanons*; enfin, pour conclure, comme il portait deux fleurs de lis dans ses armes, il avait toujours à la bouche la devise de la maison de Bourbon : « Les lis ne travaillent pas! » Dans cette abrutissante étude, Versailles avait un immense orgueil.... l'orgueil est tombé en même temps que les pierres taillées et sculptées de ces anciennes maisons. Tout a changé, la forme et le fond. Ils sont morts, ces propriétaires des grands hôtels, dont le nom était inscrit sur un marbre.

Mais aussi quel orgueil dans ce Paris des révolutions et des tempêtes! quelle résistance aux volontés du maître, quelle ironie infatigable et quelle émeute au premier prétexte! « Ah! si tu m'appartenais, s'écriait Pierre le Grand avec un geste de menace, je te renverserais, je te ferais brûler; tu ne serais plus qu'un village, si j'étais roi de France! » Il était prévoyant, cet empereur de Russie; il avait deviné que cette tête immense de la France entraînerait dans un jour prochain la ruine et la chute de ce grand corps.

Pour conclure en tous ces détails qui touchent à la noblesse, on remontera jusqu'au livre intitulé : *Mémoires historiques*, par Amelot de la Houssaye, et l'on verra comment, en 1722, les plus grands seigneurs étaient traités par un esprit net et droit. Écoutez l'auteur, il vous dira que « les Bouillon ne sont pas princes d'Auvergne » ; à l'entendre, « les Luynes sont très-heureux que le connétable soit mort jeune ». Il vous dira bien autre chose vraiment. Les l'Aubespin se sont entés sur les vieux l'Aubespin d'Orléans. La Feuillade n'est point d'Aubusson. Les Béthune-Châtillon ne sont point ce qu'ils disent. Bossuet, l'évêque de Meaux, entreprit l'archevêque de Cambrai par jalousie et non par religion. Les Harlay ont écartelé d'armes qui ne sont pas à eux. Mézeray a vendu aux d'Effiat un bisaïeul qu'ils n'avaient pas. Le marquis de la Rivière, gendre de Bussy, est petit-fils d'un laquais, qui trouva et rapporta un billet de 800,000 livres après la mort du maréchal d'Ancre. Les Valençay descendent du valet de chambre d'un duc de Bourgogne, à qui il vola ses pierreries après sa mort. Les Monchal viennent d'un apothicaire d'Annonay, en Vivarais. Le duc du Lude, en épousant une Feydeau, dit qu'il s'était réfugié dans une boutique parce que ses créanciers le voulaient mener à l'hôpital. Nogaret est moins que rien. Le cardinal de Furstemberg était un milord avec les femmes et n'est parvenu que par elles. Les Clermont ne sont point Tonnerre.

Or, tous ces nobles, vrais ou faux, sur lesquels il y avait tant à gloser, si vous saviez comme ils étaient avides et souvent cruels! Le jeune duc de la Meilleraie, en conduisant lui-même sa propre chaise, renverse une femme au coin de Saint-Sulpice. Un prêtre arrive et fait des remontrances à ce jeune seigneur.... Il reçoit un coup de fouet dans la figure, et il fallut enfermer le duc à la Bastille pour satisfaire l'opinion publique. Dans cette même Bastille, un jour que l'on transportait un prisonnier d'une chambre à l'autre, il résiste, il se défend avec une fourche. On le tue à coups de fusil, après quoi on fait le procès au cadavre, et ce malheureux corps est traîné sur la claie et pendu en Grève, par les pieds, chacun s'indignant de cette inexplicable cruauté.

XXVI

HISTOIRE DE LA COMTESSE DE VALMONT

Le comte de Valmont, chevalier de Saint-Louis, avait fait toutes les guerres qui signalèrent si tristement le milieu du règne de Louis XV, et, sitôt qu'il pût rentrer dans sa maison, il y revint très-fatigué de ces longues batailles, et poursuivi dans ses rêves par le spectacle affreux de ces villes renversées et de ces peuples égorgés pour des causes si futiles. Pour tous les soldats, la guerre est une profession terrible; elle était, pour le comte de Valmont, un métier plein d'ennuis et de remords. Il n'aimait pas la guerre. Une fois même, il fit bien rire à ses dépens, lorsqu'à l'avant-garde, où il se tenait avec son frère, aux premiers jours du mois de juin, voyant tomber une douce pluie, ils dirent, celui-ci à celui-là et celui-là à celui-ci :

« Voyez, mon frère, que de bons foins dans nos prairies ! »

« Voyez, mon frère, que de vendanges sur nos coteaux ! »

Le général en chef s'était beaucoup moqué de ces foins et de ces vendanges; l'armée, à son exemple, en avait fait des gorges chaudes, et le chevalier de Valmont, voulant à tout prix effacer cette mauvaise impression, se fit tuer à la première rencontre avec l'ennemi. Son frère y perdit le bras droit, et dans sa furie il disait encore : « Ah! que de foins, mon frère, dans nos prairies! et que de raisins sur nos coteaux! »

A peine guéri, le comte de Valmont revint en toute hâte au château que lui avait laissé son père. Il s'établit dans ces campagnes dont il avait vendu une bonne partie pour payer ses dépenses à l'armée; enfin, pour réparer tant bien que mal la maison qui tombait en ruines, il épousa sa jeune parente et voisine, Athénaïs de Montbrun, qui l'aida de son mieux à rétablir sa fortune. Elle lui donna même un fils, le dernier des Valmont, unique espoir de cette famille ancienne dans la province du Lyonnais.

L'enfant grandit vite et bien. De très-bonne heure on put voir qu'il porterait dignement le nom de ses aïeux; mais, autant que son père et son oncle, il aimait les belles prairies, les doux vignobles, le grand fleuve dont les eaux portaient au loin le murmure et la fécondité. C'était bien le digne enfant d'une époque où les armes faisaient silence; où les vieux capitaines ne songeaient plus qu'à bien mourir, oublieux, cette fois, de l'ancien langage et du droit féodal. Ces braves gens, héritiers des anciens preux, dont les pères étaient à la croisade de Saint-Louis, comprenaient confusément que l'aristocratie disparaîtrait bientôt dans les progrès des libertés nouvelles. Ils honoraient la paix féconde et calme, autant que les anciens avaient aimé la guerre, et voilà pourquoi ils laissaient grandir leurs petits-fils dans les campagnes clémentes avec les jeunes chevaux de leurs écuries. « Pâturage et labourage, » disait M. de Sully, revenu des guerres d'Henri IV, et même il avait fait aux laboureurs l'inestimable présent du ver à soie. On venait admirer de vingt lieues à la ronde, à Valmont, les mûriers que le seigneur du lieu avait plantés pour célébrer la naissance de son fils, nouvelle fortune ajoutée au gagne-pain du laboureur.

Notre sage et paisible capitaine était revenu des champs de bataille non-seulement privé de sa main droite, mais encore accablé de toutes les infirmités qu'apportent inévitablement les labeurs et les misères du dieu Mars, pour parler le langage de ce temps-là. On vieillit vite à la belle étoile, et, sitôt que la jeunesse est partie, un soldat se trouve en proie à toutes sortes d'épreuves. De toutes ces épreuves la goutte est la plus cruelle. Elle est semblable à l'ancienne torture; elle vous brise en attendant qu'elle vous tue. Alors, malheur à l'homme impatient qui ne sait pas souffrir! Le comte de Valmont était de ceux-là. Il eût plus volontiers, même en détestant la guerre, affronté le canon chargé à mitraille, qu'un accès de goutte, et nous le trouvons, à l'heure où commence l'historiette que voici, cruellement étendu sur son lit de douleur. Ses plus vieux serviteurs osaient à peine l'approcher. Il refusait de voir la comtesse sa femme, et peu s'en fallait qu'il ne rudoyât son fils unique, Albert, jeune homme aux traits charmants, que son père embrassait avec tant de joie et de bonheur, au premier répit que lui laissait l'indicible torture.

Au plus cruel moment de cet accès, que le moindre accident irritait encore, arriva dans le château désolé une citation à *comparoir* au parlement de Paris, pour certains droits seigneuriaux qui, depuis longtemps, étaient disputés par les voisins du comte de Valmont. La rivière, ornement et fécondité de la contrée, était revendiquée par quatre ou cinq riverains tout-puissants à la cour, et dont le crédit semblait formidable, surtout pour un vieil officier mécontent qui ne se gênait pas lorsqu'il fallait qualifier les généraux et les ministres.

A cette invasion d'un procès, aussi dangereux que la goutte, le goutteux gronda de plus belle, et son indignation dépassa toutes les bornes.

« Les brigands! s'écria-t-il, ils choisissent pour me ruiner le moment où je ne saurais faire un pas, quand eux-mêmes ils vont assiéger la porte de nos juges! Je serais mort, ils n'en feraient point davantage. Hélas! que deviendra la terre de Valmont, privée à jamais de ses courants d'eau si fertiles? »

A ces lamentations la mère et le fils ne savaient que répondre. Ils trouvaient, cette fois, que le maître avait raison. A la fin, la comtesse, prenant la parole, et de sa plus douce voix :

« Monsieur, dit-elle à son mari, vous savez que nous avons laissé dans Paris des amis et des parents, qui ne sont pas sans crédit. Mon grand-père a porté l'hermine, et je suis la nièce d'un président à mortier. Si donc vous vouliez me promettre...

« — Allez au diable! s'écria le comte, en ressentant une douleur nouvelle dans son genou droit.

« — C'est à peu près où je veux aller, reprenait la dame en souriant. Aller au diable ou chez son rapporteur, c'est à peu près la même chose. Eh bien, j'irai, si vous voulez, et notre fils restera près de vous. Vous savez s'il vous aime et vous honore.

« — Oui, mon père, dit le jeune homme, et chacun de nous fera son devoir. Partez donc, ma chère mère. Nous ne pouvons pas espérer un avocat plus éloquent et plus habile que vous. »

Force fut au malade de se résigner à ce parti.

Le jeune Albert de Valmont était, en effet, le plus tendre et le plus dévoué des fils ; timide avec son père, plein de respect pour sa mère, affable et bon aux pauvres gens. Chacun célébrait sa bienfaisance et sa justice ; il était bien le fils d'une époque indulgente, où toutes les aspérités allaient s'affaiblissant chaque jour. Il avait beaucoup plus les apparences d'un bourgeois que les façons d'un grand seigneur. Toute la génération nouvelle était ainsi faite ; abandonnée à ses bons instincts, elle allait au-devant de toutes ces réformes salutaires que des fanatiques ont ensanglantées plus tard.

En ceci la comtesse de Valmont tenait beaucoup de son fils. Elle n'avait pas d'orgueil ; elle était simple et vraie, avec une âme ouverte à toutes les impressions. La grande noblesse lui faisait peur ; elle se contentait parfaitement de la noblesse de robe, et, dans son estime, l'hermine avait le pas sur un duc et pair. Elle avait l'esprit agréable ; elle parlait bien, elle écoutait mieux. Elle était jeune encore et fort jolie. En elle on ne trouvait rien que d'aimable et rien d'imposant.

Quand elle eut fait tous les préparatifs, car la route était longue en ce temps-là, qui séparait Lyon de Paris, la comtesse de Valmont prit congé de son mari et de son fils, et le vieux gentilhomme, en la voyant partir, versa des larmes abondantes. Il aimait sa femme, au fond du cœur ; elle avait été son ange gardien ; et elle allait courir tant de dangers pour défendre et protéger la fortune de leur maison !

Dans ses moments de convalescence, M. de Valmont n'eût pas laissé partir la comtesse.

« Hélas! pensait-il, ce n'est pas ma faute! »

Et plus que jamais il jurait contre son mal.

En moins de huit jours, tant elle allait vite, la comtesse arriva dans ce Paris des fables, où chaque minute est un événement, où chaque homme est un prodige, où le miracle est un fait de tous les jours. A cette époque, l'étranger était le bienvenu dans ces maisons parisiennes, où chaque appartement contenait la chambre de l'*hôte*, l'hôte apportant avec soi les nouvelles de la province et l'écho des bruits les plus lointains. La comtesse à peine arrivée fit prévenir sa cousine, la baronne d'Holbach, qui était la femme de ce fameux baron d'Holbach, un très-bon homme, entêté de philosophie. Il aimait le genre humain, mais il détestait le bon Dieu; il n'eût pas donné une chiquenaude à un enfant, mais il eût foudroyé le Saint-Esprit. Son grand bonheur était de se faire un nom fameux parmi les incrédules; il n'a réussi qu'à gagner sa place au second rang des philosophes. Sa maison, très-opulente, était ouverte à tous les libres penseurs, et quand par hasard l'un de ces messieurs avait besoin d'un habit neuf, il le trouvait à l'instant chez le baron d'Holbach.

La comtesse de Valmont fut la bienvenue en cette hospitalière maison. Chacun la trouva belle et de bonne compagnie. En peu de mots, elle raconta les motifs de son voyage, appuyant fort peu sur un procès si grave; et quand son oncle, le président à mortier, l'eut bien rassurée en disant que son procès était imperdable, mais qu'il fallait attendre, et que le rapporteur n'était pas encore prêt, elle s'abandonna volontiers au bonheur d'habiter une belle maison, d'aller une fois par semaine à la Comédie, un autre soir à l'Opéra, et le reste du temps d'entendre en un beau salon, bien meublé des peintures de Lancret, de Watteau et de Boucher, une demi-douzaine de beaux esprits; que l'on s'arrachait dans la ville, et que chacun désignait à son voisin, disant tout bas : « C'est lui ! le voilà qui passe ! »

« Oh ! disait un vieux poëte (il y a dix-huit cents ans déjà), c'est un grand honneur d'être ainsi désigné par tous les hommes intelligents d'une grande cité. »

Comme elle avait à faire une suite de visites, non-seulement pour *solliciter son procès*, mais encore pour se rappeler au souvenir des anciens amis ou des alliés de sa maison, la comtesse eut grand soin de s'adresser aux bonnes faiseuses, et de renouveler sa garde-robe, en beau linge, en habits précieux, en agréments de toutes espèces. Ainsi parée, elle eut dix ans de moins, et les galants n'auraient pas manqué autour de cette belle, pour peu qu'elle eût été plus affable ou moins sérieuse. Mais elle était une honnête femme, et le premier qui se hasarda à lui porter des paroles malsonnantes, fut reçu de telle sorte, que tous les autres restèrent à distance. Elle fut donc à l'abri des galants, mais non pas des philosophes. Elle assista, sans rien craindre, à ces fameux soupers du baron d'Holbach, où les mystères les plus redoutables étaient mis en question, où le rire était une insulte aux plus antiques croyances. Or, c'était là une conversation d'autant plus dangereuse, qu'elle était dans la grâce et dans l'accent même des plus honnêtes gens.

Après s'être un peu débattue en son par-dedans, la comtesse y fut prise, et s'abandonnant au charme inaccoutumé de ces beaux esprits, il advint qu'elle commença à trouver un attrait réel en ces discussions dangereuses. Bref, hier

encore elle était croyante et le lendemain elle était en plein
doute. Une fois dans ces dangers, l'esprit va vite, et d'autant plus vite, que ces prédicateurs tout nouveaux n'étaient
rien moins que les plus beaux génies du siècle passé.

Celui-ci s'appelait M. le baron de Grimm. Il parlait à
voix basse et s'écoutait parler. Il riait de l'honneur des
femmes; il ne croyait pas à la justice; à peine s'il croyait
au courage. Il enregistrait dans ses papiers les scandales
de la ville et de la cour, et comme il était le premier à les
savoir, il en donnait les prémices à la société du baron
d'Holbach. Ce M. de Grimm était plus Allemand que Français; le duc de Saxe-Gotha en avait fait un baron et son
envoyé en France.

Le second de ces philosophes était un Génevois, qui touchait à l'âge mûr. Il venait du fond de sa patrie, après avoir
déjà traversé bien des aventures. Mais celui-là était l'éloquence en personne. Il était semblable au volcan sous la
pression d'une lave ardente, et sitôt qu'il daignait parler,
toutes les âmes étaient attentives. Son grand bonheur était
de démolir les anciennes sociétés et de déchirer les vieux
codes. Si M. de Grimm était galant et dameret, celui-là
n'était jamais plus heureux que quand il accablait les femmes de ses injures, et les femmes raffolaient de leur ennemi
Jean-Jacques Rousseau.

Le troisième était un esprit plein de feu et de fumée.

Il était tour à tour superbe, indigné, charmant. Poursuivant de la vérité, ce grand fantôme, il la voyait tantôt à sa
droite et tantôt à sa gauche, oublieux de la chercher où se
tient la vérité sans voiles et sans taches. Il s'appelait Diderot, cet orateur des salons et des carrefours. Ami du peuple, il était recherché des plus grands seigneurs; il écri-

vait des contes qui couraient le monde et des drames qui remplissaient le Théâtre-Français. C'était l'un des plus dangereux causeurs que pût rencontrer une âme timide, un esprit faible, et bien peu de croyances lui résistaient.

On voyait arriver plus rarement chez le baron d'Holbach un homme à la mine austère, au sourire sérieux. Il n'inspirait peu de sympathie au premier abord; mais bientôt, quand on avait deviné, sous cette froide enveloppe, un cœur généreux, cet homme avait bien son charme, et sitôt qu'on l'avait nommé, c'était à qui s'empresserait de l'entendre. M. d'Alembert (c'était lui), en sa qualité de président des deux Académies, jouait un grand rôle dans toute l'Europe, et de très-grands princes, le grand Frédéric à Berlin, la grande Catherine à Saint-Pétersbourg, lui demandaient ses conseils. Il ne discutait pas, il ne dissertait pas; il parlait à la façon d'un oracle, et ne trouvait pas de contradicteurs. On racontait dans les coins du salon certaine aventure de cet homme, qui lui faisait le plus grand honneur. Enfant abandonné sur les marches de Saint-Jean le Rond, il avait été ramassé par une vitrière, et quand il fut devenu plus tard l'un des ornements de Paris, une grande dame ayant voulu le reconnaître pour son fils, il répondit en s'inclinant : « Je suis, madame, le fils de la vitrière. »

Il habitait encore, à cette heure, une petite chambre au logis de sa mère adoptive. Supposez cependant une dame de province attentive aux moindres paroles de M. d'Alembort, et vous comprendrez bien vite qu'elle n'ait pas résisté plus longtemps à ce terrible enseignement.

Dans cette réunion de *révolutionnaires* (le mot n'était pas encore inventé) Mme de Valmont aperçut un soir, assis dans un fauteuil, et grelottant au coin d'un grand feu, un homme maigre, aux yeux d'escarboucles, et dont le sourire était infini. C'était un aspect étrange, et, même en se défendant contre une pareille fascination, l'esprit le plus fort était bientôt vaincu. Chaque parole de cet homme était comme un fer rouge qui s'enfonçait dans la conscience de son auditoire, et son rire, évidemment, de près ou de loin, renversait une citadelle, une église, une renommée, une force, ou tout au moins une gloire. Il était vêtu comme un très-grand seigneur, en contraste avec ces habits négligés, et, pendant que ses camarades en bas de laine s'honoraient du titre de *citoyens*, il s'intitulait *seigneur et comte de Ferney, gentilhomme ordinaire de la chambre du roi*. Du premier coup d'œil et sans l'avoir jamais vu, la comtesse reconnut Voltaire, et, dans son premier transport, elle porta à ses lèvres cette main sèche où brillait un rubis royal, à travers les dentelles d'Angleterre.

« Ah ! madame, s'écria le poëte en s'inclinant, comme vous me vieillissez ! »

Dans cette académie, et c'est pourquoi elle était au moins aussi célèbre que l'Académie française, les dames étaient admises, à condition qu'elles auraient autant d'esprit que leurs camarades de l'autre sexe.

On y voyait Mlle Aïssé, une fille d'Orient ; Mlle de l'Espinasse, étincelante de hardiesse et de bons mots. Mlle Clairon, une curieuse du premier ordre, y venait essayer ses rôles nouveaux ; Mme d'Houdetot, toute jeune, et Mme d'Épinay, dans l'épanouissement de ses trente ans, prenaient leur juste part de ces fêtes du bel esprit. On parlait encore en ce grand salon de Mlle Laurette de Malboissière, et chacun redisait la gaieté, le bonheur, l'ingénuité de cette jeune savante. Elle-même, Mme du Châtelet, avait été conduite en cette maison du sceptique par Mme de Boufflers. Mme du Deffand n'y venait plus depuis qu'elle avait été supplantée par sa dame de compagnie, Mlle de l'Espinasse. Ils n'étaient pas sans se haïr et sans se jalouser quelque peu les uns les autres, ces amis du baron d'Holbach; mais le premier dont ils se moquaient en mangeant son dîner, c'était M. le baron. C'est souvent traître un bel esprit. *Qui s'y frotte s'y pique*, a dit la sagesse des nations.

Toutefois, si l'on vient à se rappeler la grâce et l'éclat de ces fameux sceptiques, prédicateurs des nouvelles doctrines, on comprendra facilement quels ravages ils devaient produire en cette intelligence ouverte à toutes les nouveautés. Au déclin du dix-huitième siècle la province était bien en retard sur la ville capitale. On y parlait encore un langage plus voisin du patois que de la langue animée et légère des beaux salons de Paris. Dans ces lieux agrestes qui se sont si fort rapprochés depuis seulement une trentaine d'années, les femmes en étaient restées au catéchisme et aux modes de leurs grand'mères. Les hommes portaient les habits et se servaient des charrues d'autrefois. Un antiquaire a rencontré naguère cette inscription dans le cimetière d'un village à cinquante lieues de la Bastille : *Ici repose Honoré Durand. Il avait fait une fois le voyage de Paris.* Toute autre femme, à la place de Mme de Valmont, n'eût pas résisté davantage à ces doctrines si nouvelles, parties de si haut. A peine elle essaya de les combattre une ou deux fois, mais elle comprit bien vite qu'elle n'était pas plus forte, et, semblable au rameur inhabile qui renonce à remonter le courant d'un grand fleuve, elle s'abandonna sans crainte au fil de l'eau courante.

« Il faut convenir, disait un soir Denis Diderot, que, pour une dame de province, la belle comtesse a déjà fait de grands progrès. »

Ces progrès auraient été bien plus rapides sans les fréquentes visites qu'elle faisait à son oncle le président. C'était un homme austère, un chrétien de la vieille roche, et qui vivait complétement éloigné des nouveautés philosophiques. A peine s'il avait accepté, mais non pas sans y contredire, les progrès indiqués par M. le président de Montesquieu. Il vivait seul dans le fond du Marais, sur les confins du fameux hôtel de M. de Pimodan, son confrère, dont le faste et l'ornement faisaient un si grand contraste avec les hôtels d'alentour.

Dans ce sombre logis, tout rempli des senteurs d'autrefois, les murailles étaient chargées, pour unique ornement, d'une antique tapisserie, sur laquelle étaient clouées, dans leurs cadres autrefois dorés, les images peu complaisantes des magistrats et des présidents de la famille Thélusson, les dames tenant pour la plupart une rose à la main, et les hommes les balances de la justice. On ne voyait guère en ce ieu peu engageant que des plaideurs, des hommes de justice, et chaque jeudi le révérend père Nicolas Petitpied, un pantouflier de la Sorbonne et grand ami du président de Thélusson. Ce jour-là ils dînaient ensemble, et M. le docteur en Sorbonne se plaisait à redire à son digne ami les livres qu'il avait censurés dans la semaine, et qui, presque tous, à l'entendre, avaient mérité d'être brûlés par la main du bourreau, au pied même du grand escalier de justice. Or, chaque fois, c'était entre les deux amis, à qui défendrait le mieux l'orthodoxie et l'obéissance, oubliées si complétement dans ces temps malheureux. Mais quoi ! d'une visite à l'autre il arrivait que la belle plaideuse oubliait les leçons de son oncle et les menaces du terrible polémiste, Nicolas Petitpied. Plus d'une fois même, elle retrouvait dans la maison du baron d'Holbach ces mêmes livres qu'elle croyait anéantis dans le bûcher, ou prisonniers à la Bastille, et la voilà, sans trop de peur, qui se mettait à les lire, et ne se déplaisait pas à ce goût de roussi. Entre autres dangers, elle pouvait feuilleter tout à l'aise les livraisons de l'*Encyclopédie*; et très-souvent elle se demandait par quel motif était prohibé ce gros livre ennuyeux comme la pluie. Hélas! justement parce qu'il était défendu, elle trouvait à le lire un certain plaisir.

Mais rien ne pouvait affaiblir les nobles instincts de son cœur. Elle aimait son mari, même dans ses brusqueries; elle adorait son fils. Elle écrivait chaque semaine à ce jeune homme les lettres les plus touchantes, mais aussi les plus étranges; et ce n'était pas sans une surprise voisine de l'épouvante, que le jeune Albert de Valmont suivait dans les confidences de sa mère ce que la dame elle-même appelait *les progrès de sa raison*. Sitôt qu'elle avait raconté les phases diverses de son long procès, elle entrait résolûment dans les dissertations sans fin qu'elle avait entendues à la table et dans le salon du baron d'Holbach. Tantôt elle proclamait l'irrésistible autorité de la religion *naturelle,* et tantôt l'impuissance et les déceptions de la loi *naturelle.* Aujourd'hui elle s'attaquait aux *préjugés* de la naissance, disant que tous les hommes étaient égaux, et que le fils d'un repris de justice était au niveau d'un duc et pair. Le lendemain, autre thème. Elle venait de comprendre enfin que la passion était une excuse suffisante à toutes les fautes des femmes, et que les moralistes avaient grand tort de leur imposer la nécessité de tenir les serments faits à l'autel. Quant au respect du fils pour son père et sa mère, elle en faisait presque aussi bon marché que de tout le reste. Elle demandait de quel droit les parents pouvaient exiger tant de déférence et d'abnégation pour le prix de quelques mois de nourrice. En même temps, elle affranchissait le valet de l'obéissance à son maître, ajoutant, sur la foi d'un économiste appelé M. Melon, ancien secrétaire du régent, que le fermier ne devait rien pour son fermage. Enfin, elle ne comprenait pas tant de cérémonies religieuses qui prenaient le plus beau temps de la vie, et chaque fois que se rencontrait sous sa plume un scandale, elle donnait raison facilement à la fille perdue, et trouvait que le père de famille avait tort de s'opposer à tant de mariages disproportionnés, que M. de Voltaire avait pris sous sa protection dans sa comédie intitulée : *Nanine*. En toutes ses lettres si tendres pour son fils, elle ne laissait passer aucune occasion de lui montrer comme on marchait vite et bien dans les nouveaux sentiers pleins de chansons, de disputes et d'un doute infini.

Tout d'abord, à la lecture de ces choses inattendues, écrites par une mère qu'il entourait de ses respects, et qui avait été jusqu'alors le digne objet de sa reconnaissance, le jeune Albert se demanda si vraiment c'était bien l'écriture et le seing de sa mère. Il ne reconnaissait plus, dans ce mélange incroyable de vérités et de paradoxes, l'esprit net et droit de la comtesse. Il cherchait à s'expliquer cet oubli si profond des anciens devoirs dans un cœur si droit, et il déplorait comme un grand malheur ces changements inattendus.

De son côté, M. le président de Thélusson s'était étonné plus d'une fois de l'audace et des assertions de sa nièce, et même, un jeudi qu'il l'avait invitée à dîner avec son ami le docteur en Sorbonne, ils restèrent l'un et l'autre éperdus de cette intime révolte dans les croyances d'une personne si bien née, et qui tenait à tant d'évêques, à tant de magistrats, à tant d'abbesses, dont le nom se trouvait dans sa généalogie. Ils se regardèrent interdits, et se levèrent en silence avant la fin du dîner, comme si le tonnerre fût tombé sur la maison.

Le lendemain, de très-bonne heure, comme il venait d'achever sa prière du matin, M. le président vit entrer chez lui son ami le docteur en Sorbonne.

« Ah! lui dit celui-ci, j'ai passé une bien mauvaise nuit, en songeant que, si nous n'y prenons pas garde, votre nièce est perdue.

« — Et moi donc, reprit M. de Thélusson, il me semblait que la pauvre enfant était au lit de la mort, et qu'il fallait être un saint pour la tirer des abîmes où elle est tombée.

« — Il suffit, Monsieur, d'être un homme de bonne volonté, je l'espère, et tout d'abord il faut renvoyer cette dame à son mari, cette mère à son fils, cette insolente chrétienne à son curé. C'est pourquoi je vous prie en grâce, et beaucoup plus instamment que si c'était pour moi-même, d'en finir avec toutes ces lenteurs. Il y va de la vie ou de la mort de cette âme. Après tout, peu importe que la dame gagne ou non son procès; il suffit qu'elle s'éloigne, et quitte enfin ce foyer de pestilence. Êtes-vous de mon avis? »

Le président répondit qu'après y avoir bien pensé, il avait décidé que c'était là un service d'urgence, et qu'il allait écrire au rapporteur que, toute affaire cessante, il s'occupât de celle-là.

Quinze jours après, au grand étonnement du palais de

justice, le procès de Valmont était plaidé, jugé et gagné. Mme de Valmont, au comble de la joie, oubliant en ce moment cette parole du baron de Grimm « que la reconnaissance était l'esclavage du cœur, » s'en vint remercier le président, son bon oncle, et celui-ci :

« Mon enfant, lui dit-il, je ne veux pas d'autre témoignage de vos contentements que votre prompt départ de Paris. Quittez à l'instant même, il le faut, ces belles conversations qui ne vous ont que trop charmée, et retournez en toute hâte à vos devoirs de mère et d'épouse, et de dame châtelaine. Aussitôt arrivée, allez remercier le Seigneur de la grâce qu'il vous a faite en vous ramenant saine et sauve, à travers tant de périls, dans ces domaines qui tiennent de vous leur exemple, et que vous n'auriez jamais dû quitter. Ne m'écrivez pas, je vous prie, avant un mois, de ce retour de l'enfant prodigue, et recevez, avec les embrassements de votre oncle, les bénédictions du sage docteur, mon ami. »

Sur quoi, la comtesse de Valmont eut bientôt fait ses préparatifs de départ, et prenant congé de ses hôtes qui proclamaient sa grande sagesse, elle partit trois jours après, non pas sans avoir prévenu son fils du grand succès de son voyage et de l'heure de son retour.

Après un séjour de six mois dans ce grand Paris, tout rempli de disputes si terribles, et dont elle s'était tant occupée, à peine Mme de Valmont fut remontée en chaise de poste, elle s'étonna d'abord et se charma bien vite en retrouvant le grand silence et les aimables distractions du chemin. Peu de regrets, beaucoup de souvenirs.

La fièvre et le bruit de l'esprit s'enfuyaient à chaque tour de roue, et la voyageuse, après vingt-quatre heures, se trouva tout à fait calmée. Elle revenait par des sentiers déjà connus ; mais, dans l'intervalle, avril brillait de ses plus douces splendeurs. L'hiver s'était enfui ; la neige avait disparu ; le vent tiède avait brisé l'écorce des eaux. L'arbre au loin verdoyait dans la prairie émaillée, et les oiseaux chantaient leur nouvelle chanson. Peu de gens sur la route ; on ne voyageait guère en ce temps-là. Le vaste et grand chemin semblait fait uniquement pour conduire les adorateurs de la fortune, du palais de Versailles à Fontainebleau, à Chantilly, dans ces royales maisons, où les chevaux du soleil conduisaient le dieu du jour. Mais quoi! le beau temps comblait les ornières ; l'obstacle fut bientôt franchi pour une femme vaillante qui allait retrouver son époux et son fils.

La comtesse traversa la Bourgogne en évoquant toutes ces tendresses. Elle revoyait déjà le manoir féodal ; elle entendait les vivats de ses vassaux ; elle se disait qu'en tel endroit, à dix lieues de Valmont, son fils et peut-être aussi son maître et seigneur, la viendraient attendre en son carrosse à quatre chevaux. Tous les présages étaient heureux. Pas un essieu brisé, pas un postillon qui fût ivre. A chaque auberge, l'hôte, incliné devant la voyageuse, accourait lui disant d'un air joyeux : « Madame, soyez la bienvenue. » Au bout du sixième jour, Mme de Valmont petillait d'impatience. Elle reconnaissait toute chose ; elle respirait, radieuse, la vive odeur de la terre natale ; et Dieu sait son impatience à regarder le carrefour où elle espérait rencontrer les chers objets de sa tendresse. Hélas ! le lieu du rendez-vous était désert ! Pas une couronne et pas un brin de myrte au pied du calvaire que ses ancêtres avaient planté en cet endroit même. On eût dit que le Christ avait été abandonné dans ces campagnes. Deux lieues plus loin, la dame entrait sur sa propre terre, et, jugez de son étonnement, pas un de ses vassaux ne s'inclina devant sa dame et maîtresse. Il y avait dans ces champs paternels des laboureurs dont la charrue était de race antique autant que la famille de Valmont..... les laboureurs, même les plus anciens, tout courbés par les années, virent passer la chaise de poste, et pas un ne songea à lever son chapeau. Le berger dans les champs, la fileuse au-devant de sa porte, les lavandières sur le bord du ruisseau, regardèrent..... indifférents. C'étaient pourtant les mêmes villageois et villageoises qui se précipitaient sur les pas de leur maîtresse à son départ, en lui souhaitant un bon voyage. Elle en était à se demander si donc elle était vraiment dans ses domaines et ne s'était point égarée en son chemin.

« Mais enfin, Dieu soit loué ! voici le village et le château de Valmont. Ils vont me reconnaître enfin, et me rendre tous leurs respects ! » Mais les habitants du village étaient dans les champs, et le seul bruit qui se fit entendre en ce grand silence... et elle ne se trompait pas, c'était le bruit d'une arme à feu. Des braconniers ravageaient les plaines de leurs maîtres, tant il était impossible en ce moment que le père et le fils fussent à la chasse, à pareille heure et si près de leur maison.

Son doute augmentait à chaque instant, et lorsqu'elle fut au pied du vaste perron, elle pensa se désespérer, ne trouvant pas un serviteur pour l'aider à mettre le pied à terre. Elle descendit seule et monta seule, avec une inquiétude assez vive que toute la maison ne fût morte. Elle trouva son fils et son mari, paisiblement assis dans la grande salle, et comme elle ouvrait ses bras pour embrasser les deux êtres qu'elle aimait le plus au monde, ils lui prirent la main, à l'anglaise... on ne se saluait pas autrement dans les salons du baron d'Holbach.

Très-étonnée, et ne se rendant pas un compte exact de cet étrange accueil, la comtesse tomba plutôt qu'elle ne s'assit sur une chaise, et les deux hommes restèrent dans leur fauteuil. Dans des temps meilleurs, le seul aspect de la mère de famille eût attiré toutes les déférences dues à la reine elle-même, et jamais le fils n'eût osé s'asseoir sur le même siége que sa mère. De la féliciter sur le gain si rapide et si complet d'un procès considérable, et même de s'informer de sa santé et de lui offrir le vin et le fruit de la bienvenue, personne en ce lieu n'y songea. On aurait dit qu'ils s'étaient séparés il y avait une heure, et qu'elle revenait de visiter les treilles du jardin.

Les domestiques allaient et venaient par cette chambre haute, assez mal vêtus, et sans même saluer les habitants de céans. Ils parlaient familièrement à leur jeune maître, avec une égalité parfaite, disant : *oui* et *non*, comme si Pierre eût répondu à Jacques, et Champagne à Lafleur.

Cependant la comtesse, ouvrant de grands yeux, demanda pourquoi donc tout ce sans-gêne.

« Hélas ! c'est vous-même, ma mère, qui nous avez enseigné, dans vos lettres, l'égalité du maître et du valet. Grâce à vous, il n'y a plus de maîtres et de valets sur les terres de Valmont. Nous avons mis en pratique, et nous savons par cœur le beau *Discours sur l'Inégalité des conditions*, par votre excellent ami Jean-Jacques Rousseau, citoyen de Genève, et chacun, puisque vous l'avez voulu, fait ici ce qu'il lui plaît. Celui-ci chasse sur la lisière de la forêt, celui-là pêche aux bords de nos étangs. Qui veut couper coupe, et qui veut faucher fauche, et sans dire un grand merci. Vous serez ici comme à Paris. »

A peine le jeune homme achevait de parler, que l'on entendit les aboiements joyeux de Phanor, le lévrier de la comtesse. Il avait deviné son retour, et, sa chaîne brisée, il se roulait aux pieds de sa maîtresse avec toutes sortes de tendresses et de gaietés.

« Mon cher Phanor! » disait la dame, en songeant que du moins celui-là l'avait reconnue et n'avait rien oublié.

Mais le vieux comte, irrité sans doute du contraste, chassa Phanor à coups de pied. La malheureuse bête en gémit, et, plus qu'estropiée, elle rentra pleurant en son chenil.

« Ah! fi, monsieur! s'écria Mme de Valmont, vous n'avez donc pas d'âme et pas de cœur de frapper ainsi cette bête innocente?

« — Ame et cœur! reprit le vieillard, mais vous nous avez enseigné, dans une belle lettre, que les bêtes n'ont point d'âme, et ne sentent pas les coups qu'on leur donne. Alors, pour vous obéir, nous avons mis en pratique les belles leçons de votre ami la Mettrie, et nous avons chassé d'ici toutes ces bêtes qui nous donnaient tant de joie il y a six mois. »

Sur ces entrefaites, entra Marton, la jeune servante. A peine elle honora d'un coup d'œil la maîtresse qui l'avait élevée.

« Albert, dit-elle au jeune baron de Valmont, tu as défendu qu'on ouvrît la porte à M. le curé? Il dit qu'il veut voir ta mère, et que, malgré ton ordre, il entrera.

« — Tu vas voir! » répondit le jeune homme, et prenant son fusil dans le coin de la cheminée : « Avertissez, dit-il, cette vieille robe noire que s'il ose entrer chez nous, je le traite comme on traite un sanglier. »

A ces mots, la comtesse éperdue :

« O mon Dieu! s'écria-t-elle avec désespoir, où suis-je, et que vais-je devenir? Ce n'est plus ici une maison chrétienne. »

Et, le visage plongé dans ses mains, la pauvre femme se prit à pleurer.

« Mais, Madame, oubliez-vous donc, reprit le terrible Albert, votre septième lettre, après une grande visite de votre ami M. Diderot, disant que le prêtre est un être inutile, un parasite, un ennemi de la liberté? Voilà ce que vous m'avez écrit vous-même. Moi, docile à vos leçons, j'ai bien eu quelque peine à mettre à la porte un vieillard qui m'avait élevé, qui portait dans les plus pauvres maisons l'espérance, et chez nous des tendresses toutes paternelles. Je me demandais parfois quel mal faisait ce brave homme, et si j'avais bien le droit de lui fermer notre maison. Il était à mon baptême; il assistait mon grand'père à son lit de mort. Un morceau de pain le contente, et bien souvent il le partage avec plus pauvre que lui. Mais vous avez si bien démontré la nécessité d'en finir avec ce vieillard, que je lui ai défendu de m'approcher sous peine de mort. Voilà encore un préjugé qui disparaîtra de la terre de Valmont.

« — Vous avez d'autant mieux fait, mon fils, reprit le comte, d'en purger le château de vos pères, que cet homme arrivait pour nous apitoyer sur un paysan dont la cabane a brûlé cette nuit, et, par conséquent, pour nous demander de l'argent. Il venait aussi nous répéter que son église est dans un triste état et qu'elle fait eau de toutes parts. Nous n'allons plus à l'église. Ah! pardieu! comtesse, quel service, vous nous avez rendu de nous délivrer de ces mensonges ! »

La pauvre femme était atterrée. Elle comprenait maintenant l'étendue et la violence des malheurs qu'elle avait semés autour d'elle ; elle n'avait rien à répondre à toutes ces révoltes qu'elle avait soulevées. Toutefois elle se demandait comment si vite et si complétement elle avait pu faire de son fils une bête féroce, et de son mari une créature malfaisante.

A la fin, elle demanda la permission de rentrer dans ses appartements.

Elle habitait d'ordinaire, à l'aile droite du château, quatre ou cinq pièces ornées à sa fantaisie, et rien n'était plus élégant que sa chambre et son petit salon, tout remplis de beaux meubles choisis par elle et faits par elle. A l'instant même où elle se dirigeait du côté de cette aimable retraite, Albert, son fils, lui dit :

« Pas de ce côté-là, Madame ; on a disposé de votre appartement. »

Et comme elle semblait interroger encore :

« Oui, reprit le comte, une fredaine, un caprice d'Albert ! Après tout, il est jeune, il s'émancipe, et pour tout dire, il est amoureux. Je lui ai bien fait quelques représentations, disant que peut-être seriez-vous fâchée de céder votre chambre à une fille de théâtre... « Y pensez-vous, s'est-il écrié, Monsieur, une fille de théâtre ? Et pour qui donc prenez-vous cette fameuse Mlle Clairon, avec qui ma mère a soupé deux fois dans une semaine ? Elle a cent ans, cette Clairon, elle est difforme, avec tous les vices de son état ; ma chère Nini n'a pas vingt ans. Clairon hurle et déclame, Nini danse et sourit à tout le monde ; la Clairon a les mains pleines de sang, Nini les a pleines de fleurs. Ma mère elle-même ne saurait le nier, tout l'avantage est du côté de ma fiancée. »

« — Oui, ma mère, dit le jeune homme, elle est ma fiancée, et je lui ai promis de l'épouser, après avoir bien médité votre lettre onzième, en l'honneur de Mlle de l'Espinasse, fiancée à M. d'Alembert. Donc, jusqu'à nouvel ordre, acceptez l'ancien logis de notre oncle, le commandeur de Malte. C'est un peu sombre; il a décoré la muraille de toutes sortes d'images peu vêtues et qui vous déplairont tout d'abord; mais on s'y fait bien vite, et surtout quand on a fréquenté si longtemps l'Opéra et la Comédie italienne. Et tenez, ma mère, voilà justement Mlle Nini qui vient tout exprès pour vous saluer. »

Mlle Nini était une jeune demoiselle accorte et bienséante, au fin sourire, aux yeux charmants. Elle portait à ravir une robe assez simple et des fleurs dans ses cheveux légèrement poudrés; et la comtesse, en voyant cette belle personne : « Hélas! se dit-elle, c'est dommage! ».

Au même instant, le jeune homme et la jeune demoiselle tombent aux pieds de cette infortunée.

« Ah! Madame, ah! ma mère, ayez pitié de mon repentir! s'écriait le jeune Albert. Pardonnez-moi cette épreuve inutile, et recevez dans vos bras la jeune fille que vous me destiniez.

« — C'était donc toi? répliqua Mme de Valmont en reconnaissant sa jeune voisine Élise de Verneuil. Que te voilà grandie et charmante! Il y a longtemps que je rêve de te marier avec Albert. »

Alors, les relevant l'un et l'autre, elle les confondit dans le même embrassement.

« Me pardonnerez-vous aussi, ma chère amie, toute la peine que je vous ai faite en vous donnant cette leçon? dit à son tour M. de Valmont. Je le vois, vous voilà corrigée, et désormais vous ne douterez plus de la fidélité des honnêtes gens, de l'honneur des femmes et de l'âme des bêtes, car voilà Phanor plus joyeux que jamais. »

La pauvre femme, heureuse et corrigée, eut grand besoin de s'asseoir, mais elle s'assit cette fois dans le fauteuil armorié. Alors, sur un signal, on entendit de tous côtés de joyeux vivats répétés par les échos d'alentour.

La terrasse et le jardin se remplirent de villageois et de villageoises en habits de fête. Les serviteurs, empressés et couverts de leurs plus belles livrées, apportaient sur les tables le dîner du maître et des vassaux. Les cloches sonnaient, les tambours battaient, les filles chantaient, les ruisseaux coulaient, obéissant aux arrêts de la cour suprême. A peine la dame eut-elle le temps de faire une belle toilette; elle revint pour recevoir ces hommages et ces fleurs. Jamais elle n'avait été plus aimée, et jamais elle ne se sentit plus heureuse. Ah! comme elle oublia vite l'*Encyclopédie* et le baron d'Holbach, les brillants paradoxes et la philosophie naturelle! comme elle redevint en un instant la bonne et sainte femme d'avant son départ, obéissant aux commandements de Dieu et de l'Église!

Ils allaient se mettre à table quand ils virent entrer le vieux curé.

« Et mon coup de fusil? » demanda-t-il au jeune Albert.

Huit jours après, quand les fêtes eurent cessé et que tout fut rentré dans l'ordre et le travail :

« Mes enfants, disait la comtesse à son fils Albert, qui devait être dans un mois le mari de Mlle de Verneuil, apprenez, par mon exemple, à vous méfier du paradoxe, à rester de simples et de bonnes gens tels que vous êtes, à croire ce que croyaient vos pères. »

Le voyage de Paris ne lui semblait plus qu'un pénible et vilain rêve. Ainsi que Mᵐᵉ de Forgeville, une de ses contemporaines, elle eût volontiers demandé quel bien avaient fait à l'humanité ces philosophes qu'elle entendait vanter de toutes parts. Et si quelqu'un se fut avisé de lui répondre comme le fit d'Alembert : « Madame, ils ont abattu la forêt des préjugés; » elle eût répliqué avec conviction : « Je ne suis plus surprise s'ils nous débitent tant de fagots. »

XXVII

UN PHILOSOPHE

C'est l'heure de saluer ce grand philosophe, éloquent entre tous, Denis Diderot.

Pour qu'il vînt enfin à sa place méritée, et pour qu'il fût mis en possession d'un piédestal à ses armes, en plein Théâtre-Français, entre Molière et Voltaire, il fallait que l'auteur du *Père de famille* et l'éditeur de l'*Encyclopédie* emportât la place d'assaut, ou qu'il y entrât par surprise. Il y avait longtemps que nous l'attendions sur ce piédestal que seul il pouvait occuper, ce maître excellent parmi les maîtres, un poëte, un rêveur, un philosophe, l'esprit le plus ferme et le cœur le plus tendre, la gaieté et la folie en personne ! Il était, de son vivant, tout ce que peut être un homme d'honneur : éloquent, intrépide, hardi, sans reproche et sans peur, qui s'abandonnait librement à l'inspiration de l'heure présente, entre le positif et l'idéal, de l'abîme au ciel ! Ame forte dans une forte machine, avare aux petites choses, prodigue aux grandes, doux quoique vif, ingénieux et passionné ; et pour peu qu'un enthousiasme, une indignation, une douleur vînt soudain à toucher sa corde favorite, aussitôt le voilà parti : tout d'une haleine, à travers toutes sortes d'obstacles et de dangers, il allait frappant à grands coups de sa massue, et frappant comme un sourd, à droite, à gauche, et sur les têtes les plus hautes. En somme, imaginez un *sauve qui peut* général !

Non, certes, ce n'étaient pas des paroles qui sortaient de cette bouche éloquente, c'étaient des idées et des mœurs ; ce n'étaient pas des regards que lançaient ces yeux en courroux, c'étaient des éclairs ! Si bien que pour faire de cet homme une image un peu ressemblante lorsqu'il descendait de son Sinaï, il eût fallu chercher, dans l'antiquité, le sculpteur de l'*Hercule* ou du *Gladiateur* !

Rien qu'à le voir, on sentait en effet que cet homme était né pour combattre et que la bataille était sa vie. Il était toujours armé de toutes pièces, cherchant quelque haine à satisfaire et quelque préjugé à dévorer. Comme il était chargé de l'*Encyclopédie* et qu'il avait tous ces démons à ses ordres, il avait acquis, par l'exercice du grand art de la philosophie et par l'obéissance des esprits les plus indociles, l'*art de faire accoucher les esprits*, comme on disait de Socrate, et il en tirait, à sa volonté, tout ce qui se pouvait tirer de ce siècle éclatant de lumières. S'il était fou à ses heures, il aimait le bon sens chez les autres ; si parfois il s'emportait au-delà de toutes les limites, il aimait surtout à s'adresser à des gens calmes, et par conséquent tout disposés à l'entendre.

Il imposait sa volonté et il ne comprenait pas, tant il était convaincu, que l'on pût trouver quelque chose à lui répondre. Infatigable, ingénu, violent et ne doutant de rien, tel il était. Il est mort sous un entassement de montagnes, à la façon d'Encelade ; il est mort vingt-quatre heures trop tôt. Il allait découvrir, pour le moins, la quadrature du cercle !

Il a entrepris toutes choses, il a réussi dans toutes ses entreprises. A qui voulait une part de son esprit et de sa gloire il la donnait volontiers : au baron d'Holbach, au baron de Grimm, à l'abbé Raynal, à l'abbé Morellet, à Helvétius, au jeune abbé de Pradt, pour cette thèse fameuse qui pensa faire crouler la Sorbonne. Il était le fleuve inépuisable où l'on puise à pleines mains. Il était la montagne ardente, au milieu ; ses sommets sont chargés de neige, elle a des pâquerettes à ses pieds. Dans ce temps de puissance absolue, il était une puissance ; on le voyait, on l'entendait, on le lisait, on l'écoutait ; il avait la parole au milieu du silence universel ; il portait avec lui une chaire, une tribune, il était le temple, il était le dieu ; il était la satire, il était le sermon ; il était l'épigramme et la chanson ; si la volonté d'un plus fort voulait lui imposer silence, il traitait cette volonté insolente à peu près comme Tarquin a traité Lucrèce.

Ah! le terrible homme et l'homme charmant! Quelle santé tenace et quelle voix d'airain ! En vain tentiez-vous de fermer la porte à ses passions, soudain ces terribles passions forçaient la porte de leur prison, et se mettaient violemment en liberté. *Qua data porta, ruunt.* C'était l'outre d'Éole, l'âme de cet homme ; il portait sa force dans sa poitrine, et son âme dans un coin de son cerveau.

Il y avait dans cet homme, et tout ensemble, Voltaire, Rousseau et Mirabeau. Quand il parlait, les moindres rugissements de l'animal rugissant retentissaient d'un bout de la ville à l'autre bout, et d'écho en écho la libre parole allait à travers le monde étonné de ces étranges accents. Tout tremblait à cette voix puissante : Versailles, la Bastille et les tours de Notre-Dame. Et lui, semblable à l'enfant qui met le feu à un canon chargé à mitraille, il s'étonnait jusqu'à l'épouvante, de ce qu'il avait dit et des résultats de sa parole aussitôt qu'il avait parlé.

C'était un conte et c'était un drame en action, ce philosophe Diderot ! Il avait l'art de tout apprendre aujourd'hui, pour être prêt demain à toutes les questions, soit qu'il épouvantât le café Procope de ses hardiesses, soit qu'il ameutât à sa parole incisive les messieurs de la rue Royale et de la cour de Marsan, soit qu'il arrêtât, dans le carrefour Buci, l'abbé de Canaye et son cheval. Il avait des admirations jusqu'à l'apothéose et des violences jusqu'à l'injure. Demandez à Marmontel, à Naigeon, à Cogé, à Ribaillier, à Palissot, à cet aréopage de cabaret et de carrefour, comme il traitait les coqs d'Inde qui veulent dépouiller l'aigle de ses plumes !

En ses moments de représailles il n'y avait pas d'homme plus insolent, plus railleur et plus dédaigneux. Il disait comme le roi de Prusse : « Mon éloge, messieurs, c'est la terreur de mes voisins ! » et sa devise était : *sans quartier !* L'instant d'après, fallait-il sourire au talent naissant et saluer, le premier, un chef-d'œuvre inconnu ; aussitôt la joie et le plaisir, la sérénité et l'honneur éclataient sur ce noble visage ; il célébrait, dans sa prose ardente, toutes ses admirations, tous ses amours : Pigale et Bouchardon, Mme Greuze et Mme Boucher. Mme de Pompadour elle-même, il ne l'oubliait pas dans sa louange ; il n'aimait pas l'amant, il aimait la maîtresse ; il la trouvait volontiers la plus belle du monde, et qu'elle avait bien bâti le château de Choisy : ainsi il la plaçait sans façon entre Mme de la Chaux et Mlle de la Calière ! Quoi d'étonnant ? Il n'avait pas de fausse honte ; il aimait qui l'aimait, il avait son franc parler, parlant toujours sans apprêt, non pas sans art, avec le véritable accent de la chose, et si bien, avec tant de génie et de feu, que plus d'une fois, comme fit Sedaine un jour, ses amis le prirent par le collet en s'écriant : « Ah! M. Diderot, que vous êtes beau ! » Il était beau comme l'éloquence. Il était beau parce qu'il était sincère et convaincu.

Son œil était vif; il riait à merveille; il avait les jambes trapues et les reins vastes ; il aimait à se montrer autant qu'à se faire entendre. « Il faut, disait-il, que le sage soit en évidence, comme l'athlète en l'arène. » Aussi chacun l'approchait et l'écoutait. Ah! grand frère! Il disait de lui-même : « Je suis un homme naturel. » Et plus loin, naïvement, il ajoutait : « La nature est si belle qu'il ne faut pas y toucher. »

Entre la Bastille et le château de Vincennes, il était semblable à cet esclave de Sparte, qui voulait bien obéir en toutes les choses honorables, et qui se brisa la tête contre un mur plutôt que de porter un tas d'ordures. C'est pourquoi il disait souvent que le stoïcisme est un traité de liberté dans toute son étendue, et qu'après tout il n'y avait qu'une vertu dans ce monde : la justice! Ces belles choses qu'il disait là, il les avait apprises dans les livres de Sénèque, dont il se fit le défenseur.

Il aimait tout ce qui était beau, il était sympathique à tout ce qui était bien ; il appelait les beaux-arts le vernis des bonnes mœurs ; il reconnaissait pour un homme de goût quiconque avait le sentiment du vrai ; il regardait comme une grande condition très-acceptable : souffrir à condition de produire de grandes choses ! C'était vraiment un inspiré, et la Sibylle sur son trépied n'a jamais respiré de plus violentes et ravissantes vapeurs. — Le dieu! voici le dieu! Vous vous rappelez, Pythagore et ses diverses métamorphoses? Il avait été tour à tour garçon et jeune fille, oiseau qui chante et plante qui fleurit, Euphorbe à Troie et tant d'autres! Eh bien, Diderot, c'était Pythagore : il avait le chant de l'oiseau, le feu du volcan, le courage du soldat, le parfum de la fleur, l'âme sensible de la fillette et les ardeurs de l'adolescent.

Par un jeu imprévu de son âme et de son esprit en tourbillon, il aimait, il piquait, il pleurait, il rougissait, il se battait. Il était du pays où les enfants jettent des pierres à leurs maîtres, où les amants font des bouquets à leurs maîtresses, où les poëtes parlent en prose, où l'amour, en fin de compte, accomplit les plus grands prodiges. « Alexandre a renversé les murailles de Thèbes, Phryné les a rebâties! »

Jamais, dans la classe bipède des hommes, un homme n'a prodigué autant que celui-là l'idée et le paradoxe, le vice et la vertu, le mensonge et la vérité! Jamais homme n'a confondu, comme celui-là, ce qui est permis et ce qui est défendu, la ciguë et le persil! Tâchez cependant de refuser votre âme à cette éloquence, et votre esprit à cet esprit. Et comme il est amusant à voir quand il passe, au galop de quatre paradoxes, sous l'arc de triomphe qu'il s'est bâti, en dépit de Louis XV, avec toutes sortes de fragments de quelques vieilles libertés qu'il avait ramassées dans un coin de sa prison!

Qui voudrait raconter la vie et le travail de Diderot entreprendrait un grand livre, et, ce livre achevé, il se trouverait que l'œuvre est incomplète. Où prendre, en effet, le Diderot qui causait au lieu d'écrire? où retrouver la vie et l'accent de cette parole brillante et fille de tous les genres d'éloquence et de passion? Demandez donc à la cendre le feu que contenait le bois petillant de la vigne, au nuage l'éclat de l'étoile, à l'écho les mélodies errantes du poëte qui chantait dans ce carrefour ! Il est mort injustement, c'est-à-dire presque tout entier, et cependant ce peu qui reste... autant de chefs-d'œuvre.

Paris ne lui a pas encore décerné de statue, à lui, l'ami passionné de Rousseau et de Voltaire, qui ont chacun leur piédestal. En attendant, Diderot se contentera d'un buste dans le foyer du Théâtre-Français. Soyez-y le bienvenu, maître. Vous voilà, c'est bien vous ! C'est bien ce regard passionné, c'est bien cette *tête fumante*, pleine de feu et de courage ! O jour trois fois heureux qui nous a rendu, publiquement honoré, le philosophe, le poëte et le conteur ! O grand espace, ces trois pieds de parquet à la Comédie, où sont contenus ces trois champions : Molière, Voltaire et Diderot ! le triple faisceau, *funiculus triplex*, que nulle force humaine ne saurait briser !

« Pardon, Messieurs ! disait la Motte-Houdard à son auditoire, je m'aperçois que j'imite un peu trop Pindare ! » Il me semble à moi que j'imite un peu trop Diderot.

XXVIII

LES ACADÉMIES

Au dix-septième siècle, l'Académie française était devenue en peu de temps maîtresse de la langue française. Racan, Balzac, Vaugelas, Corneille, Racine, Boileau, La Fontaine, Bossuet, Fénelon, créaient, fortifiaient ou régularisaient le grand style. Ces maîtres fondaient, en un mot, l'immortalité de la langue française.

Au dix-huitième, l'Académie française fut l'école de la grâce, de la politesse exquise, de l'aménité littéraire, en ses plus élégantes expansions.

Cette aménité est un des caractères du style académique même de nos jours, et le président de Montesquieu y faisait allusion en écrivant: « Dès qu'un homme est initié aux mystères de notre compagnie, la fureur du panégyrique vient le saisir et ne le quitte plus qu'il n'ait rendu l'âme. » Cette manie faisait dire à l'incorrigible Piron qu'un discours de réception à l'Académie française ne devait pas s'étendre au-delà de trois mots. « Je prétends, s'écriait-il, que le récipiendaire doit dire : *Messieurs, grand merci;* et le directeur lui répondre : *Il n'y a pas de quoi.* »

En ces aimables efflorescences de la pensée, l'austérité

du langage perdit un peu de son ancienne concision et de sa sobriété; mais, sous leur influence, le culte des belles-lettres devint, sinon plus fervent, du moins plus général. Il n'y eut pas un homme de bonne compagnie qui ne prît plaisir *à sacrifier aux Muses.* Les princes et les grands firent du rôle de Mécène l'apanage d'un beau nom et d'une fortune magnifique. Les poëtes et les écrivains, en hommes qui savaient être reconnaissants à propos, jugèrent que le meilleur remercîment qu'ils pussent adresser aux gens de qualité était de les considérer comme étant des leurs, et ils ouvrirent les portes de l'Académie aux ducs et pairs, aux grands dignitaires et aux évêques.

Dans l'espace du dernier siècle, l'Académie accueillit, pour l'illustration de leur nom et l'état qu'ils savaient faire des lettres et des beaux esprits, quinze ducs ou marquis et huit princes de l'Église.

Il y avait parmi les mieux titrés : le duc de Rohan-Guemenée, le maréchal de Belle-Isle, le maréchal de Richelieu, le maréchal d'Estrées, le duc de Villars, les deux d'Argenson, le duc de Saint-Aignan, le duc de la Force, le prince de la Trémouille, le duc de Duras, le comte de Clermont, le prince de Beauvau, le duc de Coislin et le duc d'Harcourt.

L'Église avait de son côté : le cardinal de Polignac, les archevêques de Toulouse, d'Aix, de Lyon, de Sens et de Cambrai; les cardinaux d'Estrées, de Fleury, de Luynes, de Rohan et de Soubise, et aussi le cardinal Dubois; l'abbé d'Orléans, les évêques de Mirepoix, de Luçon, de Metz, de Vence, de Senlis, de Langres, de Blois. Il faut omettre le duc de Nivernois, le cardinal de Bernis, l'abbé Massillon, l'abbé Maury, le marquis de Sainte-Aulaire et quelques autres qui étaient là pour le compte de leurs œuvres. L'abbé de la Bletterie dit, en parlant de l'élection de Bernis : « On a donné à ce jeune homme le tabouret de l'esprit. »

Ainsi l'Académie française comptait, bon an, mal an, autant de protecteurs que de protégés; mais les protégés se nommaient Fontenelle, Montesquieu, Crébillon, Voltaire, Duclos, Buffon, la Chaussée, d'Alembert, Hénault, Delille, Condillac, Destouches, la Monnoye, Gresset, Marivaux, la Condamine, Saint-Lambert, la Harpe, Sedaine, Ducis, etc. La compagnie était choisie.

L'Académie française, qui distribuait des lauriers à toutes les gloires de la France, avait toujours un fauteuil en réserve pour les victorieux qui faisaient la France grande et florissante.

Belle-Isle, Richelieu, Villars ne signaient, il est vrai, ni poëmes ni dissertations ; mais leurs ouvrages se nommaient : Egra, Prague, Port-Mahon, Hanovre ou Denain. Entre eux et les poëtes qu'ils inspiraient la balance était bien vite établie.

Quand le maréchal de Saxe rentra triomphant à Paris après les victoires de Raucoux et de Lawfeld, l'Académie, se faisant l'interprète de l'enthousiasme général, offrit au grand vainqueur le fauteuil de J. Amelot. Mais le noble guerrier qui avait assez de véritable gloire pour ne pas ambitionner les honneurs immérités, répondit simplement, qu'en le plaçant dans leur compagnie, MM. les académiciens s'écartaient du but de leur institution, puisqu'il ne savait pas seulement l'orthographe. Ces messieurs eurent beau alléguer l'exemple de leur collègue le maréchal de Villars, Maurice de Saxe tint bon. On a conservé de lui cette lettre célèbre : « Je leur ai dit que cela mallet come une bage à un chat. Je crains les ridigules, et secy man paret un. »

Depuis Patru, mort en 1681, on n'avait pas admis d'avocats à l'Académie. En 1733, Normant s'était acquis une si grande réputation d'éloquence que, sur la proposition de Mgr l'évêque de Luçon, l'Académie déclara que s'il se présentait, il serait élu. Mais le barreau tout entier se souleva à cette nouvelle, et le conseil de l'ordre signifia à Normant qu'il considérait les visites obligatoires comme une atteinte à la dignité professionnelle. Normant retira sa candidature, et par représailles, l'Académie décida qu'elle resterait désormais inaccessible aux avocats. Toutes ces petites aventures n'arrivaient pas sans faire un certain bruit ; d'un autre côté, certaines élections, produites sous la pression de la cour ou des coteries féminines, furent mal accueillies du public.

Du temps même de la faveur de Mme de Pompadour, les épigrammes et les satires pleuvaient sur les quarante immortels. Le poëte Roy, à qui la dissolution de ses mœurs et des habitudes peu honorables interdisaient jusqu'à l'espoir d'entrer jamais à l'Académie, en dépit de son talent et de son esprit, se déclara l'insulteur en titre de l'illustre compagnie. Mais, comme presque toujours, les coups dépassaient le but ; les rieurs, en fin de compte, ne restèrent pas de son côté, et l'Académie française n'en poursuivit pas moins sa brillante carrière.

Un rude jouteur, autrement fort que Roy et les poëtereaux de sa sorte, s'escrima toute sa vie contre ce corps respectable. Un jour, passant dans le Louvre avec un de ses amis : « Tenez, voyez-vous, lui dit-il en lui montrant l'Académie française, ils sont là quarante qui ont de l'esprit comme quatre. » Ses éternelles épigrammes, et aussi quelques odes débraillées qui avaient pourtant obtenu l'indulgence de Fontenelle, le firent laisser en dehors de la compagnie. Qui n'a répété son épitaphe, faite par lui-même ?

> Ci-gît Piron, qui ne fut rien,
> Pas même académicien.

Comme autrefois Molière, J.-J. Rousseau fut consigné à la porte de l'Académie française, et avec lui Diderot, cet écrivain universel.

La meilleure réponse aux innombrables critiques dont l'Académie fut assaillie de tous les temps, c'est d'Alembert qui l'a faite dans la préface de ses *Éloges* : « L'Académie, dit-il, est l'objet de l'ambition secrète ou avouée de tous les gens de lettres, de ceux-là même qui ont fait contre elle des épigrammes bonnes ou mauvaises, épigrammes dont elle serait privée pour son malheur, si elle était moins recherchée. »

Parallèlement à l'Académie française, il y avait l'Académie des inscriptions et belles-lettres, fondée en 1663.

Ses fonctions consistaient, à l'origine, dans le choix et la désignation des sujets des tapisseries du roi ; dans la composition des devises des bâtiments du roi, de l'histoire du roi par les médailles, des jetons du trésor et des parties casuelles ; enfin dans l'étude et l'interprétation des médailles, des antiquités du cabinet du roi et des monuments français. Le nombre des académiciens avait été fixé primitivement à neuf. En 1701, il fut porté à quarante. Enfin, en 1785, le marquis de Breteuil fit ajouter aux attributions de cette compagnie la publication des notices, extraits et traductions des manuscrits grecs, latins et orientaux de la Bibliothèque du roi.

La commission, chargée de ce travail important, fut composée de huit savants, dont les noms sont demeurés célèbres : MM. de Guignes, de Bréquigny, Gaillard, du Theil, de Villoison, de Kéralio, l'abbé Brottier et de Vauvilliers.

L'Académie des sciences, fondée en 1666, étonna l'Europe par l'étendue et la nouveauté de ses vues, par l'importance de ses communications.

Nous avions aussi l'Académie de peinture et de sculpture, la plus vieille en date après l'Académie française, car elle remontait à 1648; l'Académie des sciences (1666), qui jeta un si grand éclat dans le monde; l'Académie d'architecture (1671); l'Académie de chirurgie (1731), fondée par Maréchal et la Peyronie; l'Académie de marine (1752), et l'Académie de médecine (1778), la dernière venue et non sans peine.

Les provinces ne comptaient pas moins de quarante académies ou sociétés royales littéraires. Plusieurs d'entre elles avaient acquis une importance qui les élevait jusqu'à la hauteur de l'Académie des inscriptions.

Les plus célèbres étaient celles de Lyon, de Caen, d'Amiens, d'Arras, de Dijon, de Nancy, de Metz, de Rouen, de Toulouse, de Châlons, de Montpellier, de Marseille, de Besançon, d'Arles, et enfin celle de Soissons, qui jouissait d'un privilège particulier. Seule, entre toutes les autres, elle fut associée à l'Académie des inscriptions et belles-lettres, qui faisait à ses membres l'honneur de les admettre à ses séances et de demander leur avis sur les matières en délibération.

Le développement remarquable donné pendant le dix-huitième siècle aux études d'histoire locale et d'archéologie, aux sciences physiques et naturelles, engendra promptement de nombreuses académies.

Outre les quarante académies royales, il s'en formait chaque jour de nouvelles, en dehors des influences officielles, et plusieurs gens notables ouvrirent dans leurs salons des réunions scientifiques. Il y eut les conférences de Lévesque de Burigny, les conversations de M. de Foncemagne, la société des problèmes de la marquise du Châtelet, les réunions encyclopédiques de la Live d'Épinay, et jusqu'aux dissertations culinaires de Grimod de la Reynière, pour ne citer que les plus connues.

Enfin on ne saurait passer sous silence les académies supposées. Elles n'ont jamais eu ni titulaires, ni fonctionnaires, ni réunions ; mais elles ont publié des mémoires, qui sont restés comme de petits chefs-d'œuvre d'esprit, d'ironie, de finesse et de critique ingénieuse. Il suffira de citer l'Académie de Troyes, l'Académie de la ville neuve de Nancy, l'Académie d'Asnières et l'Athénée de Montmartre.

Ces mémoires, fort appréciés des bibliophiles, étaient l'œuvre collective de quelques érudits à l'esprit caustique ou malin. Ils se plaisaient à disserter en la forme académique, et à grand renfort de grec et de latin, sur mille sujets où le grotesque le disputait à la trivialité du fonds ; mais cette amusante débauche de pédantisme spirituel laissait deviner, sous ses allures comico-solennelles, un sentiment si fin de critique ingénieuse et badine, qu'elle a survécu à maintes productions sérieuses du même genre.

Combien d'œuvres de haut style et des plus oubliées ambitionneraient l'immortalité facile des facétieux *Mémoires de l'Académie de Troyes*, du joyeux Grosley, ou du *Chef-d'œuvre d'un inconnu*, cette piquante satire des abus de l'érudition, qui eut l'honneur d'être attribuée à Fontenelle et dont la paternité revient à un jeune débutant du nom de Saint-Hyacinthe?

XXIX

L'UNIVERSITÉ DE PARIS

L'Université, cette *alma mater*, la fille aînée des rois de France, comme on l'appelait glorieusement, fut entourée, sous l'ancienne monarchie, de tant de sollicitude, pourvue de tant de hauts et nobles priviléges, qu'elle pouvait passer à juste titre pour le premier corps de l'État.

On disait d'elle : « La foi lui doit sa conservation ; la société, sa politesse et ses mœurs ; le monde entier, ses lumières et ses connaissances. » Ces paroles sont du roi Louis X, cherchant à justifier aux yeux de la noblesse les immunités et les franchises nouvelles qu'il lui plaisait d'accorder à l'Université.

Perdit-elle quelque chose des mérites qui l'avaient élevée si haut, ou bien les rois se lassèrent-ils de déférer au corps enseignant une trop grande part de leur autorité ? Toujours est-il qu'à partir de l'avénement des Valois, l'Université perdit peu à peu ses plus beaux priviléges.

Au dix-huitième siècle elle jouissait d'une grande considération par la saine doctrine qu'elle professait, par l'exemple de sagesse et de modestie qu'elle inspirait à ses élèves, par les grands hommes qu'elle avait donnés à l'État. Mais souvent son autorité était menacée par les gens du roi, par les parlements, par les jésuites et plus encore par ses querelles intestines.

Elle fut bientôt réduite à l'enseignement dans les quatre facultés : théologie, jurisprudence, médecine, belles-lettres ; et au droit exclusif de conférer les grades de docteur, de licencié, de bachelier et de maître.

Le dernier recteur qui sut maintenir d'une main ferme l'étendard de l'Université fut le grand Rollin, le fondateur et le législateur de l'enseignement moderne. M. Gibert, qui lui succéda plusieurs fois, car cette illustre charge était annuelle, se montra son digne collaborateur.

La fameuse affaire de la bulle *Unigenitus* devint bientôt le signal des luttes dans lesquelles ils devaient succomber, non certes faute de bien combattre et de faire valoir des droits légitimes, mais sous le poids de la contrainte et sous les intrigues sourdement ourdies par le cardinal de Fleury. Quand le ministère vit que Rollin, Gibert, un vieillard de quatre-vingts ans, l'abbé d'Eaubonne et quelques autres, allaient soutenir la protestation de l'Université, on lança contre eux des lettres de cachet, on circonvint les plus jeunes membres du corps, plus ambitieux de la fortune à venir que jaloux des anciens privilèges, et l'on bombarda à la dignité de recteur M. l'abbé de Ventadour, suppôt de la Compagnie de Jésus. En vain les fervents — ils étaient soixante — en appelèrent au Parlement... Le Parlement, fort ébranlé lui-même, reçut défense formelle de se prononcer.

Le rôle traditionnel de l'Université dans l'État était fini.

Le pape, en récompense, accorda le chapeau à M. l'abbé de Ventadour, qui devint cardinal de Soubise. Le vénérable

M. Gibert fut exilé, et le bon Rollin revint à ses traités d'histoire et à son cours d'enseignement.

L'oraison funèbre de la défunte Université fut bientôt faite. C'est un poëte janséniste qui s'en chargea :

> Vigoureuse autrefois, et pleine de santé,
> Fille aînée à nos rois, dame Université
> Livrait mille combats, emportait mille palmes,
> S'attirait tous les cœurs par l'éclat de ses charmes.
> La risée aujourd'hui de ses fiers ennemis,
> Le mépris et l'horreur de ses plus chers amis,
> Par Ventadour, hélas! par la bulle vaincue,
> Percluse, estropiée, honnie et confondue,
> Aux Invalides veut se faire recevoir
> Pour y cacher sa honte avec son désespoir.
> Mais comme tant de maux ne sont pas guérissables,
> Elle eût aussi bien fait d'aller aux Incurables.

XXX

COMÉDIENS ET COMÉDIENNES

Les confrères de la Passion, soutenus des compositions de Jodelle et de Garnier, ont eu l'honneur de tracer leurs voies à Messieurs du Théâtre-Français. Hardy fut leur poëte, suivi de ses émules : Théophile, Racan, du Ryer, Mairet, Scudéry, Gombauld.

L'hôtel de Bourgogne était leur théâtre, et déjà les comédiens de ce temps-là tenaient l'affiche. Il y avait Baron, la Thorillière, Beauval et sa femme ; il y avait M. de la Reynie et le grand Colbert pour mettre un peu d'ordre en toutes ces inventions. On a gardé les premiers comptes des premiers comédiens : tant pour les habits, tant pour les loges à l'année, à savoir le prince de Condé, le duc de Chartres, le duc de Mazarin. Ils ne payaient pas très-régulièrement le prix de leurs places ; de leur côté les comédiens devaient à Corneille le prix de ses tragédies, à M. de Visé le prix de son dîner. Ils n'avaient pas payé *Phèdre* à Racine et *Beverley* à M. Saurin. Ils devaient les décorations et les machines de la *Psyché* à Molière, et les salons de la *Paméla* à François de Neufchâteau. Les premiers comédiens s'appelaient Larive, Saint-Prix, Dupont, Saint-Phal,

Mmes Raucourt, Thénard, Joly, Fleury et Mézerai. Il y eut un jour un second Théâtre-Français, où M. Picard inventa la comédie légère, héritier de Voltaire, de Beaumarchais, de le Sage et de Boufflers. Une autre fois, les premiers gentilshommes de la chambre obtinrent du roi la permission de régler toutes les affaires de l'hôtel de Bourgogne et de l'hôtel de Guénégaud. C'était l'heure des Clairon, des Dumesnil et des le Couvreur, les comédiens et les comédiennes ordinaires du roi.

Ah ! tant de comédiennes sans vertu, tant de comédiens sans honneur ! « Que venez-vous faire ici, Baron ? » disait une duchesse, qui ne le reconnaissait pas. « — Je viens, Madame, répondait Baron, chercher mon bonnet de nuit. » Une autre fois, c'était une marquise. Ces histoires couraient toutes les ruelles. Il est vrai que, parfois, la comédienne hardiment se relevait dans l'estime du monde, et que Voltaire écrivait l'oraison funèbre de Mlle le Couvreur.

Elle a charmé le monde et vous l'en punissez !

C'étaient les beaux jours de la comédie.

On a fait des volumes de ces longues histoires. L'héroïne et le héros se valaient l'un l'autre, et souvent mêlés aux histoires des plus grands seigneurs. Ces histoires de comédiennes et de comédiens se confondaient avec la grande histoire. Il y eut même un jour où le cardinal de Richelieu, ce terrible amateur, logea les comédiennes dans son palais et leur fit partager les travaux de *Mirame* et les honneurs de la place Royale, un domaine de l'ancien monde. Cette place n'avait pas sa pareille à Paris. Elle était le rendez-vous de la jeunesse, de l'esprit et de la beauté. C'était autrefois un lieu si rare et si charmant ! Toute la noblesse habitait dans ces vieilles maisons : les abbés en petit collet, les grandes dames en robes à paniers. Là vivait Mlle de Lenclos, qui fut si longtemps l'amie de Mme Scarron et l'ennemie de Mme de Sévigné. Tout un siècle a passé par là, dans sa magnificence et dans son orgueil.

Le théâtre est l'antichambre éloquent de la comédie. Il y a là un salon qu'on appelle un foyer de comédiens, où tous ces messieurs en grand habit, chamarrés d'or, viennent s'asseoir et causer dans les fauteuils d'autrefois. Les voilà, l'épée au côté, la poudre aux cheveux, la dentelle au jabot, la voix haute et le talon rouge. Ils vivent en pleine splendeur, avec les reines leurs camarades, et tous ces messieurs, protecteurs de la comédie et porteurs des plus grands noms, Lauraguais, Choiseul, Ségur, Ximénès, Langeron, les grands juges de l'art dramatique. Ils avaient, pour leur commander toutes choses, le maréchal de Richelieu, les gentilshommes de la chambre du roi. On disait aux comédiennes : *Mademoiselle*. Un jour que Mlle Clairon causait avec M. de la Feuillade : « Oh ! bien, dit-il, êtes-vous demoiselle ou mariée ? » Elle répondit : « Je suis comédienne. » On ne pouvait pas mieux répondre. Il y avait autour de ce monde à part des comédiens mille esprits curieux qui s'inquiétaient des moindres détails. Un jour que Molé, à cinquante ans, fut pris de la fièvre, un de ses médecins lui commanda du vin de Bordeaux, et Molé reçut dix mille bouteilles du meilleur vin qui fût à Paris.

C'était à qui, parmi les seigneurs et les bourgeois, applaudirait avec le plus d'enthousiasme nosseigneurs de la comédie. On eût dit que tout exprès pour eux l'empereur Néron avait inventé la claque et les claqueurs. Baron, Dufresne, le Kain, Molé n'auraient pas joué le plus petit rôle sans des applaudisseurs à leurs gages. Ces favoris du public arrivaient souvent à de grandes fortunes. On les citait pour leur équipage et pour leur hôtel, même pour leurs vices et pour leurs habits. Quelle douceur de vivre ainsi dans l'enthousiasme de l'admiration! Mais souvent les applaudisseurs de profession manquaient au serment qu'ils avaient prêté à l'idole. Alors quelle misère, quelle peine! et comme un jour quelqu'un disait à le Kain : « Es-tu content? le parterre a-t-il assez applaudi? —J'en conviens, disait le grand comédien; mais je n'ai pas été applaudi par le *petit-coin.* » Le petit coin était un endroit du parterre : on ne soulignait que les applaudissements et les louanges du petit coin. Les comédies de Marivaux étaient surtout applaudies et fêtées du petit coin.

Les comédiens de campagne apprenaient très-lentement les mystères de leur art.

Comment exprimer le point d'admiration, le point de mépris, le point de l'amour, le point de haine, le point d'ironie et le point de commandement? Par quel miracle l'acteur imitera-t-il les Flamands, les Normands, les Gascons, les Provençaux, les maîtres, les valets, les gens de qualité? Comment parlera-t-on en prose et en vers? — Qu'importe votre habit, si vous savez vous habiller comme un vieux bourgeois, si vous savez porter un chapeau pointu, des chausses enrubannées, le pourpoint serré, le collet de batiste à glands?

Les comédiens du roi avaient une assemblée tous les lundis, « à l'hôtel de la Comédie, » pour y traiter de leurs affaires et aussi de celles des auteurs. Ils votaient sur le sort des pièces qui étaient soumises à leur examen, avec des fèves blanches ou noires. L'auteur qui avait composé une grande pièce avait le neuvième du produit des représentations trois ans durant; celui d'une pièce en trois actes, un douzième pendant deux ans; et le dix-huitième pour une année à l'auteur d'un acte. Messieurs de l'Académie française étaient les maîtres d'aller au Théâtre-Français quand bon leur semblait et sans rien payer. Le prix des places y était ainsi fixé : orchestre, amphithéâtre et premières loges, 4 livres; secondes loges, 2 livres; troisièmes loges, 30 sols; et 20 sols au parterre.

La troupe comique dépassait rarement 20 à 23 personnes. Le dix-huitième siècle fut l'âge d'or de ce théâtre, où les grands rôles étaient tenus par Armand, les deux Quinault, Duchemin, Grandval, Dubois, Brizard, le Kain, Molé, Préville, Fleury et Dazincourt; et par Mlles le Couvreur, Dangeville, Gaussin, Clairon, Dumesnil et Raucourt.

Nous avions enfin les comédiens de l'Opéra ou plutôt de l'Académie royale de musique.

Ces comédiens de l'Opéra devaient avant tout s'occuper d'inventer ou de perfectionner les instruments de l'orchestre faits pour accompagner les gens de leur profession. Le violon d'abord fut obligé de renoncer aux dimensions des grandes violes, aux basses des flûtes, des hautbois et des trompettes. Nous avons d'abord changé les petites flûtes, les petits hautbois, les petits clairons, en flûtes, hautbois et clairons. Luths, harpes, théorbes, clavecins étaient plus franchement les instruments de la musique courante. On était ténor, on avait une voix de basse-taille avec 200 livres d'appointements. On faisait de la musique dramatique; on fit plus tard de la musique de chambre, cantatilles et chansons de table. On commençait à parler de l'Opéra au quatorzième et au quinzième siècle; on le chantait déjà avec des machines inventées par Boisjoyeux; en sa qualité d'Italien, le cardinal de Mazarin fit chanter sur le théâtre du Petit-Bourbon la *Rosaura*, où l'on voyait l'image du petit Louis XIV. On attendait le chevalier Perrin, qui fit jouer à Issy la première pastorale. On disait l'*abbé Perrin;* il portait le petit collet. Cambert, son camarade, était organiste du chapitre Saint-Honoré; les premiers chanteurs avaient appartenu aux musiciens des cathédrales. Le marquis de Sourdéac fut un habile compositeur de ballets; Quinault fut le successeur de Perrin. Lully succéda à Cambert. Puis vinrent Rebel fils et Francœur.

On mit en musique, d'abord, *les Métamorphoses d'Ovide*. On trouva dans le père Jouvency les dieux et les héros, chœurs de génies, de satyres, de nymphes, les muses et les grâces, les devins, les sorciers, les géants, puis la faim, la fièvre, la peur, la victoire et les songes, la gloire et les bergers, les jardiniers, les jardinières, et enfin les bourgeois, les bourgeoises, les hommes de cour, les femmes de bel air, les provinciaux des diverses provinces, Normands, Suisses et Gascons, et des coups de théâtre à l'infini : vous voulez embrasser la nymphe, elle devient buisson !

Il y eut d'abord deux espèces d'opéras : les tragédies et les pastorales. Le prologue chantait les conquêtes du roi, conquêtes de la Franche-Comté, et l'élite de la France, enivrée d'enthousiasme pour ce jeune héros. Les comédiens du roi figuraient tour à tour Jupiter, Mars, Agamemnon, Achille, Hector. Quinault, leur maître, est mort en 1688, le premier des artistes de son temps. On n'a plus retrouvé ni Quinault ni Lully. Mais on n'a plus manqué de chanteurs : Beaumavielle, Rossignol, Claidières, Neveu l'aîné, Duménil, Louison, la Rochois, Fanchon, Moreau. Cent mille livres par an, c'était la dépense de l'Opéra. Un chanteur commençait par le *Requiem*, et chantait plus tard : *Jeune cœur, tout nous est favorable!* Le chanteur d'opéra portait un bel habit, de beau linge, une écharpe, des gants à franges d'or. La partition lui coûtait 12 livres; ses camarades portaient le plus beau point d'Angleterre. Il ne fallait pas moins de quatre-vingts personnages pour montrer aux yeux l'agitation de la mer, et les diverses planètes, et la variété de tant de tableaux, accompagnés de la mélodieuse musique de Lully. A peine étiez-vous reçu, vous montiez sur les planches et vous chantiez, au bruit des violons et des flûtes, le chœur des sacrificateurs de l'opéra de *Cadmus et Hermione* :

>O Mars! ô Mars! ô Mars!
>Mars redoutable,
>Mars indomptable,
>O Mars! ô Mars! ô Mars!

Il y avait de quoi perdre la voix à se sentir regardé par tant de gens; mais, une fois rassuré, le chanteur s'en donnait à cœur joie. On montait quatre opéras, six au plus chaque année. On arrivait à cinq heures; un quart d'heure après il fallait être en scène. Alors commençait le ballet, fait comme un drame. Sautez, glissez, tournez; les pas droits, les pas ouverts, les pas ronds, les pas tortillés, les coupés, les demi-coupés, les chassés, les pirouettes, les entrechats; c'était à s'y perdre! Et quand on pense que Louis XIV avait dansé des ballets au milieu de sa cour, qu'il avait accordé aux danseurs de l'Académie royale de danse les mêmes priviléges qu'aux peintres et aux sculpteurs; que Charles II, roi d'Angleterre, admettait à sa table son maître à danser; que la danse était l'art des plus grands seigneurs et des plus grandes dames, et que c'était une forfaiture de parodier les danses et les chants de l'Opéra, alors ce fut un fanatisme.

Le prix d'entrée à l'Opéra resta le même jusqu'à la révolution; l'on donnait 2 livres au parterre et aux troisièmes loges, 4 aux secondes, 7 livres 10 sols aux premières et à l'amphithéâtre, et 12 livres sur le théâtre même. L'Académie royale de musique accordait chaque année trois représentations aux acteurs en forme de gratification; ces soirs-là toute la salle était louée et le balcon se payait un louis.

Au 1er juin 1763 voici quel était l'état de l'Opéra, Rebel et Francœur étant directeurs : 5 basses-tailles, 4 hautes-contres et 1 taille (hommes); 10 chanteuses et 34 choristes composaient la troupe chantante; le ballet comprenait 14 danseurs et danseuses dont 6 doublures, et 36 figurants et figurantes. Il y avait dans l'orchestre 52 musiciens, violons, basses, flûtes, hautbois, bassons, et, comme par surcroît, 2 cors de chasse, 1 timbalier, 1 trompette, 1 musette et 1 tambourin.

Eh bien, tout compte fait, les grandeurs de l'Opéra ne valent pas un petit opéra de la foire Saint-Germain, voire un petit opéra de campagne, ou, mieux encore, un petit opéra de bamboche, que l'on fait parler, chanter et danser à son gré.

XXXI

LE BOUDOIR DE MLLE DUTHÉ

Nous l'avons sous les yeux, le voilà : frais, élégant, parfumé, coquet et charmant; encore tout imprégné des mystères enchanteurs dont il fut le temple, des aimables confidences dont il fut le témoin discret.

C'est le boudoir de Rosalie Duthé, de la petite Rosalie du corps de ballet; celle-là même qui cueillait, en riant comme une folle, le premier aveu éclos dans le cœur de M. le duc de Chartres; de la superbe Duthé, reine du royaume d'Opéra et déesse très-humanisée de M. le comte d'Artois.

Ce n'était pas qu'elle fût précisément jolie, mais elle était charmante. A son apparition dans le monde galant, on la dépeignait ainsi : « C'est une blonde fadasse, d'une figure moutonnière, qui n'annonce aucune pétulance, aucun esprit; mais elle est à la mode. »

En moins de trois ans, la dame, usant de ses bonnes dispositions, avait mis sur le pavé M. le marquis de Genlis, milord d'Aigremont et le marquis de Durfort.

A Dieu ne plaise qu'il nous arrive de soulever le voile qui couvrait de son demi-jour indiscret les plaisirs de la jeunesse dorée ! Mais, hélas ! ces folles entreprises d'une aristocratie insouciante et défaillante n'appartiennent que trop à l'histoire. Elles la complètent, elles l'expliquent, elles justifient même, en plus d'un point douloureux et cruel, ses sévérités cruelles.

Et puis, convenons-en : tout ce qu'il y eut d'éloquent, de fécond, de vivace, de poétique et d'élégant dans l'art de cette époque, tout ce qu'il offre de charme, de sensualité, de grâce tour à tour badine et malicieuse, est né de ces écarts que la morale moderne réprouve à juste titre, mais que l'esprit français ne saurait absolument désavouer.

Il serait aussi difficile, en effet, de parler de l'art au dix-huitième siècle, sans effleurer les galanteries et les audaces d'une période de plus de soixante années de corruption, qu'il est impossible de glorifier l'art du moyen âge ou celui de la renaissance, en les dépouillant de leurs inspirations chrétiennes ou païennes.

L'histoire de ce merveilleux boudoir qui revit aujourd'hui à l'une des plus belles places de l'ameublement historique de M. Léopold Double, le célèbre collectionneur, dans l'intégrité parfaite de sa primitive splendeur, avec ses peintures, ses ornements, ses meubles et jusqu'à ses colifichets natifs, cette histoire ne semble être ni plus ni moins qu'un chapitre détaché de ces beaux romans de féerie qu'on fêtait tant alors, en ces jours d'illusions magnifiques et de convoitises insatiables.

On était au mois d'avril 1775.

M. le comte d'Artois revenait de Turin, où sa nouvelle famille et sa jeune femme s'étaient épuisées en efforts de tendresse et de bons exemples pour lui faire oublier les folles imaginations du jeune et sémillant *chevalier Muguet*.

A peine revenu de ce qu'il appelait gaiement *sa maison de repentir*, il suivit de nouveau la pente facile où glissaient, sans prévoyance et sans remords, ses bruyants compagnons de plaisir. A quelques jours de là, un mot piquant courut les salons et fit sourire un instant la cour et la ville. « M. le comte d'Artois, disait-on, a gagné une indigestion de biscuit de Savoie, et il est venu prendre *du thé* à Paris. » Puis ce fut tout ; on n'en parla pas autrement, car en cette société si indulgente à tous les travers élégants, il y avait comme un accord tacite de laisser chacun s'arranger à sa guise avec ses passions, éphémères comme ses désirs.

M. le comte d'Artois n'eut bientôt plus d'autre préoccupation que celle d'élever un temple à son idole. Il loua, par bail emphytéotique, un terrain des hospices de Paris, situé justement où finissait naguère la rue de la Chaussée d'Antin, en plein chemin de *la Grand'Pinte*, vers les Porcherons, et, en moins de quelques semaines, il y fit construire un délicieux petit hôtel.

Devenue maîtresse de ce séjour enchanté, Mlle Duthé n'avait plus qu'à former un vœu pour le voir à l'instant réalisé. En moins de trois mois, son royal ami avait émietté 80,000 livres à ses pieds, rien qu'en cadeaux et en surprises.

Cependant le prince avait la prétention, bien mal fondée, que sa liaison demeurât secrète. Aussi Mlle Duthé s'en allait partout, disant qu'elle avait un sylphe ; — ce personnage fantastique avait été mis en vogue par les contes de Marmontel et par la jolie petite comédie de Saint-Foix ; — elle ajoutait que ce sylphe généreux autant que magnifique avait le pouvoir de réaliser, comme par un coup de baguette, tous ses vœux, même les plus ambitieux.

Un beau matin, elle s'aperçut qu'elle n'avait pas de

boudoir. Le sylphe empressé s'en était aperçu avant elle, et, pressentant son désir, il avait donné ses ordres au jeune et déjà célèbre Gérard van Spaendonck, peintre du cabinet du roi.

Ce prodigieux artiste, natif d'Anvers, mais que l'Académie royale devait bientôt naturaliser Français, venait de débuter au salon, et Diderot avait daigné dire de lui qu'il n'était autre que van Huysum, ressuscité.

Bien plus, un poëte enthousiaste, plus enthousiaste encore que poëte, avait écrit au bas d'un de ses tableaux :

> Ton feuillage, tes fruits et tes roses vermeilles
> Tromperaient même Flore, errante en ses jardins ;
> Les Nymphes à l'envi vont chercher des corbeilles
> Pour les cueillir à pleines mains.

C'est ce glorieux van Spaendonck lui-même, qui répandit à profusion, sur les panneaux dorés, sa somptueuse moisson de fleurs et de fruits, et certes ces peintures, destinées au boudoir de Mlle Duthé, étaient dignes, à leur tour, d'inspirer des vers meilleurs que ceux-ci.

Ce cabinet était fait de glaces et de panneaux peints, à savoir : quatre grands panneaux et quatre plus étroits. Les premiers, appareillés deux à deux, offrent, au centre, un sujet principal. D'une part, un cygne au col ondulant qui fait jaillir de son bec un filet d'eau retombant en perles humides ; de l'autre, deux colombes se becquetant au bord du nid. Au-dessus de chaque sujet se balancent des suspensions de guirlandes et de couronnes de fleurs, soutenues par des draperies que supportent deux tourterelles ; tandis que le bas du panneau se termine en arabesques de plumes, d'une capricieuse élégance.

Les quatre petits panneaux offrent, parmi des guirlandes

de fleurs, des bouquets de fruits et des papillons diaprés, l'attribut emblématique, dont la Duthé s'était fait une devise : l'arc et le carquois de l'Amour.

Cet emblème éloquent se retrouve, en or incrusté, jusque sur les pincettes du foyer, dont les deux branches sont terminées par la fleur de lis de Bourbon. Était-ce là une précaution du comte d'Artois pour ne pas oublier, en tisonnant au coin du feu défendu, qu'il était prince du sang de France?

La décoration de ce délicieux réduit est complétée par une adorable cheminée en marbre turquin, enrichie d'incrustations de bronze doré, de la composition la plus riche, la plus abondante, et signée Gouthières.

Les plus habiles artistes, les peintres les plus célèbres, ont laissé en témoignage de leur passage ici-bas les éventails les plus séduisants, les plus rares. Watteau et Boucher, deux grands faiseurs d'éventails! Et Dieu sait si les acheteurs ont manqué jamais à ces légères compositions, où le petit art triomphait si souvent du grand art. L'éventail est un sceptre ; il commande, on obéit. Les reines de l'éventail représentaient toute une histoire. Encore aujourd'hui nous savons le nom de ces dames : Ninon de Lenclos, Mlle Béjart, la Raisin, la Champmeslé, et, la première entre toutes, Mlle Contat.

Dans le dernier siècle, on citait le duc de Villeroy dans l'art de prendre une prise de tabac ; le duc de Villequier dans l'art non moins grand de tirer de sa poche un mouchoir à ses armes. Mme de Pompadour excellait dans l'exclamation ; la comtesse d'Egmont remplissait Notre-Dame des saluts qu'elle faisait si bien ; la marquise de Chauvelin était citée à bon droit pour l'élégance de ses jupes brodées; la maréchale de Mirepoix excellait à porter des diamants ou des perles.... Pas une femme ici-bas n'égala Mlle Contat dans le jeu de l'éventail. Elle avait étudié à fond le secret de ces merveilles : elle savait comment s'évente une roturière, une marquise, un abbé d'Italie, une princesse russe, une comtesse allemande. Et, naturellement, elle possédait dans son écrin, les plus beaux éventails, les plus riches et les plus rares, les plus simples et les plus charmants. Elle en avait pour le matin, pour le midi, pour la quatrième heure et pour le soir. L'aurore et le couchant, le midi, l'ombre heureuse à travers la charmille, n'avaient pas de secrets pour cette main galante. A la couleur de son éventail on eût reconnu la joie ou la peine et l'état de cette âme ouverte à toutes les impressions. Elle en avait de gaies, de tristes, de sérieuses : l'éventail chaste et l'éventail enjoué. Aujourd'hui vous pouviez tout lui demander, le lendemain à peine un coup sec, plein de refus. Elle en avait de toutes sortes et de tous pays : en ébène, en ivoire, en laque de Coromandel, en bois de Sainte-Lucie, en papier de Chine, en taffetas de Provence. Elle en parait galamment son petit dunkerque. Et tant de perles, de diamants, de miniatures ! Le sourire allait et venait sur ces feux ondoyants. Elle en avait du grand peintre Boucher; elle en avait de Watteau et de ses fêtes galantes.

Ah! l'éventail, quel oracle! Une espérance, un conseil, une fête, une promesse, un refus, une menace, un pardon. Il loue, il blâme, il approuve, il encourage, il persuade; il sert au rire, à l'ironie, au mépris, à la grâce, au charme; on le ploie, on le déploie, on l'agite, on le renverse, on l'abaisse, on s'en sert pour montrer ses belles mains, pour caresser sa poitrine entr'ouverte, afin d'attirer là justement le regard de ces bêtes d'hommes qui ne savent rien voir; il est propre à tout : à la paix, à la guerre, à la tendresse, à l'enjouement, à la bataille, à la réplique, à l'interrogation, à la malice, à la perfidie. En joue, et feu! Le fusil tue et l'éventail blesse. Il a toutes sortes de câlineries et de petites rages intimes qu'il faut savoir. La jalouse appuie au bord de sa lèvre indignée un éventail furieux; la curieuse, à travers l'éventail, regarde et devine; l'ennuyée au bout de l'oreille se pique en bâillant. Et puis, quel truchement aux belles amours! L'éventail tombe, on le ramasse; il se perd, on le rapporte; il s'agite au plaisir, il se déploie à la tendresse; il s'épanouit à la passion, il chante aux heures délicieuses un vrai cantique; il dit mieux que Duprez : « Suivez-moi! » Il y avait de si beaux éventails à la place Royale, à Luciennes, à Versailles, à l'hôtel de Soubise!

Un poëte, Roy, pour orner l'éventail de Mlle Mimi Dancourt, où le peintre avait représenté, dans un paysage plein de génie, une suite d'intrépides patineurs, écrivit au bas de la page ces quatre jolis vers :

> Sur le fleuve glacé l'hiver conduit nos pas ;
> Le précipice est sous la glace.
> Telle est de nos plaisirs la légère surface :
> Glissez, mortels, n'appuyez pas!

XXXII

PORTRAITS ET DESSINS

Voulez-vous que nous recherchions, dans les images de ce temps-là, la plupart des peintres, les scènes de la famille et l'image ressemblante de nos aïeux ? La tâche est facile, et d'autant plus que le dessin était en grand honneur au siècle passé. Dans les cartons du Musée on retrouverait des images de tous les dessinateurs de la maison royale. Le grand dauphin, fils de Louis XIV, avait réuni dans un portefeuille des vues de l'Escurial, où sa mère et sa grand'mère avaient passé leurs premières années. Louis XV enfant avait dessiné sur une seule feuille de papier une suite de maisonnettes et deux chiens de sa familiarité. Madame Louise a laissé un petit paysage *signé Marie-Louise, anno* 1762. La bonne reine, Marie Leczinska, avait peint pour le roi, qui la négligeait, une tête de Vierge d'après son peintre ordinaire, un homme habile appelé Tocqué. Il avait représenté la reine, si simple et si peu parée d'habitude, en grand habit avec les pierreries de la Couronne, et la couronne de France à sa droite. On la reconnaît à son air de grâce et de bonté, dans ce Versailles, rendez-vous de tout l'esprit français.

La reine trouvait des paroles charmantes. Quand mourut,

au château de Chambord, le vainqueur de Fontenoy, le maréchal de Saxe, d'un coup d'épée du prince de Conti : « Quel malheur! disait-elle (se souvenant qu'il était protestant), que nous ne puissions pas chanter un *De Profundis* pour l'homme qui nous a fait chanter tant de *Te Deum!* » Il y avait, parmi ses courtisans, un certain seigneur qui disait, en toute occasion : « Je n'en suis pas moins le prince Charles! » et chacun souriait de ce bonhomme un peu vaniteux. Lorsque fut présentée à la cour Mme de Pompadour, les courtisans semblèrent oublier la reine, et s'en furent saluer le soleil levant. « Bon! bon! disait Marie Leczinska à son amie la duchesse de Luynes, laissons-les faire, je n'en suis pas moins le prince Charles! » Elle fut la première qui s'inquiéta de la fortune de Voltaire, et comme elle le voyait incliné devant la majesté royale : — « Ah! mon pauvre Voltaire! » disait-elle, et chacun portait envie au pauvre Voltaire.

La fille de Stanislas aimait beaucoup la peinture et s'y plaisait. Ce n'était plus la reine qu'on avait sous les yeux, c'était une véritable artiste. Elle jouait de la guitare et du clavecin. Elle lisait les meilleurs livres historiques. Elle savait toutes les langues littéraires de l'Europe. Une causerie enjouée et sans médisance; pas un mot d'intrigue ou de politique. Elle exigeait qu'on lui donnât des raisons de toutes choses; elle était bienfaisante au degré suprême. Aussi bien elle avait conquis les respects de la cour et l'admiration de la ville.

En même temps que le roi Louis XV, M. le duc d'Orléans, régent de France, était un véritable artiste. On lui doit de très-beaux *Daphnis et Chloé*, et cette image célèbre des *Petits pieds,* qu'il avait inventée. « Ah! Monseigneur, lui disait Casanova, le Casanova des batailles, il ne vous manque guère, pour être un grand artiste, que d'être un pauvre diable comme nous ! »

C'est surtout par l'esprit, la grâce et le sentiment que se faisaient accepter les dessinateurs de cette époque. Il y avait toute une famille de Saint-Aubin, qui suffisait à toutes ces grâces. Ils étaient dessinateurs et graveurs, savants dans l'art des détails, ingénieux dans la composition, habiles à représenter les hommes sous l'apparence des papillons, des insectes et des singes. Ils excellaient à reproduire un portrait, et, pour peu qu'un modèle, homme ou femme, eût passé sous les yeux de ces artistes, vous en aviez une image fidèle.

Ils étaient passés maîtres en l'art de reproduire en leurs moindres détails la vie et les mœurs de leur temps. Pas un qui ne tentât de reproduire quelque heureuse famille qu'il avait sous les yeux, c'était la sienne, et les Cochin n'y ont pas manqué. La merveilleuse poupée et la joie et la fête de ces bons bourgeois, qui s'amusent de si peu, *l'Heureuse famille*, où l'on voit quatre petits enfants, trois adolescents, la vieille et le vieillard, au coin d'un grand feu, vous donnent une idée approchante de ces êtres contents de si peu !

La famille, en ce temps-là, tout comme la cour, avait son peintre ordinaire, un certain Chardin, bonhomme, ami des choses bien faites, des enfants bien élevés et des bourgeois sans apprêt. Il se plaît dans l'antichambre ; il se hasarde au salon. La cuisine et le grenier l'attirent. On reconnaît les ménagères de Chardin à leur simple appareil, à leur ingénuité, à leur intime contentement. Elles se plaisent dans l'ordre et dans l'arrangement, souvent au balai ; l'enfant est bien lavé et bien vêtu, grâce à ces bontés protectrices.

Chaque fillette a sa part au chaudeau, et la dame, en causant, les sert au gré de leur envie.

Il était fils d'ouvrier, ce Chardin, il était né dans les mœurs les plus douces et les plus sérieuses. Il aurait eu honte de faire des modèles plus beaux que la nature; il les maintenait heureusement dans la médiocrité peu dorée. Il était d'une fécondité inépuisable, et toujours dans le terre-à-terre. Il fut célèbre en vingt-quatre heures.

Diderot l'appelait son ami; Greuze le traitait en émule; ils obéissaient tous les trois au même instinct. Chardin disait souvent à ses élèves : « Mes amis, la vérité c'est le génie, et ne vous inquiétez pas de vos couleurs. Le dessin suffit à tout reproduire. Aimez-vous les uns les autres, et recherchez les petites gens. »

Pendant longtemps, les œuvres du bon père Chardin furent négligées et dédaignées de MM. les fermiers-généraux. Mais enfin, quand nous avons mieux compris la grâce et la force du naturel, nous sommes revenus au bonhomme Chardin. — Souviens-toi que tu es homme et rends enfin justice à l'humanité! *Homo sum et nil humani a me alienum puto.* Et plus il s'est maintenu dans son humilité naturelle, et plus nous savons gré au bourgeois Chardin d'avoir quitté les sentiers brillants de la peinture officielle.

Il y avait, à la même heure, un certain Lancret, peintre des rois, des princes et des marquises, et non pas de la nature, qui prodiguait sur sa toile insensée une suite de beautés galantes, au milieu des fruits et des fleurs, dans des jardins copiés sur les jardins de Versailles.

Il y avait à la même heure, sonnant à la même horloge galante, un certain Watteau, qui marchait en plein rêve, et qui ne savait rien d'impossible à son gentil esprit, planant dans la nue et dominant toutes choses. Il vivait dans un monde idéal de sa création; la fantaisie était sa Muse, et ce n'était pas celui-là qui se fût jamais contenté des têtes de tout le monde. Il inventait ses personnages, il inventait ses paysages; il lui fallait des hommes et des femmes vêtus follement, comme on l'est au théâtre, en pleine comédie. On entend le frôlement de ces robes et le bruit de ces rubans. Tout danse et chante, au bord des eaux jaillissantes. Il a passé sa jeunesse, on le voit bien, à contempler la galerie de Rubens. Il ne savait rien de trop charmant; il vivait dans les dentelles, dans les pierreries, dans la gaze et dans la soie. Il avait des rires bruyants, des gaietés scandaleuses. Bien rarement il a fait de petits tableaux que Chardin n'eût pas désavoués. L'Europe entière a salué son *Embarquement pour Cythère*, qui fut son morceau de réception à l'Académie royale, où il se fit inscrire sous le titre romanesque de « peintre des fêtes galantes ».

Quatre ans après la mort de celui-là,

Qui marchait si gaiement dans son rêve étoilé,

nous avons eu Jean-Baptiste Greuze, un peintre excellent des élégies, des paysages et des scènes domestiques. Il tient dans les arts la même place que Diderot, son ami. — « Ah! Monsieur Diderot, lui disait-il au sortir du *Père de famille*, que vous êtes beau! » tant il confondait la beauté de l'œuvre et la beauté du poëte. Il était presque un Chardin, ce Greuze! Il fut le peintre des sentiments les plus honnêtes; il est bien le voisin de Florian et de Grétry. *La Cruche cassée* et *l'Accordée de village*, deux chefs-d'œuvre! Il y faut ajouter ce beau portrait, dans le musée d'Angers, une incomparable figure de *l'Innocence*. Il était né à Tournus, en 1725,

Il commença par faire au hasard tous les portraits qui lui étaient demandés, et bientôt ses grandes compositions, *le Père paralytique*, *la Malédiction paternelle* et *la Dame de charité*, ouvrirent toutes les portes à ce jeune homme. Celles de l'Académie restèrent fermées. Il semblait qu'elle n'eût pas compris ces fraîches couleurs, ce talent naïf, et il fallut la révolution de 1789 pour attirer au Louvre une des gloires de la peinture. Mais Greuze est resté pauvre, en dépit de tous ces genres de succès. Que de fois nous nous sommes attristé à la lecture de ses lettres suppliantes, et comme on eût dit volontiers à ce grand artiste : « Ami, relevez-vous ! Ces hommes que vous implorez finiront par vous payer vos moindres toiles à des prix fabuleux. » Greuze, le premier, prédit au jeune Prud'hon la popularité grandissante. « Avez-vous du talent? dit-il à Prud'hon. — Certes, répliquait l'autre. — Eh bien, tant pis ! disait Greuze. A quoi donc le talent m'a-t-il servi ? »

Il avait composé dans ses derniers jours un tableau qui fut un des bonheurs de Paris, *le Gâteau des Rois*, l'une des plus aimables superstitions de l'ancienne France, *pour l'Enfant Jésus, pour la Vierge, pour les Mages et le Pauvre !* Et de fait, le pauvre arrivait, chantant sa complainte affamée :

> Bonsoir à la compagnie
> De cette maison !
> J'vous souhaite année jolie
> Et biens en saison.

> Je suis de pays étrange
> Venu dans ce lieu,
> Pour demander à qui mange
> Une part à Dieu.

> Apprêtez votre fourchette
> Et votre couteau
> Pour me donner une miette
> De votre gâteau.

L'amitié et l'adoration de Diderot ont fait de Greuze et de Chardin deux immortels. Grâce à ces deux maîtres, l'école française, après les oublis les plus injustes, est devenue, ou peu s'en faut, l'égale des plus grandes écoles, aux belles époques de la peinture.

Un portrait d'après Largillière aujourd'hui est un titre d'honneur. Il n'allait pas chercher ses modèles parmi les courtisans de l'Œil-de-Bœuf. Il évitait avec le même soin les petites dames et les petits marquis. Il était d'une vérité parfaite. Avec un peu de complaisance il pouvait donner le plus charmant aspect à sa fillette et à Mᵐᵉ Largillière; il les a montrées telles qu'il les voyait sans emphase et dans toute leur simplicité.

En revanche, on a vu des peintres fort célèbres de ce temps-là tomber dans un tel oubli que les ventes les plus infimes n'en veulent pas. Tel un certain Jacques Lajoue; il fut longtemps peintre à Versailles, entouré d'admiration, maître des plus beaux travaux. Il décorait les plus riches salons de Versailles; il avait pour son collaborateur ce même Watteau, qui faisait les figures dans le paysage de Lajoue. Il doit être assez ressemblant dans cette image, roide et gourmée comme on l'a faite, et tenant sa palette à la façon d'un mauvais soldat qui tient héroïquement son épée. On ne saurait vanter non plus la beauté de Mᵐᵉ Lajoue, et Watteau ne l'aurait jamais prise pour un modèle. De son côté, la petite Lajoue est non pas une enfant mais une demoiselle. On ne la regarde point, elle se montre, et nous ne serions pas surpris qu'elle attendît un mari. L'accessoire est digne du reste. Le chien, les canards, la pièce d'eau, même les fleurs au corsage ont un certain air d'apprêt qui ne saurait nous étonner quand nous apprenons que le vrai talent de Lajoue était d'orner, de décorer, d'inventer des agréments, même en architecture. Il faut vraiment que vous soyez averti des insanités de ce monde, ouvert à toutes les caricatures.

Il nous faut du nouveau, n'en fût-il plus au monde !

En vain les maîtres protestent; Claude Ballin se fâche et Germain s'indigne. Le bon sens est perdu, le naturel s'enfuit épouvanté. C'en est fait, la ligne droite a fait place au contour. Diderot crie, et ne veut pas de ces flambeaux tordus violemment, de ces bobèches convexes, de ces escaliers extravagants faits exprès pour allonger le chemin. Les balcons se bombent, les corniches se gondolent; il faut historier même les châssis des fenêtres. On s'inquiète à peine de l'ameublement et de savoir comment il tiendra dans ces élégances biscornues. Les chapelles et les églises ont un faux air de boudoir et de cabinets de toilette; les tombeaux sont enjolivés, dorés, ciselés; le confessionnal ressemble à quelque rendez-vous de galanterie. Dans les jardins la même ambition de tout bouleverser. L'arbre allait tout droit vers le ciel, apportant le murmure et la fraîcheur: on en fait une boule et, si la forme est arrondie, on le taille en éventail. Lajoue est le véritable auteur de ces révolutions fantastiques. Son recueil de dessins, pour meubles et ornements, ressemble au recueil du Bourgeois gentilhomme aux petites maisons. Voici des arcs de triomphe et des dais contournés, surmontés de panaches; il composait aussi des trônes, des trophées, des fleurs même et des plantes à l'usage des jardins de Lajoue. Ah! fi de la nature! on la repousse à coups de fourche, elle ne reviendra pas. C'est le vrai rococo rageur, le vrai Parnasse français de Titon du Tillet, qui est encore aujourd'hui l'embarras de la Bibliothèque nationale. Lajoue était le Raphaël du *trompe l'œil.* Louis XIV en avait donné le premier l'exemple à Versailles, et quand il allait au-devant du grand Condé, il faudrait un *trompe l'œil.* « Ne vous pressez pas, mon cousin, dit le roi; quand on est chargé de lauriers comme vous l'êtes, on ne saurait marcher si vite. »

Ces peintres divers, dont le crayon charmait la ville, amusait la cour, et portait en tout lieu le contentement, servaient à l'œuvre assidue et satisfaite de certains graveurs d'un vrai talent qui vivaient de ces reproductions. Il n'est pas un de nous qui n'ait rencontré, dans la chambre et dans le salon des anciens châteaux, quelque aimable gravure d'après Greuze ou Watteau.

A peine hors de page, ces gravures devenaient la grâce et l'ornement de la maison. L'enfant s'habituait à les voir. Les jeunes amoureux souriaient à ce printemps de la jeunesse. On admirait Greuze pour les spectacles qu'il donnait à son peuple; on aimait Chardin pour sa bonhomie. Or, toutes ces eaux-fortes étaient colportées dans tous les coins de la ville. Il y en avait pour la mansarde et pour le salon, même pour l'écurie, où les palefreniers les attachaient en souvenir de Margot la revendeuse. Les marchandes de mode ne s'en faisaient pas faute, et Mlle Lange, avant d'être Mme du Barry, emportait sa cargaison d'images. Elle rêvait à ces beaux seigneurs, elle souriait à ces comédiens; elle suivait d'un pas alerte le soldat partant pour la guerre; elle fredonnait les chansons de la ravaudeuse. Elle avait gardé pour M. Greuze un tendre souvenir. Elle croyait qu'il était mort depuis longtemps ! Cette diffusion de l'image et cette profusion de belles choses à tout propos, à propos du général d'armée, à propos de Célimène, à propos du poëte inconnu, servaient de seconde éducation à la jeunesse française. Elle apprenait, sur ces pages fugitives, à bien s'habiller, avec la science du geste et du regard. L'eau-forte et la chanson tiennent une grande place dans cette éducation domestique. Encore aujourd'hui les petits-fils et les petites-filles de ces curieuses s'arrêtent devant l'image et lui font une petite risée, en disant : « Ah ! que c'est ça ! »

Il y avait aussi M. Oudry, premier peintre du roi, qui était un charmant peintre. Il régnait à Versailles, à Choisy, à Marly, à Compiègne, à Chantilly. Ces résidences royales demandaient leurs plus précieux ornements à M. Oudry, et Louis XV le logeait dans son palais des Tuileries, l'emmenant à sa suite quand il allait courir le cerf. Il était l'historien de la chasse, un peu plus que Racine et Despréaux n'étaient les historiens des victoires et conquêtes de Louis XIV. Louis XV emmenait M. Oudry dans sa forêt de Fontainebleau, comme autrefois Louis XIV emmenait van der Meulen dans les campagnes de Flandre. C'est à Fontainebleau que M. Oudry a laissé le plus de traces de son passage. Il a fait pour les salons des chasses, *le Rendez-vous*, où l'on voit Louis XV donnant ses ordres à M. de Nestier, la *Chasse à l'étang*, la *Chasse dans la forêt de Compiègne* et dans *les Rochers de Franchard*. Toute la cour, en grand appareil, arrive à ce rendez-vous de fête et de plaisir : les dames, les seigneurs, les chevaux, les beaux chiens, les habits bleus, les habits rouges, allant et galopant dans cet espace enchanté. Ces tableaux vous donnent une idée approchante des plaisirs et de la magnificence de cette cour. Oudry suffisait à reproduire heureusement ces scènes diverses et faisait si bien que le roi reconnaissait ses bêtes favorites, épagneuls, braques, chiens courants. Sa femme, une demoiselle Froissé, à laquelle il avait donné des leçons, l'aida parfois dans ses travaux.

Lui-même, il gravait ces compositions charmantes; là gravure était sa joie et sa fête, et son véritable outil. Nous lui devons les *Fables de la Fontaine,* une merveille, dans laquelle il a reproduit l'esprit et la naïveté du maître. Avoir autant d'esprit que la Fontaine, pour tout autre que M. Oudry, serait en trop avoir. Il a composé ses ravissants tableaux pour son propre plaisir. Là il était à l'aise; il marchait du même pas que le grand poëte. Il le suivait dans ses sentiers; ils s'attristaient, ils souriaient de compagnie. L'heure vint enfin où la paralysie abominable enchaîna cette main vaillante. Il mourut en 1755.

Le grand peintre Largillière a laissé de ce maître si habile un portrait digne de lui. « Il faut savoir, disait Largillière au jeune Oudry, jouer de la flûte pour bien jouer du tambour. »

Le czar Pierre Ier voulait l'emmener en Moscovie, et il fut forcé de se cacher pour échapper à ses instances. Les cent rébus qu'il grava sous la Régence, et qu'il dédiait à la duchesse de Berry, attestent de la gaieté de ce brave homme. Il jouait de la flûte, il battait du tambour; il tirait de la trompette et de la guitare les harmonies les plus inattendues.

Un peu plus tard, Moreau jeune étudiait les images de son temps. Il est le représentant de l'élégance française. Il savait ses contemporains par cœur. Nous retrouvons aujourd'hui chez Moreau jeune l'esprit des philosophes, le talent des belles dames et les chères passions du plus beau monde. Il tient le crayon des Cochin, des Gravelot, des Saint-Aubin, et il s'en sert de façon merveilleuse. On lui doit ce charmant livre intitulé : *Suite d'Estampes pour servir à l'histoire des mœurs et du costume au dix-huitième siècle* (1776), écrit par Rétif de la Bretonne, il est vrai, mais dessiné par Moreau jeune. On a vu rarement l'outil léger venir d'une façon plus clémente sur les excès de l'ouvrier le plus mal élevé. Nousmêmes, que faisons-nous quand nous recherchons les habitudes, la vie et les mœurs du dix-huitième siècle ? Le recueil de Moreau suffirait. Rien que dans ses *Petits Parrains* vous retrouveriez toute l'époque. La demoiselle est déjà une petite marquise, et, par la sambleu ! le jeune homme est-il assez gentil, assez galant ! Le petit duc de Fronsac, quand il menait au bal la fille de M. le Régent, n'avait pas meilleure apparence. Ce spirituel dessinateur fut de l'Académie royale, et sa fille épousa le peintre Carle Vernet.

Ah ! si nous avions le temps d'écrire *in extenso* l'histoire du petit art ! Mais le grand art n'a pas échappé à l'honneur du siècle de M. Oudry. Voici Jean-Baptiste Pigalle, un statuaire. Il était le cinquième enfant d'un menuisier, qui voulut en faire un maçon ; mais un voisin, un ami de la famille, s'écria que c'était dommage, et lui ouvrit la porte de son atelier de sculpteur. Là, il trouva Jean-Baptiste le Moyne, qui resta son ami toute sa vie. A vingt ans le jeune Pigalle était encore en doute du talent qu'il pouvait avoir, et, comme il manqua le prix de Rome, il partit à pied. Tout chemin mène à Rome ! Heureusement il rencontra Guillaume Coustou, héritier du génie de son père. Il adopta

Pigalle et lui fraya le chemin. Il le ramena grand artiste et bonhomme. Une fois qu'il se promenait sur la rive du Rhône, à Lyon, il voit que, par autorité de justice, on vendra tout à l'heure le mobilier du pauvre Codrus. Codrus devait dix louis, Pigalle en avait douze, et gaiement il racheta le berceau de l'enfant, le siége de la mère et les outils du papa.

Il signala son retour à Paris par une figure d'homme assis qui représentait *le Commerce*. « Oh! bien, disait Falconet (encore un ami de Diderot), je ne vous aime pas, et vous me le rendez bien; mais je ne crois pas que l'on puisse aller au-delà de votre bonhomme. » Il y eut un moment où le roi voulut donner à Pigalle le cordon de Saint-Michel; mais il ne voulut accepter que si la même distinction était accordée à Coustou. La fortune traita en enfant gâté celui que ses camarades d'atelier avaient surnommé *le mulet de la sculpture :* outre les honneurs de l'Académie, il eut un logement au Louvre, le titre de sculpteur du roi et des travaux royalement payés.

On doit aussi à Pigalle la statue de Voltaire, qui s'est réfugiée (elle était nue) à l'Institut de France. Mais pour l'honneur de son génie nous lui préférons l'élégant marbre du *Mercure* et le monumental mausolée du maréchal de Saxe.

Tous les artistes, les peintres et les sculpteurs, avaient fait leurs premières armes à l'exposition ouverte chaque année à la porte du Louvre. Ils apportaient en ce lieu sauvage leurs compositions diverses, et le public, en passant, leur jetait à peine un coup d'œil. Les salons du Louvre étaient réservés pour les artistes de l'Académie. On a gardé tous ces noms, les connus et les inconnus, ceux qui se trompaient au dehors, ceux qui se trompaient au devant du Louvre :

Iliacos intra muros peccatur et extra.

De tous les artistes à qui fut confié l'ornement du jardin de Versailles, Puget, le sculpteur, était sans contredit le plus célèbre. Il était né à Marseille, où il exécuta son premier travail. Mais, bientôt, comme il se rendait à Rome, il fut arrêté par les seigneurs génois, qui lui confièrent leurs plus belles maisons. A Gênes, il est partout, dans le palais du riche et dans le palais du pauvre, à l'*Auberge des pauvres*, c'est le nom pieux de l'hôpital. Le voyageur est attiré par une Vierge admirable de Puget, qui fait songer à Michel-Ange. Un jour qu'il envoyait, pour l'ornement de la grande allée de Versailles, un marbre représentant *Milon de Crotone dévoré par un lion* : « Ah! le pauvre homme! » s'écria la reine Marie-Thérèse, tant la douleur était empreinte sur ce noble visage. Il a fait aussi fait des chefs-d'œuvre de sculpture sur le bois de chêne.

Il y eut une dispute entre le roi et le sculpteur pour le payement de ce même *Milon,* exposé pendant un siècle à tous les orages, et Louis XIV s'écria : — « Je ne suis pas assez riche pour payer les marbres de Puget. » D'un seul mot il ruinait ce grand artiste. En effet, les courtisans, moins riches que le roi, n'étaient plus assez hardis pour atteindre la grande sculpture. Il fallut retomber à Coysevox, aux nymphes, aux guirlandes, aux bergères, si bien que Louis XIV n'était pas mort que déjà les artistes de Louis XV s'emparaient de ses bosquets. Ce jardin merveilleux, à la mort du grand roi, avait poussé si ferme et si dru, qu'il fallut couper ses charmilles par respect pour les mœurs.

Elles étaient devenues le rendez-vous de toutes les amours! Ce fut seulement quand le jour pénétra dans ces mystères que le monde intelligent comprit la force et l'autorité de Puget. Mais revenons aux artistes du dix-huitième siècle.

Falconet, quand la Russie, en 1766, eut commandé à son génie une statue de Pierre le Grand, se hâta d'obéir, et, par suite de rudes épreuves, il plaça le bronze immortel sur un rocher plus dur que l'airain.

A côté de ce grand artiste ne pâlit point le nom de Houdon, qui ne fut pas moins grand que lui. Honoré des conseils de Pigalle, plein de feu et d'émulation, il passa dix ans entiers à Rome, et l'une de ses œuvres, un *Saint Bruno* colossal, arracha au pape Clément XIV ce cri d'admiration : « Si la règle de son ordre ne lui prescrivait le silence, il parlerait! » Membre de l'Académie royale, il crut ne pouvoir mieux payer son tribut au corps enseignant que par un de ces ouvrages propres à former des dessinateurs, un *Écorché*. Sa statue de Voltaire, que Mme Denis offrit à Messieurs de l'Académie, et qui est aujourd'hui le plus bel ornement du Théâtre-Français, offrit au public parisien une image aussi noble que vraie de son philosophe favori. Que dirons-nous de ses bustes, galerie de marbre dont les modèles se nomment Washington, Catherine II, Diderot, Molière, d'Alembert, La Fayette, Mirabeau? Quel cortége de célébrités! Il avait été l'ami de presque tous; et quelle joie de lui entendre raconter ses souvenirs, à ce vieillard si grand et d'une si spirituelle bonhomie! Dans ses têtes de jeunes filles il luttait avec Greuze d'innocence et de grâce. Voyez sa *Frileuse*, un type de naïveté!

Mais le *Saint Sébastien* de Puget, l'*Innocence* de Greuze et les portraits de Chardin, ce peuple entier de nymphes et de héros sur le tapis vert, ce n'était pas l'attrait véritable du roi Louis XV. Il n'aimait pas ce qui était grand et naturel; il avait peu de goût pour la musique. Il était resté vingt ans sans jeter un coup d'œil sur la colonnade du Louvre. Il était né dormant, il est resté endormi. Il n'éprouva que dégradées les anciennes passions de son aïeul Louis XIV. Il fut amoureux par hasard, chasseur par instinct. Il était né gourmand, et tout d'abord il fut rôtisseur et saucier. L'art peut faire un saucier, la nature seule fait un rôtisseur, comme on dit qu'elle fait les poëtes.

C'est le beau temps des trois grands arts : peinture, architecture, sculpture. Nous ajouterons bientôt la musique, et déjà nous entendons les deux rivaux, Gluck et Piccini, sans compter Rameau. Or nous connaissons tous ces artistes par les récits du peuple et les écrits du grand écrivain Denis Diderot. Quel bonheur de l'entendre, en ces tumultes, raconter le bonhomme Greuze et le grand Falconet! Il a fait tout un livre sur les Vernet, à commencer par le premier de tous, Joseph Vernet, né en 1714. Tout le siècle est enserré dans ces histoires.

Ces Vernet sont d'Avignon; le grand-père était un humble artisan qui décorait les chaises à porteurs. En cette ville d'Aix, où l'avait relégué sa mauvaise fortune, il rencontra la protection de Mme de Simiane, cette Pauline si charmante dans les lettres de Mme de Sévigné, son aïeule. Mme de Simiane accepta pour son peintre ordinaire le petit Joseph Vernet, et, quand il eut décoré la maison de l'aimable femme, M. de Caumont, de concert avec d'autres amateurs, l'envoya à Rome (1734). Là, notre ambassadeur, M. de Saint-Aignan, lui acheta une *Caravane au Vésuve* et une *Vue* de cette montagne. On parla de ces tableaux chez le pape, et voilà les plus grands seigneurs qui se disputent les premiers ouvrages de ce peintre inconnu. M. de Villette, qui resta toujours son admirateur déclaré, lui paya vingt-cinq écus une *Chasse aux canards,* et la céda au cardinal de la Rochefoucauld. Ce fut toute une affaire. En même temps, Joseph obtenait la main de Mlle Virginie Parker, fille d'un Irlandais qui commandait les galères du pape; et le voilà dans sa maison, très-gai, entouré de musique, et chantant en famille le *Stabat* de Pergolèse, son meilleur ami.

Pergolèse, en mourant, avait légué sa musique à ce peintre francais, Vernet, qui jouait si bien du clavecin. Et tenez, lui-même, il s'est représenté sur une toile impérissable : il a trente ans; son visage, un peu bourgeois, est plein de bonhomie; il raconte avec feu toutes les admirations qui remplissent sa tête et son cœur. Autour de lui tout est joie, abondance, prospérité, succès, enchantement. Sitôt que le soleil déclinant leur permettra de sortir, notre artiste, sa jeune femme et le petit enfant s'en iront à pas lents chez Guillaume, un traiteur célèbre du temps; et là, Dieu sait les rires, les concerts, le jeu, les bons vins, les chansons! La clef des champs est le vrai talisman de cette famille; elle marche au hasard dans tous les frais sentiers, et, le soir même, le peintre heureux rapporte sur son épaule l'enfant qui dort; et, dans son cerveau, toutes sortes de doux aspects. Le lendemain, de bonne heure, il est à l'œuvre; il faut qu'il contente à la fois toutes les nations : Anglais, Français, Hollandais même et jusqu'aux princes suédois. A Vienne, en Saxe, à Berlin, les marines de Vernet sont très-recherchées; le grand Frédéric a commandé deux tempêtes furieuses pour orner son cabinet; et comme enfin

Paris, si dédaigneux d'habitude, et qui se hâte assez peu dans l'admiration, ne saurait se passer plus longtemps du peintre à la mode, à Paris même, en 1748, en 1750, les amis de Joseph Vernet exposent ces petites marines si nouvelles, que les artistes eux-mêmes en veulent avoir à prix d'argent. Les Français, après la perte de leurs vaisseaux, ne diront plus désormais qu'ils n'ont pas de marine. « Et Vernet? » répondra Louis XV, heureux de se tirer d'affaire avec un bon mot.

Joseph Vernet était en pleine faveur auprès de Mme de Pompadour. Elle lui fit un jour une belle commande (1753). « Il nous faut, disait-elle, les tableaux des ports de toute la France. Allez, faites vite et bien. » Huit jours après, Vernet était au port de Marseille, en aimable et joyeuse compagnie. On y voyait de belles jeunes femmes, dans leurs habits des grands jours. Sur le rivage est dressée une table abondante, et de jolies personnes admirablement vêtues d'une robe jaune présentent au peintre un vieux pilote de cent ans... Voilà tout *le Port de Marseille*. Avant tout le peintre a voulu, pour chacun de ses tableaux de marine, trouver un drame où la mer, tantôt proche et tantôt lointaine, ait un beau rôle à jouer.

A Marseille, il déjeune, et bientôt il organise une partie de pêche; on s'entasse en riant sur ces barques légères; déjà les filets regorgent de poissons, dont l'écaille aux mille couleurs brille de tous les feux de l'arc-en-ciel. Une autre fois nous aurons la tempête, et sur le rivage au désespoir nous verrons comment ces malheureux s'appellent, se recherchent, se retrouvent. Pour représenter *le Port d'Antibes*, voici les mâts pavoisés, les banderoles flottent au vent. Voyez-vous, la tête haute et portant le cordon bleu, ce galant gentilhomme que les belles dames viennent recevoir en caquetant sous leurs ombrelles ? Ce Vernet est un inventeur; rien ne le gêne et tout l'attire. Il voit d'un coup d'œil la scène qu'il va composer et le lieu de la scène.

L'Océan fut rebelle à ce doux génie. Hors de la Méditerranée, il se troublait comme un pilote sans boussole. Il ne comprenait rien à ces brutales colères, à ces fureurs sans cause, à ces falaises dénudées, à cette majesté sombre. Il lui fallait la vie et le soleil, la grâce et l'accent, le bonheur, l'entrain, la gaieté des paisibles rivages. La Méditerranée est sa nourrice et son modèle; ils s'entendent si bien l'un l'autre ! Épier les baigneuses sous les arbres complaisants, prêter l'oreille à l'écho de la plage, être attentif à ces murmures que rien ne lasse, il n'en savait pas davantage, il n'en voulait pas faire davantage. Avant les œuvres de la nature il préférait souvent les œuvres de la main de l'homme : une jetée, une tourelle, un grand navire, un bateau de pêche, un débarquement de marchandises, un pont rustique, une cabane ou simplement un homme assis sur la grève, et qui regarde au loin dans l'infini.

Vous étiez bien le digne ami de l'étonnant Diderot, maître Joseph Vernet. Venus au monde à la même heure, tous deux s'enivraient du même rayon, ils adoraient la même image, ils s'abreuvaient aux mêmes fontaines. Quel miracle ! s'écriait Diderot, à l'aspect de cette nuit limpide, où l'on voit que le soleil a laissé tomber tous les reflets d'un beau jour. Partout la nuit, partout la douce clarté se mêlant dans un harmonieux ensemble; et peu s'en fallait qu'il ne fît un signe de croix, tant son enthousiasme était sincère et solennel. C'est la mode aujourd'hui, je le sais bien, de déprécier les *Salons* de Diderot... Et pourtant pas un des tableaux qu'il a décrits ne saurait échapper à l'immortalité. Bonhomme et brave homme, il voyait, comme Hamlet, toutes ces grandes œuvres avec l'œil de son esprit. Au premier tableau de Joseph Vernet, Diderot se dit à lui-même : « Enfin je retrouve un ami ! voilà mon peintre ; il a mes yeux, il a mon âme. » Il fut le premier qui salua Joseph Vernet. Il s'écria qu'il fallait le loger au Louvre, et vraiment, c'était une grande récompense que la royauté accordait aux artistes français, lorsqu'elle leur abandonnait ces chambres, ces galeries, ces ateliers, qu'ils arrangeaient à leur fantaisie.

Ainsi Joseph Vernet fut dès 1762 un habitant du Louvre, et du Louvre il devint le commensal des meilleures maisons de Paris, étant mêlé avec ce qu'il y avait de plus rare et de plus exquis pour les beaux esprits, les femmes galantes et les écrivains de ce temps-là. Il fut des lundis de Mme Geoffrin, des jeudis de Mlle de l'Espinasse et des samedis du baron d'Holbach. Il fit un tableau de *la Bergère des Alpes,* un mauvais conte de Marmontel. Chacun venait à lui, parce qu'il était bon camarade. Ami de Vien, de Soufflot, de Greuze, il eut pour disciples Lantara et Lauterbourg. Carle Vanloo le présenta à l'Académie, et toujours Diderot d'applaudir dans ce magnifique langage dont il était le créateur. « Voulez-vous savoir, disait-il, quel homme ici-bas fait la pluie et le beau temps ? Saluez Joseph Vernet. Cette année encore il a fait vingt-cinq tableaux ! et quels tableaux ! C'est comme le Créateur pour la célérité ; c'est comme la nature pour la vérité. On dirait de Vernet qu'il commence par créer le pays, et qu'il a des hommes, des femmes, des enfants en réserve, dont il peuple sa toile comme on peuple une colonie; puis il leur fait le temps, le ciel, la saison, le bonheur, le malheur qu'il lui plaît. C'est le Jupiter de Lucien, qui, las d'entendre les cris lamentables des humains, se lève de table et dit : « De la grêle en Thrace; » et l'on voit aussitôt les arbres dépouillés, les moissons hachées, et le chaume des cabanes dispersé ; « La peste en Asie; » et l'on voit les portes des maisons fermées, les rues désertes et les hommes se fuyant ; « Ici un volcan; » et la terre s'ébranle sous ses pieds, les édifices tombent, les animaux s'effarouchent; et les habitants des villes gagnent les campagnes ; « Une guerre là; » et les nations courent aux armes et s'entr'égorgent ; « En cet endroit une disette; » et le vieux laboureur expire de faim sur sa porte. Jupiter appelle cela gouverner le monde, et il a tort. Vernet appelle cela faire des tableaux, et il a raison. »

On n'est pas, certes, un médiocre artiste quand on soulève autour de soi une admiration si enthousiaste et si profonde. Un jour que Diderot achète à beaux deniers comptants un tableau de son ami Vernet, il ne se tient pas de joie. « Avez-vous vu, disait-il à tout le monde, avez-vous vu *mon Vernet?* Les belles eaux, les grandes roches, et le paysage enchanté ! »

En ce moment, les tableaux de Vernet étaient l'indispensable ornement des cabinets les plus célèbres : les Mariette, les Crozat, les Lalive, les Randon de Boysset, les Blondel de Gagny, M. de Julienne, M. de la Ferté, M. de la Borde, le digne père de Mme Delessert, Beaujon, et ce fameux marquis de Villette, héritier du cœur de Voltaire, et dont le testament a soulevé naguère tant de disputes péniblement apaisées. Ajoutons au nom de ces amis dévoués le nom de plusieurs dames : la présidente de Bandeville, Mme de

Montullé, la comtesse Turpin de Crissé, fille du maréchal de Lowendahl. N'oublions pas la comtesse du Barry. Comme elle élevait à son maître et seigneur le charmant pavillon de Luciennes, elle s'en fut frapper à la porte de Joseph Vernet, suivant en ceci l'exemple du maréchal de Noailles, du duc de Cossé, du duc de Rohan-Chabot et du premier ministre, M. le duc de Choiseul. Vraiment ce fut une heureuse destinée; et notez bien que la gravure, à son tour, vint en aide à tant de gloire.

Enfin il était riche assez pour ne rien refuser aux vingt-deux petits Vernet, ses neveux et ses cousins, dont il était la providence. Il avait tous les genres d'intelligence; il assistait à la lecture de *Paul et Virginie*, le soir même où Bernardin de Saint-Pierre lisait son livre à son protecteur, M. Necker, dans la meilleure compagnie. L'auteur avait mis toute son âme en ce petit livre; il y attachait toute sa fortune. O misère! à peine il avait lu la première page, que déjà tout espoir était perdu. D'Alembert bâillait, Thomas dormait, le comte de Buffon demandait son carrosse. Un seul, Joseph Vernet, consolait le poëte. « Ayez bon courage, disait-il; vous avez fait un chef-d'œuvre, et je m'estime un homme heureux si je ne suis pas indigne de représenter Virginie au moment de la mort. » Ce fut sa dernière tête et son dernier chef-d'œuvre. Il mourut comme un sage, à l'âge de soixante-quinze ans passés, en plein Louvre, le 4 décembre 1789, après avoir pressé sur son cœur le dernier et le non moins illustre représentant de cette race vigoureuse, l'enfant qui devait être le grand peintre des batailles modernes, Horace Vernet.

Peu de jours avant sa mort ce bon père assistait à la réception de son fils Carle, agréé par l'Académie, et le récipiendaire s'inclinait devant ses nouveaux collègues qui le saluaient à leur tour. Quand il fut devant son père, alors le vieux Joseph, oublieux de l'étiquette, ouvrant ses grands bras, pressa son fils sur son cœur. Tous les Vernet se retrouvèrent dans cet embrassement suprême; ils étaient nés pour le travail, pour la renommée et surtout pour l'amitié.

XXXIII

LES VIRTUOSES

Un trait caractéristique de la physionomie du dix-huitième siècle est le goût prononcé, porté chez quelques-uns jusqu'à l'état de passion ou de manie, pour tout ce qui touchait aux choses de l'esprit. Il n'y avait pas une science, pas un art, pas un genre de littérature, qui ne comptât ses amateurs enthousiastes. Jaloux de participer au mouvement intellectuel, ils allaient jusqu'à tenter parfois, à l'abri d'une grande position ou d'un riche état de fortune, de le diriger à leur gré.

On les appelait *les virtuoses*.

Être virtuose, ou du moins se faire décerner ce titre par l'opinion, était une situation enviée dans le monde.

L'influence des virtuoses s'étendait sur un cercle nombreux et changeant, mais toujours discipliné jusque dans sa turbulence.

Poëtes faméliques, petits collets obséquieux, pédants de ruelles, empiriques de tous pays et de toutes livrées étaient sûrs d'y trouver le feu et le couvert, sans compter les gratifications et les aubaines, à la seule condition d'obéir comme des caporaux de milice au moindre clin d'yeux de l'amphitryon, et au mot d'ordre de trois ou quatre beaux esprits de bon aloi qui imposaient une étiquette à la coterie, tout en l'illuminant de l'éclat de leur gloire personnelle.

Il ne s'est pas produit à Paris, de 1715 à 1789, un notable événement scientifique ou littéraire, pas une renommée qui ne soient éclos ou n'aient été propagés sous les auspices de quelque illustre virtuose.

L'une des plus célèbres, la première en date, fut madame la duchesse du Maine. Elle avait ses *petites après-dînées* et ses *grandes nuits*. Malézieux, l'oracle du lieu, les appelait *les galères du bel esprit*. Ah! c'est qu'on y dépensait de l'esprit dans les unes et dans les autres, non-seulement du beau, mais encore de l'esprit d'intrigue, et de la galanterie, en veux-tu? en voilà.

Le bon Sainte-Aulaire, qui devint académicien pour un quatrain fait à quatre-vingts ans, improvisa pour la reine de Sceaux cet heureux quatrain qui indique bien le ton de la maison :

> La divinité qui s'amuse
> A me demander mon secret,
> Si j'étais Apollon, ne serait pas ma Muse :
> Elle serait Thétis..... et le jour finirait.

Mme du Maine se piquait de science autant que de littérature. Sa lectrice et son émule, l'aimable de Launay, de qui l'anatomiste Duverney, son maître, disait, en tout bien tout honneur : « C'est la fille de France qui connaît le mieux le corps humain; » Mlle de Launay écrivit, à la gloire des mathématiques, *le Carré magique*, petite comédie, jouée pendant l'une des grandes nuits de Sceaux, en pleine conspiration de Cellamare. C'est à elle que la duchesse disait dans un moment de vanité naïve : « Tiens, mon enfant, je ne vois que moi qui aie toujours raison. »

Les rameurs habituels des galères de l'esprit étaient, avec ceux que nous venons de citer : Fontenelle, Valincourt, Chaulieu, la Fare, le duc de Brancas, le duc de Rohan, le maréchal de la Feuillade, le marquis de Pompadour, le cardinal de Polignac, les abbés de Vertot, de Saint-Pierre, de Vaubrun et Brigaut, la duchesse de la Ferté, la marquise de Lambert et d'autres non moins célèbres. Faisons une place à cet autre Nasica, l'abbé Genest, dont le nez prodigieux avait tellement frappé le duc de Bourgogne qu'il en mêlait la silhouette grotesque à tous ses dessins. Était-ce à son maître nez que ce virtuose devait la faveur d'un appartement au palais de Sceaux?

Puis c'était M. de Foncemagne, qui avait établi chez lui des conférences sur tous les sujets les plus ardus des mathématiques, de la physique et de l'histoire naturelle. On y venait de Pétersbourg et de Berlin, de Londres et de Vienne. C'était à la fois le portique d'Académus et l'observatoire de Ptolémée, Athènes et Alexandrie.

N'oublions pas Mme de Tencin : elle eut un rôle actif en ces fêtes de l'esprit.

Elle avait sauté de la vie orageuse et dissolue de son bel âge au culte tranquille des lettres et au commerce des philosophes et des penseurs. Elle avait, il est vrai, une familiarité un peu brutale et ne se gênait pas pour appeler ses commensaux : « Mes bêtes; » elle donnait elle-même le titre de *ménagerie* à sa réunion. Deux lions y rugissaient, — lions très-apprivoisés d'ailleurs : Fontenelle et Montesquieu. On y voyait grimacer quelques singes : d'Argental et la Popelinière; et plus d'un fin renard y cherchait une issue cachée pour s'insinuer dans le poulailler académique.

Mᵐᵉ de Tencin avait du crédit : c'est à elle que Mairan et Marivaux durent l'honneur de succéder à Sainte-Aulaire et à Houdeville. Marivaux n'avait pas l'opinion pour lui. La mauvaise humeur des méchants atteignit jusqu'au vieux Fontenelle, qui s'était entremis dans l'intrigue.

> Pour couronner tous ses travaux
> Fontenelle met Marivaux
> A la célèbre Académie.
> *N'a-t-il donc tant vécu que pour cette infamie ?*

Bernis, Helvétius, Marmontel, Astruc et le comte de Tressan, *cette guêpe qui se noie dans du miel,* comme disait Boufflers, complétaient l'aréopage de ce bureau d'esprit, un titre qu'on prodiguait aussi à ces sortes de réunions.

Mᵐᵉ de Tencin stimulait l'assiduité de « ses bêtes » par de bons dîners, par le don de deux aunes de velours, au jour de l'an, pour se faire faire des culottes, et par des conseils qui ne lui coûtaient rien, mais rapportaient souvent aux gens avisés. « Soyez l'ami des femmes, dont la protection peut vous devenir utile, leur disait-elle ; mais surtout ne soyez que leur ami. » Bernis fut assez fin pour l'écouter, et Mᵐᵉ de Pompadour le conduisit de l'Académie au cardinalat, et de la pourpre à l'ambassade.

Une autre pécheresse repentie, qui avait trempé dans tous les tripotages scandaleux de la politique et des basses intrigues de la Régence, sut aussi user à son tour de ses hautes relations sociales — quand le monde en vint à la recevoir à résipiscence — pour attacher à sa cour les ministres et les diplomates, le parlement et les arts, la littérature et la philosophie.

Ces rapprochements favorables furent d'une réelle utilité pour les commensaux de Mᵐᵉ du Deffand. C'était l'amie intime de la fameuse marquise de Prie, et son émule en beauté, en galanterie et en méchanceté. Elle était de plus très-gourmande, et rangeait le souper parmi « les quatre fins de l'homme ». L'hôte illustre, le grand champion de cette maison hospitalière, fut Voltaire. L'intime, l'inévitable commensal fut Pont-de-Veyle. Grimm a écrit sur l'un et sur l'autre une page divertissante, et qui est un trait des mœurs de cette société égoïste et polie. « Qu'on se représente, dit-il, Mᵐᵉ du Deffand, aveugle, assise au fond de son cabinet, dans ce fauteuil qui ressemble au tonneau de Diogène, et son vieil ami Pont-de-Veyle, couché dans une bergère, près de la cheminée. C'est le lieu de la scène.

« Voici un de leurs derniers entretiens.

« — Pont-de-Veyle?

« — Madame?

« — Où êtes-vous?

« — Au coin de votre cheminée.

« — Couché, les pieds sur les chenets, comme on est chez ses amis?

« — Oui, Madame.

« — Il faut convenir qu'il est peu de liaisons aussi anciennes que la nôtre.

« — Cela est vrai.

« — Il y a cinquante ans passés. Et dans ce long intervalle aucun nuage, pas même l'apparence d'une brouillerie.

« — C'est ce que j'ai toujours admiré.

« — Mais, Pont-de-Veyle, cela ne viendrait-il point de ce qu'au fond nous avons toujours été fort indifférents l'un à l'autre?

« — Cela se pourrait bien, Madame. »

Mais, pour trouver le modèle exquis de l'élégance et de l'urbanité françaises, il faut aller chez Mme Geoffrin.

Mme Geoffrin n'était pas de noblesse, et pourtant elle s'était mise simplement, sans prétention, sans pédantisme, avec une incomparable aménité de caractère, sur le pied d'avoir un salon où les grands seigneurs aussi bien que les beaux esprits se faisaient une sorte de point d'honneur d'être admis.

Son mari, directeur de la Manufacture des glaces, dont il avait le privilége exclusif, était un homme assez nul, du moins dans les exercices du bel esprit ; en revanche, il était fort habile dans les affaires. Il faisait piteuse mine aux réunions de Mme Geoffrin, et bon nombre de visiteurs ignoraient jusqu'à son nom.

« Qu'est devenu, demandait un jour à Mme Geoffrin un étranger de passage à Paris, ce pauvre bonhomme que je voyais ici jadis, toujours dans ce coin et qui ne disait jamais rien ?

« — C'était mon mari ; il est mort ! » répondit tranquillement Mme Geoffrin.

On le lui avait donné, sans qu'elle l'eût choisi, quand elle avait quatorze ans ; mais elle vécut toujours avec lui comme si elle l'avait épousé par inclination. Cette tenue dans sa conduite ne fit qu'ajouter à la considération dont elle a joui, en donnant un grand relief d'honnêteté à toutes ses démarches.

On parlait de tout chez Mme Geoffrin, et devant tout le monde, dans la plus entière liberté. Le ton général de son salon contenait chacun dans les limites d'une affectueuse causerie. Parfois un conteur, entraîné par sa verve ou par la gaieté de son sujet, allait-il dépasser les bornes, Mme Geoffrin, d'un ton gracieux, lâchait son fameux : « Voilà qui est bien. » C'était son mot, et l'on passait à autre chose.

C'était miracle de voir comme l'esprit net, mais enjoué, de cette aimable femme, sobre dans la plaisanterie et *comme il faut*, faisait école dans la société polie du dix-huitième siècle.

Chez elle, la finesse et l'à-propos des saillies suffisaient à l'attaque comme à la défense. La méchanceté ou la perfidie n'auraient pas été tolérées au milieu de ce cercle affable où la malice sans préméditation était seule admise.

Un jour à dîner, M. Poultier, intendant de Lyon, se servit d'une riche tabatière qu'on ne lui connaissait pas. Chacun la voulut voir, et, répondant d'une manière évasive à l'admiration générale et indiscrète, M. Poultier se contenta d'avouer qu'il la tenait d'une main bien chère.

« Madame, est-ce la vôtre ou celle de ma mère ? »

s'écria le jeune de Cury. Tout le monde savait que Mme de Cury entretenait avec l'intendant une liaison des plus intimes.

« C'est un vers de *Rodogune*, dit un convive, pensant détourner ainsi l'effet de cette remarque inconsidérée.

« — Vous vous trompez, reprit en souriant M. Poultier, ce vers est de *l'Étourdi*. »

Voilà comme, avec de l'esprit, chez ces honnêtes gens rompus au bel usage, il n'y avait pas de situation si délicate, qu'elle ne tournât presque toujours à l'avantage de celui qui, partout ailleurs, n'en serait pas sorti sans confusion.

Lorsque Mme de Tencin vieillissait, Mme Geoffrin était

alors une jeune et agréable femme ; elle se fit présenter cette virtuose célèbre.

La tournure de son esprit, le goût qu'elle témoignait pour la compagnie des gens de talent, et l'accueil que ceux-ci s'empressaient de faire à ses premières avances, éclairèrent sa vieille et grondeuse rivale, en éveillant sa jalousie.

« Savez-vous ce que la Geoffrin vient faire ici ? dit-elle. Elle vient voir ce qu'elle pourra recueillir de mon inventaire. »

Elle ne se trompait pas : Mme Geoffrin en recueillit tout ce qu'elle y trouva d'honorable. En première ligne, M. de Fontenelle, M. de Montesquieu, l'abbé de Saint-Pierre, M. de Mairan et toutes ces belles individualités qui placent si haut, dans la mémoire des lettrés, ce brillant et intelligent dix-huitième siècle qui engendra des prodiges. Ajoutez à la liste M. Hume, M. Algarotti, Helvétius, M. de Maupertuis, et Voltaire et Caraccioli ; puis Thomas, l'abbé Morellet, le président Hénault, Grimm, Moncrif, Diderot, d'Alembert, Quesnay et les autres encyclopédistes. Elle leur donna 300,000 livres pour les aider à fonder leur monument.

Parmi les artistes, on voyait chez elle le comte de Caylus, et Mariette, qui n'y venait jamais sans apporter un ample carton bourré d'estampes et de dessins. Enfin Bouchardon, van Loo, Vien, Vernet, Robert, Cochin, à qui elle avait hâte de servir d'intermédiaire auprès des grands seigneurs et des étrangers de distinction, pour leur faire vendre leurs ouvrages.

Citons, pour finir, les *mardis* de la marquise de Lambert, les *mercredis* du marquis de Chennevières, et les *dimanches* de l'hôtel de Tours, rue du Paon, où Vauvenargues présidait du haut de son lit de douleur à tant de merveilleuses et spirituelles causeries.

C'est là que la jeune Antoinette Poisson fit valoir, avec un charme incomparable, tant d'intelligence et d'agrément, que M. le Normand d'Étiolles s'empressa d'en faire sa femme.

Aux approches de la Révolution, les coteries à la mode étaient celles de Mme Necker, de Grimod de la Reynière, du marquis de Rivière et enfin de Mme Vigée-Lebrun. C'est dans celles-ci, toujours ouvertes aux surprises de l'art et de la fantaisie, qu'on tenta un retour aux mœurs d'Athènes et de Corinthe, en traduisant au vif les plus somptueuses descriptions de l'abbé Barthélemy.

Bienheureuse et spirituelle société, qui endormait ainsi sous les fleurs l'orage qui grondait sourdement à l'horizon !

XXXIV

LES CURIEUX

Ici, encore, nous avons l'embarras de choisir. Ces amateurs si modestes, qui, tout d'abord, se contentaient d'une page obscure en quelque bout de galerie, ont fini, grandissant toujours dans l'admiration des peuples, par remplir des tomes entiers. Encore est-ce peu, un tome entier, pour Pierre-Paul-Louis Randon de Boysset, oublié, même dans les biographies de Michaud et de Didot. Pourtant la liste de ces amateurs et de ces curieux tant négligés des historiens est déjà formidable : à savoir, d'Aguesseau, Bachaumont, Voltaire, Diderot, et l'excellent expert Sireuil, qui publiait l'Almanach des artistes; sans oublier le baron de Grimm, le comte Crozat, la Live de Jully, Blondel de Gagny, et ces amateurs charmants, amis du livre et de ses moindres détails, les fermiers généraux. Ils ont laissé de très-beaux livres, des tableaux charmants, des meubles précieux, des œuvres d'art d'un goût exquis; tantôt Rembrandt, tantôt Rubens, van Ostade, Wynants et Wouverman; et même des maîtres moins célèbres : Hallé, Raoux, Natoire, Grimou et Casanova. Ce n'était dans leurs armoires précieuses, signées de Boulle à chaque panneau, que maroquin rouge et grand papier. Ils allaient incessamment, accompagnés des meilleurs connaisseurs, de Rome à Florence, de Paris à Milan. Leur catalogue était un véritable musée, composé souvent de plusieurs volumes in-quarto. Et pour loger ces musées, on élevait des hôtels. Le seul Mariette a laissé pour cinquante mille francs de dessins. Ils avaient pour leurs amis intimes Boucher, Greuze et Robert Hubert, et tant d'esprit qu'ils en prodiguaient sur leur passage.

Le fermier général Randon de Boysset avait réuni dans son cabinet privé, qu'il augmentait encore la veille de sa mort, des toiles de l'Albane, de Carlo Maratte, de Francesco Mola, de Solimène, de Ph. Lauri, de Carlo Cignani. Pure décadence, direz-vous; mais cette décadence était soutenue et glorifiée par *la Vierge au chapelet* de Murillo, un beau paysage de Berghem, *la Cuisinière hollandaise* de Gérard Dow, un portrait de van Dyck, *le Pâturage* de Karl Dujardin, *la Leçon de musique* de Metzu, *le Maître d'école* d'Isaac Ostade, *les Deux Philosophes* de Rembrandt, *l'Adoration des mages* de Rubens, les animaux d'Adrien van de Velde; un Teniers, un Wouverman, et *la Courtisane amoureuse*, un des ornements du Louvre. Il y avait aussi le buste de Mlle Clairon, acheté par Sophie Arnould, et les plus belles choses du fameux marchand de la rue Saint-Honoré, près de la rue du Four : vases de porphyre, granit rose, prisme d'améthyste, jaspe, jade, agates, porcelaines de Chine et du Japon, porcelaines de *Sève* (sic), de Saxe, cristaux de roche, laques, meubles de Boulle et meubles curieux de marqueterie, tables de marbre rares, bronzes dorés, bronzes des Indes.

Les acquéreurs qui se pressaient à ces ventes choisies portaient les plus grands noms de la monarchie. Avant tout, le roi et le comte d'Artois, deux curieux du premier ordre, et le baron de Breteuil pour la reine. Puis le comte de Vaudreuil, les ducs de Rohan-Chabot, de Choiseul-Praslin, de Cossé, de Brancas, de Chaulnes, d'Aumont, la duchesse de Mazarin, sa fille, MM. de Sabran, de Choiseul, de Serent, de Durfort, de Tolosan, le comte de Strogonoff, le baron de Montmorency, de Vogüé, évêque de Dijon, de Montdragon, de la Vaupalière, l'abbé le Blanc, le conseiller de tous les grands amateurs du temps, le chevalier Lambert, de Saint-Foix, de Saint-Julien, etc.

Parmi les artistes qui étaient de grands connaisseurs, et qui souvent oubliaient de produire pour mieux hanter l'Hôtel des ventes, on eût reconnu les deux graveurs Wille et Beauvarlet; l'architecte de Wailly; le danseur Vestris et la spirituelle Mlle Arnould. Venaient ensuite les receveurs des domaines: Beaujon, Potier, Poullain, le Bœuf, Paignon, Montriblond. Les seigneurs acceptaient même, et volontiers, la concurrence des marchands célèbres : Lebrun, Paillet, Sanglier, Basan, Lempereur, Sireuil, Donjeu, Joullain, Dulac, Jombert, Remy et Julliet.

Jamais le culte de la personne humaine et les recherches de grâces et d'ornements domestiques n'avaient été poussés si loin. Telle tabatière qui représentait le visage blafard d'un danseur était payée au poids de l'or; une aiguière, où Mlle Duthé avait baigné ses mains profanes, rencontrait soudain mille acheteurs. Les moindres fanfioles que ces filles de théâtre avaient oubliées sur leur toilette, ces dames se les arrachaient à prix d'argent. Que sont devenus les artistes qui montaient, qui gravaient ces merveilles? Il faudrait être un savant pour vous le dire. Une année à peine a suffi aux financiers de Paris, aux amateurs de l'Europe, pour échanger, contre des flots d'or, les bibelots précieux de

Mme de Pompadour. Encore aujourd'hui, si par hasard se rencontre une boîte, une houppe, un miroir, un coquetier d'autrefois, vous voyez accourir, de toutes les parties de la ville, des curieux, des connaisseurs à qui rien ne résiste, et leur moindre acquisition devient un sujet de causerie en tous les lieux de l'univers.

XXXV

LES LIVRES A VIGNETTES

Adieu, mes doux poëtes, mes dessinateurs charmants de l'autre siècle; séparons-nous! Quelle douleur profonde! Hélas! un autre, un plus heureux, emportera bientôt dans sa maison les nymphes, les bergères, les baigneuses, les grâces, les amours, les mandolines et les éventails, les poëmes et les déesses de Choisy et de Trianon.

Adieu, mon cher Dorat, que j'avais eu avec tant de peine et de dépense, mon poëte ingénieux, qui s'est sauvé, *par les planches*, du naufrage poétique! Ah! le voilà qui s'en va, triste et dolent, dans les régions inconnues. Ces beaux dessins, gravés par la main de Mme de Pompadour, adorés du cardinal de Bernis, célébrés par Voltaire, acceptés par le grand Frédéric! Les acheteurs viendront qui se diviseront ces merveilles dignes du *Temple de Gnide,* élevé par le président de Montesquieu aux galantes chanoinesses, aux marquises en falbalas.

Désormais, dans mon logis solennel, plus de petits levers incendiaires, plus de romans peu vêtus, plus de contes légers. Louis XV est mort, Mme du Barry suppliciée. Adieu, Boucher! Adieu, Beaudouin, son digne beau-fils! Adieu, le négligé galant, le petit déshabillé, la promenade au Cours la Reine, à la foire Saint-Ovide, à la foire Saint-Laurent! Mon Greuze, errant à travers le monde, avait trouvé sous mon toit, doucement éclairé, une hospitalière protection... le malheureux va recommencer tous ses pèlerinages. Que le vent de bise lui soit léger, que les amateurs lui soient favorables; qu'il rejoigne encore une fois les Saint-Aubin, ses amis, les Vernet, ses camarades; qu'il retrouve, en son dernier exil, Mme la Ruette et Mlle Doligny, ses modèles! Digne et bon Greuze! il est mort de faim juste au moment où commençait sa gloire. A-t-il assez pleuré ses premiers protecteurs : Boufflers, Dorat, le marquis de Pezay, et Mme de Parabère! Enfin, il était si bien sur nos tablettes de chêne doublées d'un cuir de Russie odorant!

Eh! oui, je les regrette et je les pleure, ces anciens amis de ma jeunesse. Ils étaient de si belle humeur et de si bonne compagnie! Ils étaient si pimpants, si coquets, si bien mis! L'habit ne fait pas le moine, soit; mais il fait bien un peu le livre, convenez-en. J'allais leur donner le bonjour à mon réveil, et ils me rendaient de la joie pour toute ma journée. Je les maniais avec amour, je les caressais, je les respirais, maugréant de tout mon cœur contre le grand la Bruyère, cette petite maîtresse que l'odeur du maroquin faisait tomber en faiblesse. Moi, je trouve ce parfum-là adorable; et vous? Si j'avais été à la place de M. de Gaignières et du conseiller Moret, je n'aurais jamais pardonné à l'auteur des *Caractères* d'avoir traité ma bibliothèque de *tannerie*.

Aux profanes qui me demandaient malicieusement pourquoi, aimant tant mes livres, je les lisais si peu, n'avais-je pas raison de riposter qu'on ne trempe pas la soupe dans la pâte tendre de Sèvres, et que les assiettes en vieux Rouen ne servent pas pour dresser le couvert? De même, nous relisons nos poëtes favoris dans les éditions courantes, et nous conservons ces beaux volumes comme œuvres d'art, n'est-il pas vrai?

Par exemple, la Bruyère eût été bien empêché pour critiquer les estampes qui décorent tous ces gentils livres du dix-huitième siècle. Impossible de dire « qu'elles ne sont ni noires, ni nettes, ni dessinées et qu'elles sont moins propres à être gardées dans un cabinet, qu'à tapisser, un jour de fête, le Petit-Pont ou la rue Neuve. » Où trouver, en effet, des figures aussi ravissantes que dans *les Chansons de la Borde*, surtout celles du premier volume qui sont le chef-d'œuvre de Moreau le jeune? Je vous recommande, entre autres, *la Fête du Seigneur;* c'est l'idéal du genre. Quand on a contemplé ce délicieux petit tableau-là pendant cinq minutes, je vous jure qu'on a de la peine à être révolutionnaire. M. de la Borde, gouverneur du Louvre et premier valet de chambre du roi, dédia son œuvre à la Dauphine, dont on a prétendu qu'il était secrètement épris. Serait-ce à cause de cela qu'il prit soin de faire graver son portrait, en médaillon, au centre d'une lyre qui sert de frontispice au titre? La cour jalouse trouva-t-elle cette audace de mauvais goût? Toujours est-il que le portrait *à la lyre* disparut dans la seconde édition, et qu'il est devenu de toute rareté.

Moreau, dessinateur du roi, je le crois bien! Il eût été difficile de choisir mieux; et voilà un artiste qui fit vraiment honneur à son patron, le comte de Caylus. Comment l'habile crayon du protégé ne vint-il pas en aide aux *Œuvres badines* du protecteur? Ceci est un point difficile à expliquer, et elles en auraient eu pourtant grand besoin; car ces douze volumes, fades et longs, ne sont rien moins que badins. Les figures qui s'essoufflent en vain à les égayer, sont dues, si j'ai bonne mémoire, au burin de Marillier; cependant je ne le garantis pas et la chose mérite d'être vérifiée.

Que de beaux livres, que de compositions charmantes, évoquent, dans l'imagination du bibliophile, le seul nom de Moreau jeune! Fermez les yeux, ou plutôt tenez-les très-grands ouverts, et vous allez voir défiler devant vous, comme dans le ballet d'une féerie :

Le fameux *Voltaire* de Kehl (1785-1789), dont les dessins originaux furent joints par Beaumarchais à l'exemplaire qu'il destinait à l'impératrice Catherine.

Il était écrit que cette œuvre admirable ne cesserait d'être l'ornement d'une bibliothèque souveraine; car ce fut Napoléon III qui acquit ce précieux joyau à la vente Double, au prix très-modéré de 9,025 fr.

Le Jugement de Pâris, par Imbert (1772, in-8°), et *les Grâces* (1769, in-8°), par Meusnier de Querlon, dont les jolies figures laissent entendre combien le galant berger dut être embarrassé pour décerner la pomme;

Le *Molière* de Bret (1773, 6 vol. in-8°), dont les dessins originaux ont été adjugés 1,200 fr. à la vente d'Ourches, et qui se payeraient 8 à 9,000 aujourd'hui. Les gravures qui appartiennent à cette édition représentent avec tant de finesse et d'élégance les principales scènes de la Comédie, qu'elles ont été tirées, pour trois autres éditions, en 1788, en 1805 et en 1808. Aussi je vous laisse à juger si, dans ces deux dernières surtout, ces malheureuses figures sont pâles, grises, usées, mâchonnées, égratignées.

La *Lettre de Dulis à son ami*, par Mercier (1776);

Les *Œuvres de Léonard* (1787, 2 vol. in-12);

Les *Tableaux de la bonne compagnie* (1787), ouvrage faussement attribué par Brunet à Restif de la Bretonne, et qui est plutôt de Métra ou de Luchet. Ici Moreau semble s'être surpassé, et chacune des seize vignettes qui décorent ces deux petits in-12 est un véritable chef-d'œuvre de grâce et de délicatesse.

Les *Œuvres de Saint-Marc* (1788, 3 vol. in-8°);

Les *Œuvres de Regnard*, avec des remarques par Garnier (1789-1790, 6 vol. in-8°), réimprimées en 1810 et en 1820 avec figures;

Paul et Virginie (1789, in-18);

La Pucelle d'Orléans (1789, in-4°);

Les *Aventures de Télémaque* (1790, 2 vol. in-8°), dont les 26 dessins ont été adjugés à 500 fr. à la vente Renouard;

Les *Œuvres choisies de Gresset* (1794, in-18);

Les *Amours de Psyché et de Cupidon* (1795, in-4°), par la Fontaine;

Les *Satires de Juvénal*, traduites par Dusaulx (1796, 2 vol. in-4°);

Les *Œuvres de Montesquieu* (1796, 5 vol. in-4°);

L'*Histoire de Manon Lescaut* (1797, 2 vol. in-18);

Les *Œuvres de Salomon Gessner* (1799, 4 vol. in-8°);

Impossible, de même, de ne pas s'extasier devant les vignettes de *Pygmalion*, scène lyrique de J.-J. Rousseau, mise en vers, par Berquin, en 1775.

Mais je ne saurais terminer cette rapide énumération sans admirer avec vous *les Métamorphoses d'Ovide*, traduites par l'abbé Banier. Ces quatre volumes in-4° sont un des plus beaux livres de cette brillante époque, et les exemplaires du premier tirage sont particulièrement chers aux amateurs. Chose bizarre! la première édition, contenant naturellement les meilleures épreuves, porte la date 1767-1771, tandis que la deuxième, qui lui est postérieure, est datée 1767-1770. De plus, la page 215 du tome III y est cotée 209. Les exemplaires sur papier de Hollande, avec les figures avant la lettre, sont de toute rareté. Mais cette fois Moreau n'a pas travaillé seul; il a eu pour collaborateurs et rivaux : Eisen, Choffart, Boucher, Monnet. Tous ont lutté de galanterie, de grâce et d'inspiration. Le Mire et Basan, qui s'étaient chargés d'illustrer notre Ovide, ont dû être tout aussi empêchés que le berger du mont Ida pour décerner le prix et assigner des préférences à des compositions si parfaites. Où est le temps que les 136 dessins originaux de ces maîtres n'atteignaient qu'à 1,730 fr. (vente Renouard)?

Peut-on citer Eisen et Choffart sans qu'on pense aussitôt aux *Contes de la Fontaine*, à cette célèbre édition de 1762, dite *des Fermiers généraux*? Tout le monde la connaît, toutes les bibliothèques un peu recommandables la possèdent, et il n'est personne qui n'ait au moins feuilleté ces délicieuses gravures, vives, légères, spirituelles, coquettes, un peu décolletées, mais pas trop. Hélas! on les a tant feuilletées, depuis un siècle, qu'il devient très-difficile de rencontrer des exemplaires en bon état, et voilà pourquoi, malgré votre sourire imperceptiblement railleur, j'estimais tant le mien, « qui n'avait jamais été ouvert ». Le plus souvent, les pages sont, sinon maculées, du moins défraîchies; un vétilleur y découvre des coups d'ongles et des cassures microscopiques; le papier est fatigué, parfois un pouce indiscret et moite y a laissé son empreinte, ou bien encore une affreuse roupie, tombée d'un nez trop grivois, au passage le plus court vêtu, s'en va polluer cyniquement les frais appas d'une ingénue.

Le plus bel exemplaire que j'aie vu de ce livre est sans contredit celui que j'ai poussé — ô folie! mais j'étais riche alors — jusqu'à 8,100 fr. à la vente de Brunet. Vous avez bien lu, n'est-ce pas? *huit mille cent francs.* Ne me grondez pas : il ne m'est pas resté. Ces deux précieux volumes, que l'auteur du *Manuel du libraire* avait payés 625 fr. à la vente la Bédoyère, ont été au fils de M. Marquis, le chocolatier, un amateur *del primo cartello.*

Je me souviens qu'après avoir poussé ces deux perles fines jusqu'à 6,000 fr. je sortis, ou plutôt on m'arracha du séjour des tentations. Quand je rentrai cinq minutes plus tard pour prendre ma revanche sur le *Rabelais* de le Duchat, en grand papier, je me figurais de bonne foi que les *Contes* étaient adjugés depuis longtemps. Pas du tout! J'entends le commissaire qui s'écrie, le marteau levé : « Pas de regrets? Personne ne couvre l'enchère de 8,000? » Je n'étais encore qu'à l'entrée de la salle, perdu derrière un flot de monde compacte; ivre d'émotion, je réponds : « 8,100! » Ces trois mots produisirent sur l'assistance un effet magique. On eût dit le mistral soufflant sur un champ de blé et traçant son passage à travers les épis. A l'instant même, la foule s'ouvrit rien que sous le vent de mes lèvres, et je pus communiquer du regard avec le commissaire-priseur. Il se fit alors un silence d'une minute qui me parut une heure; M. Potier hésita un instant, mit une surenchère de 100 fr., et... le marteau d'ivoire retomba. Ces deux tomes, étincelants d'une fraîche *novelleté*, étaient habillés dans une admirable reliure de Derome, à compartiments, représentant des oiseaux et des fleurs; ils sont certainement uniques dans cette riche condition; mais c'est égal, aujourd'hui que mon pouls ne bat plus la breloque, je reconnais que c'eût été payer furieusement cher deux mosaïques de maroquin!

> Quand on n'a pas ce que l'on aime,
> Il faut aimer ce que l'on a.

C'était avec le vieux refrain de cette chanson gauloise que le galant Bussy, exilé de la cour, cherchait à se consoler en écrivant à Mme de Sévigné, sa cousine.

Pour me consoler, je me suis dit qu'en somme cet exemplaire ne renfermait pas les figures doubles. On appelle ainsi 22 ou 23 planches, qui ne furent pas acceptées par les fermiers généraux, et que le graveur Eisen dut retoucher après coup. « Couvrez ces nudités, » disait le côté des pudiques. « Raccourcissez ces jupons, » reprenait le camp des libertins, comme, plus tard, le comte de Forbin, à propos de l'Opéra. Et ce brave Martin Eisen, pour plaire à messieurs les financiers de l'ancien régime, ajouta, de ci et de là, une branche qui fît l'office de feuille de vigne, une gaze qui voilât un sein trop saillant. Il retrancha ailleurs un trait un peu leste, une jarretière provocante, et c'est ainsi que les figures du *Diable de Papefiguières*, du *Cas de conscience*, du *Tableau*, du *Remède*, des *Lunettes*, etc., existent en deux états : avant et après les retouches.

Brunet tient que cette édition de 1762 « renferme les plus jolies gravures que l'on ait faites jusqu'ici pour les *Contes* ». Sans doute, je suis près de partager son avis : elles sont pleines de galanterie et de grâce voluptueuse; elles sont d'un crayon élégant et facile, d'un burin moelleux et chatoyant, mais on se demande si elles rendent toujours, d'une manière satisfaisante, l'esprit du bonhomme, et voilà pourquoi je leur préférerais peut-être les vignettes à mi-page de l'édition Cazin (1778) : *Recueil des meilleurs contes en vers*. Prenez une loupe, vous verrez des merveilles. La verve étincelle dans ces petites têtes, le feu petille dans ces yeux moins grands qu'une pointe d'aiguille ; il y a là des gaillards hauts comme une puce qui ont le diable au corps, et des bachelettes, de la mesure d'un demi-centimètre, qui donneraient de l'amour à un mousquet.

Duplessi-Bertaux est véritablement le van Blaremberg de la gravure, et toutes ses illustrations, celles de *la Pucelle* (1780), et celles du *Fond du sac*, entre autres, sont de charmantes et spirituelles miniatures.

Je reviens à Martin Eisen, non pour décrire son œuvre, — il a gravé plus de quatre mille pièces, et Basan lui-même, dans son *Dictionnaire*, a reculé devant un tel travail, — mais pour indiquer rapidement les principaux livres qu'il a enrichis. Enrichis est bien le mot, car l'artiste a trop souvent prostitué son talent à des ouvrages qui n'ont absolument aucune valeur en dehors des planches. Autant on lui sait gré d'avoir illustré *les Géorgiques* de Virgile ; *l'Émile*, de J.-J. Rousseau ; *les Saisons* de Thompson ; *Anacréon, Sapho, Bion et Moschus, Chefs-d'œuvre dramatiques, la Henriade*, autant on s'étonne de le voir si admirablement inspiré par *les Baisers* de Dorat, *les Sens* de du Rosoy, *les Quatre Heures de la toilette des dames, la Journée de l'Amour* de la comtesse de Turpin, et *les Quatre Parties du jour* de M. Zacharie. Or, notez que les figures de ces volumes sont toutes ravissantes, et que celles des *Baisers* (quarante et un chefs-d'œuvre) ont parfois *emballé* le livre jusqu'à 4 et 500 francs ! Voilà des baisers cher vendus, et que bien des belles céderaient volontiers au même prix; mais au moins ceux-là ne laissent ni déceptions ni regrets.

Que d'agréments, que d'attraits et d'appas répandus dans *Zélis au bain*, *les Tourterelles de Zelmis*, la *Lettre d'Alcibiade à Glycère*, la *Lettre d'Ovide à Julie*, la *Lettre de Vénus à Pâris*, l'*Épitre à la maîtresse que j'aurai*, la *Lettre de Pétrarque à Laure*, *Zénothémis*, *Julie ou l'Heureux repentir*, *Bathilde ou l'Héroïsme de l'amour*, et dans toutes les œuvres sacrées, épiques, héroïques, mythologiques, satiriques et badines, commises par Dorat, par Colardeau, par Blin de Sainmore, par d'Arnaud, par MM. de Pezay, Costard, de la Flotte, Romet, Barthe, Mailhol, Parmentier, Marteau et autres oubliés de la même époque!

D'Eisen à Marillier la transition est toute simple, et le nom de Dorat, le chevalier de l'afféterie, nous apporte un trait d'union naturel entre les deux artistes déjà jumeaux par le talent, doués des mêmes qualités et ayant le même *faire*, pour me servir d'un terme du métier, au point d'être facilement confondus tous deux. L'un a su donner du montant aux fades *Baisers* du poëte; l'autre a sauvé ses *Fables* de l'oubli. On ne lit pas ces livres, on admire les estampes. Toutes ces compositions de Marillier sont si coquettes; tous ces culs-de-lampe sont si délicats, si fins; ces fleurons si séduisants; il y a tant de *flou*, — encore un mot du métier, — dans l'exécution, qu'on achète les *Fables* au poids de l'or, et qu'on les place avec orgueil sur les tablettes odorantes de sa bibliothèque.

Et la Fontaine n'est pas jaloux! Il sait ce qu'il vaut par lui-même, et d'ailleurs il a eu Oudry pour interprète. Quels livres splendides que ces quatre tomes des *Fables choisies* (1755-1759), ornés de 277 compositions! C'est une des plus belles productions du dix-huitième siècle, c'est un monument élevé à la gloire de l'auteur immortel, et digne de son génie.

Ce n'est pas trop du format in-folio pour peindre tant de tableaux saisissants, pour représenter noblement ces animaux animés de nos passions, vivant de notre vie. Oudry est à la hauteur de l'original. Ses mises en scène ont une ampleur, une magnificence, un grandiose qui décèlent le grand peintre ; son crayon est hardi et magistral. Voyez, par exemple, la fable du *Rat de ville;* c'est admirable ! Rien ne peut soutenir la comparaison. Punt, Vinkelis (qui pourtant n'ont fait que copier le maître), Ransonette, David, Fessard, Monnet, Simon, Coiny, et tant d'autres, de mon siècle, que je laisse dans l'ombre pour ne pas blesser leur amour-propre, ne sont que des écoliers auprès d'Oudry.

J'ai hâte de terminer ce chapitre déjà trop long, mais je ne saurais, sans injustice, passer sous silence les principaux ouvrages illustrés par Gravelot et Cochin, deux graveurs de premier ordre. Je n'ai qu'à citer au hasard :

L'*Histoire du chevalier des Grieux et de Manon Lescaut* (1753, in-12);

Le *Décaméron* de Boccace (1757), traduit par Antoine le Maçon;

La *Nouvelle Héloïse* (1761, 6 vol. in-12), publiée alors sous le titre un peu long de *Lettres de deux amants, habitants d'une petite ville au pied des Alpes;*

Le *Racine* de 1768, avec les commentaires de Luneau de Boisgermain;

L'*Horace* de Baskerville (1770, in-4°);

La *Jérusalem délivrée,* traduite par le Brun (1774);

Le *Roland furieux,* traduction du comte de Tressan (1780).

Payons aussi un juste tribut d'éloges à Bernard Picart, dont le burin classique et grave a enrichi :

L'*Iliade* et l'*Odyssée* d'Homère (1711-1716, 6 vol. in-12) ;

Le *Boileau* de 1722 (4 vol. in-12) ;

Les *Œuvres choisies de Fontenelle* (1728-1729, 3 vol. in-fol.);

Le *Télémaque* de 1734, in-4°, dont il ne fut tiré que cent cinquante exemplaires ;

Le *Rabelais* de le Duchat (1741, 3 vol. pet. in-4°).

Enfin rendons grâce à ce dix-huitième siècle qui nous a encore laissé :

Le *Virgile* de Baskerville (1757), un chef-d'œuvre typographique, avec les figures de Bartolozzi, Sharp et autres ;

Le *Temple de Gnide* (1772, gr. in-8°), de Montesquieu, avec les belles planches de le Mire, gravées d'après Charles Eisen ;

L'*Heptaméron français* (1780-1781), avec les figures de Frendemberg et les fleurons de Dunker ;

Le fameux *Molière* de 1734, avec les figures de Boucher, où les exemplaires de choix portent *comteese* au lieu de *comtesse*, à la douzième ligne de la page 360 du tome VI.

« Voilà bien les maniaques, s'écrient les ignorants profanes, qui recherchent de préférence les exemplaires avec la faute ! » Oui, badauds, et nous avons raison. N'est-ce pas dans ceux-là, dans ces exemplaires du premier tirage, que nous trouverons les premières épreuves des belles gravures de Boucher ? Hélas ! le président de la Société des antiquaires de France a pu acheter pour 1,200 francs, il y a quelque vingt ans, les dessins originaux qui ont servi à cette édition. Il les indiqua alors au baron Pichon et, à la vente du président de la Société des bibliophiles, en 1869, ils ont été adjugés à 28,000 francs !

Et le *Daphnis et Chloé* de 1718 que j'allais oublier, avec les figures du régent gravées par Audran?

Et les *Principales Aventures de l'admirable don Quichotte*, représentées en figures par Coypel, Picart dit le Romain et autres habiles maîtres, grand in-quarto, 1746?

Et *la Paysanne pervertie*, par Restif de la Bretonne, avec les figures de Buiet?

Et les *Contes de Voltaire* (1778)?

Arrêtons-nous enfin, si nous ne voulons pas aller plus loin que la société *du bout du banc*, qui se réunissait, chaque dimanche, dans la rue d'Anjou-Dauphine, chez Mlle Quinault. Là régnaient et vivaient ces grands amateurs Randon de Boisset, Destouches, Duclos, Collé, Voisenon, Paradis de Moncrif, Pont-de-Veyle, Maurepas et le comte de Caylus.

XXXVI

UNE PRISE DE VOILE

Remontons, je vous prie, à l'an de grâce 1712, aux environs de la mort de Louis XIV (il avait encore trois ans à vivre), et saluons dans sa majesté, et surtout dans ses dernières tristesses, ce roi superbe et malheureux. Autant ses premiers jours avaient été splendides dans tout l'enivrement de la toute-puissance, autant furent misérables les dernières journées de ce patriarche des rois. Tout lui manquait, tout l'accusait. Le palais de Versailles, qui avait été si longtemps l'auguste rendez-vous de toutes les grandeurs de la royauté, n'était plus qu'une tombe anticipée. On eût pris *le tapis vert*, où s'élevait jadis *le Palais de l'île enchantée*, au son des musiques, au bruit des poésies galantes et des grelots de la naissante comédie, pour l'un de ces grands cimetières envahis par les morts couchés là. Que de funérailles suspectes! combien d'agonies inexplicables! les eaux mêmes se taisaient, obéissantes à ce deuil morne et silencieux. Les jeunes courtisans, voyant le roi pris par l'âge et courbé sous tant de misères, se réjouissaient tout bas d'un affranchissement inévitable, et déjà devançaient les licences à venir. L'ombre et le nuage accablaient le vieux monarque; il avait désappris le nom de ses victoires, et sans cesse, à son oreille humiliée, il entendait les noms sinistres de Ramillies, Audenarde et Malplaquet. Il ne connaissait plus les limites de la France, entamées à chaque instant par le prince Eugène. Il avait perdu toutes les conquêtes de sa jeunesse, dont Racine et Despréaux avaient promis d'écrire l'histoire. Aire, Béthune, Douai, Saint-Venant, le Rhin presque en entier avaient passé à l'ennemi. Encore une bataille perdue, et le trône de France était croulant de toutes parts. Enfin nous ne pouvions être sauvés que par un grand capitaine et par un miracle.

C'est alors que se rencontra le maréchal de Villars, juste à point pour gagner la bataille de Denain, la bataille suprême. O consolation inespérée, au moment où le grand roi allait mourir!

Ce sauveur, Hector de Villars, quand il revint de Marly, rapportant toute l'autorité du roi lui-même, apparut à nos soldats découragés comme s'il eût apporté la victoire. Il était superbe avec ce grand air de commandement, ce sang-froid merveilleux, cette gaieté rayonnante, et ce grand bonheur de se battre en plein jour, comme au temps des héros d'Homère. Il avait une certaine façon de tirer son épée... irrésistible. Il montait un grand cheval à sa taille, et les vieux soldats lisaient sa volonté dans son geste, et ses ordres dans son regard. Il se plaisait au bruit du canon, au sifflement de la mitraille, et le matin du jour où sa grande bataille fut gagnée, il la portait tout entière en un coin de son cerveau, sans dire son secret à personne. Ainsi fut brisée en vingt-quatre heures la coalition triomphante. Or, cette victoire coûtait à peine huit cents hommes. Avec si peu que cela nous avions dégagé l'Escaut, repris

Denain et fait tant de prisonniers des plus grands noms de l'armée ennemie; soixante drapeaux et tant de canons, de mortiers, de poudre et de victuailles... C'était complet.

Villars envoya son propre neveu porter cette illustre nouvelle à Versailles, où l'on chanta le *Te Deum*.

Mais les jours suivants, quand le maréchal, complétant sa victoire, eut repris Tournay, Mons, le Quesnoy, Valenciennes et Fribourg, il en voulut envoyer la nouvelle par un officier du régiment de Champagne qu'il honorait pour son courage, mais qui n'était pas d'un grade à se trouver porteur des derniers drapeaux conquis sur l'ennemi. Mieux que personne, Villars savait combien un passe-droit trouble une armée et même une armée victorieuse. Or voilà comme il s'y prit pour donner à un simple major la mission d'un lieutenant général.

« Messieurs, dit-il aux officiers généraux qui l'entouraient (Contades, Puységur, Beaujeu, de Broglie et Montrevel), nos dernières conquêtes nous ont si peu coûté qu'en vérité l'on dirait que nous ne nous sommes pas battus. Ne seriez-vous pas d'avis d'envoyer à Versailles un capitaine orné de quelque balafre, attestant que nous nous sommes conduits en véritables soldats? D'ailleurs, avant peu, nous irons tous ensemble à Versailles porter au roi la nouvelle de la paix. Cependant je me propose de confier à M. de Bouzoles, mon ami particulier, l'honneur d'annoncer la dernière défaite de la Hollande et de l'Angleterre. Bouzoles était un des mieux faisants sur les rives de l'Escaut : à la tête de sa brigade, il a traversé une double ligne de palissades; il est resté parmi les morts au combat de l'Escaillon, et c'est à peine encore s'il peut monter à cheval. Donc, je vous demande pour lui de renoncer à tous vos droits en faveur de ce brave homme. Il est le parent de plusieurs d'entre vous ; il est pauvre, et je crains bien qu'il ne puisse plus servir. Quand le roi verra ce front coupé en deux par un sabre allemand, il en ressentira quelque respect pour nous tous, et nous aurons fait une belle action de plus. »

Les officiers ne savaient rien refuser au duc de Villars, et il fut décidé, d'une commune voix, que M. de Bouzoles irait à Versailles, où tout se passa comme l'avait prévu le maréchal. Le roi, heureux de toutes ces fortunes, reçut le comte de Bouzoles à merveille. Mme de Maintenon, qui se dérobait dans son coin, contempla avec une admiration voisine de l'effroi une blessure qu'un maréchal de France eût enviée, et comprenant que le roi cherchait une récompense égale au service que M. de Bouzoles avait rendu :

« Sire, dit-elle au roi, vous avez en réserve cinq cordons bleus ; j'en demande un pour M. de Bouzoles. »

A ces mots le roi, se dépouillant de son Saint-Esprit, l'offrit à ce gentilhomme émerveillé. Puis il voulut savoir quels étaient les projets de cet officier du régiment de Champagne, un des meilleurs régiments de l'armée.

« Avec la permission de Votre Majesté, répondit le major, maintenant que la guerre est presque achevée, et que voilà déjà la paix qui s'annonce, j'irai panser ma blessure et fermer les yeux de ma mère, dans notre humble demeure des environs de Reims. »

Alors Mme de Maintenon :

« Monsieur, dit-elle, il vous faut, dans l'état où vous êtes, un carrosse de la petite écurie, et le roi vous le donne avec l'autorisation d'y laisser le lis et la couronne. On ne saurait trop récompenser le dernier messager de ces grandes victoires. »

Sur quoi, M. de Bouzoles, prenant congé du roi et de la *reine*, s'en fut choisir dans cet amas de carrosses une chaise assez légère pour trois chevaux, tant il était impatient de retrouver là-bas, chez lui, la vieille mère et le doux repos de sa maison.

On ne voyageait pas très-vite en ce temps-là. A dix lieues de Paris s'arrêtaient les grands chemins. Les routes étaient défoncées; de larges ornières indiquaient le passage, et le paysan s'enfuyait pour peu qu'il découvrît dans le lointain le carrosse d'un grand seigneur. A plus forte raison, si cette chaise de poste aux armes royales épouvantait ces pauvres gens, taillables et corvéables sans merci ni miséricorde !

« Hélas ! pensaient-ils, pâles de terreur, voilà le roi qui passe, et nous payerons double redevance. » Ou bien, les plus malheureux, surpris de cette apparition funeste, se jetaient à genoux dans la boue, avec des signes de croix. Les tout à fait misérables, portant à leur bouche une main décharnée : « O Sire ! gémissaient-ils, c'est nous qui produisons le pain que vous mangez, et nous mourons de faim ! »

Tel fut ce long voyage à travers des peuples désespérés. Heureusement M. de Bouzoles, tout entier à sa joie, à son étonnement, à la crainte aussi d'arriver trop tard, ne s'inquiéta guère de ces lugubres démonstrations.

Il arriva enfin dans la ville de Reims, l'aimable cité que le bon la Fontaine a célébrée en ces vers pleins d'abandon :

Il n'est cité que je préfère à Reims...

Notre voyageur, quand il entra dans sa ville natale au son de l'*Angelus*, reconnut toute chose ; il s'arrêta dans l'hôtellerie des officiers de Champagne, où si souvent, dans les jours de sa première jeunesse, il avait partagé la vie et les fêtes des gentilshommes, ses contemporains. L'hôtel de Champagne (on le voit encore à la gauche de la cathédrale, mais les armes sont effacées) était depuis longtemps le rendez-vous de la jeunesse. Il y venait des amoureux au printemps, des chasseurs en automne, et des voyageurs chaque jour. On y buvait les meilleurs vins de la contrée; on y faisait chère lie; on y chantait toutes les chansons des poëtes nouveaux. Plus d'une belle y vint cacher, dans les chambres hautes, ses solennelles amours. Sur chaque vitre on pouvait lire, écrits au diamant, quelques noms mystérieux, avec la date authentique des rendez-vous. Plus d'un prince s'était abrité sous ces lambris; plus d'un hôtelier s'était enrichi à nourrir ces oiseaux de passage. L'hôtellerie est toute une histoire : elle raconte à qui veut l'entendre un temps charmant qui n'est plus. La cathédrale, l'hôtellerie, la maison paternelle, asiles bien différents de la vie humaine. A qui revient d'un long voyage, il est impossible en effet de ne pas saluer le clocher, le toit domestique et l'enseigne du bon vin.

« Nous passerons ici la nuit qui déjà s'avance, et nous repartirons demain, » dit M. de Bouzoles à l'hôte interdit, qui cherchait, mais en vain, à reconnaître une de ses pratiques d'autrefois.

Le fait est que notre voyageur était très-fatigué lorsqu'il entra dans la meilleure chambre de l'antique hôtellerie. Il fut quelque temps à se remettre, et s'étant endormi d'un bon somme, il fallut le réveiller le lendemain comme autrefois le grand Condé un jour de bataille. Il trouva tous les gens de la maison accourus à son réveil, et ce fut à qui lui raconterait les bonheurs et les malheurs de l'an dernier. Cependant, peu à peu, dans les airs réjouis, se faisait entendre un joyeux tocsin, le tocsin des belles cerémonies et des grands jours. C'était d'abord la cathédrale, annonçant je ne sais quelle fête, et bientôt les chapelles voisines se mêlèrent au carillon magistral.

« Monseigneur, dit l'hôte, aujourd'hui même, avant que la dixième heure ait sonné dans la chapelle des bénédictines, une jeune et belle Chaumontoise, digne d'appartenir aux comtes de Champagne, prendra le voile, et Mgr l'évêque de Chaumont recevra le serment de la belle fiancée de Jésus, Mlle de Hautefeuille. Il est impossible, monseigneur, que vous refusiez d'honorer de votre présence une si touchante cérémonie, et voilà pourquoi nous nous sommes permis de vous réveiller de si bon matin.. »

Le nom seul de Mlle de Hautefeuille avait réveillé dans l'esprit du major une foule de souvenirs. Elle était sa voisine à trois lieues de distance; il l'avait vue enfant, et bien souvent il avait passé la journée avec son père au château de Hautefeuille. « Maintenant la voilà qui renonce au monde, et je ne la reverrai plus ! » se disait-il, avec un soupir de regret. Il se rappelait, en même temps, que plus d'une fois sa mère, en songeant à l'avenir de sa maison, l'avait prié de se choisir une compagne et de lui donner cette consolation de voir continuer sa race et de bénir son petit-fils avant de mourir. Puis c'étaient toutes sortes de rêveries, de visions, de murmures, comme il en vient souvent dans ces têtes martiales, lassées du bruit des armes et couvertes de cicatrices, comme on n'en fait guère qu'aux hommes les plus robustes.

Cependant le son des cloches allait croissant toujours. Des hommes et des femmes, en habits de fête, traversaient la ville affairée. On entendait sur le pavé bruyant retentir le bruit des lourds carrosses. Sans le vouloir, sans le savoir peut-être, M. de Bouzoles se parait de son mieux, dissimulant, mais en vain, le bandeau noir qui couvrait son œil gauche, et lorsqu'il fut vêtu de son plus bel uniforme, un habit écarlate bordé d'or, lorsqu'il eut passé le ruban bleu que le roi lui-même avait porté, et lorsque, la main appuyée sur la garde de son épée, il sortit de l'hôtellerie, il traversa si radieux l'espace qui le séparait du couvent des bénédictines, que chacun lui faisait place et le saluait profondément.

Le portail du couvent gothique était couvert de roses et de lis, les fleurs de la royauté française. Il n'y avait déjà plus une seule place au milieu de cette élégante assemblée, où les plus belles dames et les plus grands seigneurs de la contrée avaient accepté le rendez-vous de l'abbesse. Un air de fête était répandu dans cette vaste chapelle; le soleil y pénétrait, radieux des mille couleurs de ces grandes verrières, dont le secret s'est peut-être perdu. Enfin, tout au fond de la chapelle, au fond de l'autel de la Vierge et dans le chœur, dont les stalles étaient occupées par les parents les plus proches de Mlle de Hautefeuille, tous les regards se portaient sur la jeune et belle aspirante aux vœux du cloître éternel. Selon l'usage, elle était vêtue à ravir : des perles à son cou, des fleurs d'oranger sur sa tête, des dentelles partout. On eût dit que tous les diamants de la province brillaient à ses bras nus et charmants. Sa robe en satin blanc n'eût point déparé le salon de la reine à Versailles ou le salon de la Paix à Marly. Ses mules de satin étaient trop larges pour son pied d'enfant. Elle n'était pas triste, elle n'était pas gaie : elle était calme et résignée. On voyait que d'avance elle avait pris congé de ce bas monde, où son nom, sa beauté, ses vertus n'avaient trouvé qu'un emploi stérile.

Voilà toute la scène au moment où M. de Bouzoles traversait cette foule respectueuse, aux sons harmonieux de l'orgue qui chantait un cantique triomphal. Tout à coup, le bruit cessa, et l'orateur sacré qui devait prononcer son sermon sur la prise de voile était encore au pied de la chaire, lorsque l'on vit le nouveau venu s'arrêter sur l'emplacement lugubre où se déployait le voile noir, qui servira tout à l'heure à couvrir la victime ici présente, au chant lugubre du *De profundis*.

Au seul aspect de ce guerrier, qui semblait sortir de l'autre monde et protester par sa présence contre l'immolation de cette épouse du Seigneur, chacun se demandait quel était ce fantôme qui s'était invité lui-même à ces funérailles. Pas un ne savait son nom, mais chacun le reconnut à sa blessure, à son cordon bleu, et surtout à son aspect héroïque, pour l'un des victorieux de la mémorable bataille. Alors vous eussiez entendu, dans un murmure universel et reconnaissant, retentir le nom de la bataille de Denain; puis, dans un commun accord, chacun des spectateurs se levant, les mains tendues vers le major comme pour attester de l'orgueil national : « Vive le roi ! » cria-t-on de toutes parts; et le major, d'un beau geste, remercia toute l'assemblée.

Alors le jeune orateur commença son discours. Jusqu'à la fin de ces vœux solennels, abolis chez nous par les lois de 89, une prise de voile était l'un des plus beaux sujets que pût désirer un disciple de Massillon, de Bourdaloue et de Bossuet. Il n'y avait rien de plus touchant que ce mouvement et cette profession publique d'une religieuse nouvelle, qui faisait vœu de pauvreté, d'obéissance et de chasteté, acceptant ce long martyre et souriante au supplice qui l'attend. Elle était naguère étroitement unie à toutes les grâces de sa beauté; elle se charmait elle-même dans la délicatesse de ses traits, dans la douceur de ses regards, dans l'enchantement de son esprit. Maintenant elle comprend qu'elle est née pour l'éternité et pour un objet immortel. Elle était éprise et captive d'une fleur que le soleil dessèche, et d'une vapeur qu'emporte au loin le vent d'hiver... Telle était l'inévitable déclamation. En revanche, la majesté du lieu, la pitié pour la victime et les larmes des témoins agrandissaient le spectacle et l'émotion. « O malheureuse ! c'est en vain que, pour la dernière fois, vous voilà chargée d'or, de pierreries et de mille autres ornements ! En vain, l'industrie et tous les arts vous entourent de leurs œuvres les plus délicates... Encore un moment, vous ne serez plus que cendre et poussière. Ils tomberont sous les ciseaux, ces beaux cheveux, votre plus précieuse parure. On vous arrachera pour toujours ces ornements d'emprunt, ces joyaux d'un instant, cette liberté d'une heure. Désormais, des grilles affreuses, une retraite profonde, une clôture impénétrable, une obéissance entière; toutes vos actions commandées à l'avance, tous vos pas comptés, tous les yeux qui vous regardent, toutes les sévérités qui vous jugent, toutes les mortifications qui vous attendent : le néant sur le néant, l'abandon sur le désespoir... » Tel était le discours du jeune lévite, un discours sans pitié, sans consolation, sans espérance, et plus il parlait, plus on eût vu sur le visage austère de M. de Bouzoles grandir son épouvante et sa désolation.

Sur le banc des évêques, et même autour du fauteuil de

Mᵐᵉ l'abbesse, on entendit comme un long murmure. Les filles cloîtrées en voile noir, les néophytes en voile blanc, éprouvèrent un frisson jusqu'au fond des moelles. Seule, immobile et constante en sa résolution, Mˡˡᵉ de Hautefeuille écoutait cette espèce d'oraison funèbre avec un grand courage, et seule elle semblait approuver ce discours, se répandant à la façon d'un torrent furieux qui brise en son chemin arbustes et fleurs.

Quand les auditeurs de ces cruelles paroles, tombant de la chaire de vérité, virent que la jeune fille était restée immobile et fidèle à son projet, l'espoir rentra dans les cœurs. Puis, les dernières prières étant dites, l'évêque s'approchant de l'autel :

« Ma fille, dit-il d'un voix très-émue, est-il vrai que, par votre serment et votre libre volonté, vous prenez pour époux... » Il allait ajouter : « Notre Seigneur Jésus-Christ »; mais ici la voix lui manqua. Ces évêques des premiers jours du siècle de Voltaire et de Diderot avaient beaucoup perdu de leur primitive énergie; ils étaient moins croyants et moins implacables que ceux d'autrefois. Cette inquiétante question des vœux éternels et des vœux consacrés au célibat était désormais en doute en tous ces esprits éclairés d'une lumière moins haute et d'une clarté bienveillante. Un mot de plus et la jeune fille était morte au monde : elle allait livrer aux ciseaux, déposés sur l'autel, ses beaux cheveux, ornement innocent de sa tête ravissante. Et voilà pourquoi l'évêque hésita.

Mais Dieu soit loué! Mˡˡᵉ de Hautefeuille était occupée autre part. Son corps était ici, son âme était plus loin, dans le regard de ce glorieux soldat qui semblait l'implorer en priant pour elle. A la fin, vaincue et triomphante :

« Oui, dit-elle à haute voix, je prends pour époux cet ami de mon enfance et ce compagnon de mes belles années, M. le comte de Bouzoles. »

A ces mots inattendus, inespérés, le major se jetait à ses pieds, et la conjurait de ses paroles les plus ferventes. Toute l'assemblée était en larmes; l'abbesse elle-même (elle était très-jeune encore) était touchée jusqu'au fond de l'âme.

« Eh bien, dit l'évêque en les bénissant, vous le voulez, Dieu le veut, je vous bénis. »

Donc les voilà mariés, les voilà contents. Ils voulaient rendre à qui de droit ces belles parures, ces colliers, ces bracelets, mais les parrains et les marraines qui les avaient prêtés ne voulurent pas les reprendre, et M. de Bouzoles, en grand triomphe, emporta, toute parée, la plus belle et la plus généreuse de ses conquêtes. L'abbesse, avec l'évêque et tout le monde, accompagna les deux mariés à leur carrosse, et, voyant sur les panneaux les armes du roi leur maître, ils comprirent les uns et les autres que le roi serait le premier à complimenter le major.

Et maintenant, fouette cocher! Allons vite! Avant trois heures nous retrouverons, sur le seuil du château de Bouzoles, la dame châtelaine étonnée et charmée à l'aspect de ses derniers rêves accomplis et dépassés.

XXXVII

MIRABEAU

Certes, Mirabeau persécuté par son père, et tantôt dans le fort de Joux, tantôt au donjon de Vincennes, traîné dans toutes les prisons d'État, mourant à l'étranger de misère et d'abandon, sans feu ni lieu et sans amours, était ce qui s'appelle un malheureux. Jusqu'à la fin des siècles retentiront les hennissements de tant de passions inassouvies.... Plus tard, Mirabeau, maître absolu des âmes et des consciences, le digne orateur d'une révolution qui n'eut jamais sa pareille, et prenant en pitié le dernier roi de France qui l'avait maintenu dans sa prison et signé sa dernière lettre de cachet, voilà ce qui représente en un seul homme une misère infinie, une toute-puissance incroyable.

Eh bien, dans ce comble d'humiliations et de grandeurs, nous trouvons un troisième et intéressant Mirabeau, si gai, si content, si charmant, pauvre avec tant de courage et d'espérance, que ce serait un grand malheur pour l'histoire de ne pas le considérer dans ce milieu rare et charmant de pardon, de bonhomie et de liberté. Lui-même, aux approches de 1789, il se figurait qu'il vivait dans un songe enchanté. « Que désirent vos seigneuries, et quelle est votre ambition pour demain matin? disait Mirabeau à ses amis. Parlez, je suis le vrai possesseur de la lampe merveilleuse. En frottant comme ci, je ferai de vous tous des ducs et pairs et des ambassadeurs; en frottant comme ça, Mesdames, je vous donne à pleines mains des bagues, des colliers, des rubis, des carcans de pierreries, des couronnes de comtesse pour le moins aussi durables que la couronne de la comtesse du Barry. » Voyez le miracle : il faisait la pluie et le beau temps. Non, non, ce n'étaient pas de vaines promesses. Ce gouvernement royal des derniers jours sentait sous ses pas chancelants trembler le monde, et, voyant que le seul Mirabeau riait de la tourmente, il acceptait ses amis pour en faire autant de ministres et de grands fonctionnaires. Pour les dames et les grandes coquettes, la lampe merveilleuse n'était pas moins puissante, il suffisait que le comte de Mirabeau eût promené quelque innocente, un dimanche, au Palais-Royal, quand les belles dames sortaient de la messe, ou qu'il se fût montré en quelque loge à l'Opéra, un soir de bal masqué, avec une simple bourgeoise de la rue Saint-Denis, pour qu'aussitôt la fillette ou la bourgeoise eussent trouvé, comme on dit, chaussure à leur pied. Ah! c'était un homme à la mode. A l'Opéra-Comique, un seul de ses bravos avait fait le succès de Camille Véronèse.

Au Théâtre-Français, le soir où débuta Mlle Dangeville en dépit des clameurs de la petite Hus et de sa séquelle, Dieu sait si la pauvre actrice était tremblante! Heureusement que Mirabeau était déjà dans son crachoir sur le théâtre. Elle aperçut Mirabeau, et lui tendant la main avec un sourire inquiet et charmant : « Monsieur le comte, lui dit-elle, faites-moi l'honneur de me baiser la main; ça me rendra tout mon courage. — Oh bien, dit-il en remontant sur le théâtre, ce n'est pas assez, mademoiselle. » Il la baisa sur les deux joues, et la petite Hus, qui entrait en scène, en eut un éblouissement. « C'est indécent, » dit-elle à son protecteur, le fermier général Bertin, seigneur d'Auteuil et de Passy. Bref, Mlle Hus en perdit la tête et rata la première scène. Au contraire, on vit entrer, légère et triomphante, en robe courte, en cornette, et la croix d'or à son cou, Mlle Dangeville. Aussitôt les bonnes gens qui devaient la siffler l'applaudirent. Si bien que cette heureuse soirée a compté dans les beaux jours du comte de Mirabeau.

Pas un succès dont il n'eut sa part, à Versailles et dans les boudoirs de Paris. C'était un enchanteur : il jetait les sorts les plus charmants du monde. Il avait mieux que la baguette, il avait l'esprit de la divination. Et comme à Paris le mot succès est le vrai nom du crédit, le crédit lui vint comme tout le reste. Il n'y avait pas six mois qu'il n'eût point trouvé à crédit un modeste habit de drap. A cette heure les tailleurs chez lui faisaient antichambre, et le suppliaient de lui commander ce qu'il y avait de plus magnifique, uniquement pour dire à leurs pratiques : « Je porte au comte de Mirabeau ce justaucorps, brodé par les brodeuses de Mme la Dauphine. » Ou bien : « J'ai taillé dans le même drap, pour M. de Mirabeau et pour M. de Fronsac, un manteau couleur de muraille. » Son valet de chambre, un bonhomme appelé Marcou, qui avait porté si longtemps les livrées de M. Harpagon, portait maintenant la grande livrée à galons d'or, comme on n'en voyait qu'à la Comédie-Française, au *Mariage de Figaro*. Le successeur de Beaumarchais lui-même avait fait une montre en diamants tout exprès pour le comte de Mirabeau. Sur le cadran un berger en émail indiquait l'heure à la fleur de lis; cela voulait dire : *O mon seigneur, chaque heure est pour vous l'heure du berger!* Le premier cheval qui gagna la course au bois de Boulogne avait nom *Triquette*. Triquette appartenait au duc de la Vauguyon, et comme un jour de pluie il trottait à la portière du carrosse de Sa Majesté : « Vous me crottez, » disait le roi. « Oui, Sire, *à l'anglaise*, » répliquait le courtisan. Les dames appelaient leurs plus beaux ajustements du petit nom de Mirabeau. Quand il passait dans la rue Saint-Honoré (c'était le nom de son patron), les marchands de curiosités, les revendeuses à la toilette et les faiseuses de modes ouvraient leurs portes et l'invitaient à prendre à son gré ce qui lui convenait le mieux. « Vous nous payerez, disaient-ils et disaient-elles, quand vous serez président de la République. » Ils disaient cela, songeant au républicain marquis de la Fayette, qui s'était amusé à fonder une république aux États-Unis.

Un jour qu'il était à dîner au Palais-Royal, chez la petite Lolo, à l'enseigne de *la Frivolité,* il fut arrêté par un fripier, à l'enseigne de *Saint-Jean de Compostelle*, et tout d'abord il songea que c'était un ancien créancier qui lui réclamait l'habit de ses noces malheureuses. Ce qui le confirma dans son premier soupçon, c'est que cet homme était un vieux, mal vêtu, se tenant à peine. On comprenait cependant qu'il avait vu des jours meilleurs. Mirabeau, craignant un éclat, le suivit dans son arrière-boutique, et sur un fauteuil vermoulu il prit place, attendant la réclamation du vieillard. Dans cette haute fortune et ce crédit inespéré, l'amoureux de Mme Sophie de Monnier avait conservé le vif sentiment de la dette antérieure, et se serait cru déshonoré de renier sa mémoire.

« Au fait, dit-il à ce bonhomme entouré de ses guenilles, j'ai bien peur, mon ami, que nous n'ayons un compte à régler ensemble. Hâtez-vous cependant. Il est plus d'une heure; une belle m'attend à dîner dans sa librairie, au Palais-Royal.

« — Monseigneur, dit l'homme, en prenant sa voix solennelle, il n'y a pas de compte, hélas! entre vous et moi, je serais sûr d'être bientôt payé. Malheureusement, j'ai eu le tort de mettre à crédit toute ma fortune sur la tête insolente du dernier roué de la cour.

« — Vous auriez prêté votre argent à M. de Lauzun? s'écria Mirabeau.

« — Non pas, monseigneur.

« — A M. de Vaudreuil?

« — Monseigneur, reprit le fripier, regardez-moi bien. Je suis le dernier marchand de Paris qui se soit laissé prendre aux embûches de ces grands seigneurs. On m'appelle aujourd'hui, par dérision, M. Dimanche, et ce vieux chien édenté que vous voyez-là, grognant dans son coin, est l'arrière-petit-fils du petit chien Brisquet. Intelligent plus que son maître, il mordait aux jambes ces belles pratiques, ces grands seigneurs qui ne me payaient pas. »

Mirabeau devint tout pensif à l'aspect de cette grande ruine.

« — Eh quoi, dit-il, vous seriez le tailleur de don Juan?

« — Je suis, reprit le marchand, la dupe et le tailleur de don Juan, votre aïeul et celui de bien d'autres. J'aurais voulu que les petits marquis de Versailles, me prenant en quelque pitié, se fussent cotisés pour payer une dette d'honneur; mais quand je leur parlai de ce projet qui n'avait rien de ridicule, ils poussèrent un éclat de rire et me renvoyèrent aux calendes grecques. C'était cependant l'heure où Mme la duchesse de Choiseul, une bourgeoise, payait, avec l'argent de son père, pour trois millions de dettes à Mgr le duc de Choiseul, ministre du roi. Alors, voyant que tous ces seigneurs étaient les mêmes; que nous autres, pauvres gens, nous n'avons pas une obole à espérer de ces maîtres féodaux, je suis rentré dans ce taudis pour y mourir insolvable; mais aujourd'hui, vous voyant frôler le seuil de ma porte, il m'a semblé que peut-être, en souvenir de votre ami don Juan, vous m'achèteriez cet habit fait à sa taille. Il ne l'a porté qu'une seule fois, le jour où la statue a frappé de sa main de pierre à la porte de son palais. »

Le bonhomme, en même temps, tirait de son coffre un habit superbe, où les aiguilles les plus habiles avaient brodé, dans la soie et dans l'or, des fleurs de lis, des feuilles de chêne, avec tout le blason de France, d'Espagne et d'Italie. O chef-d'œuvre incomparable! On n'avait pas vu son pareil dans les salons de Luciennes, dans la galerie de Versailles, dans le jardin de Trianon. Pas même à Bellevue, au temps de Mme de Pompadour, quand elle représentait le petit Colin dans *le Devin du Village*. Un seigneur portait un habit presque aussi beau aux noces de M. le Dauphin; le roi lui fit compliment de cet habit magnifique, à quoi le seigneur répondit : « Sire, cela se doit. » Cela s'est dû jusqu'à la fin du règne, en y comprenant l'habit du roi lui-même. Le prince de Guémené, perdu de dettes, fit la plus scandaleuse faillite du siècle.

Quand il eut contemplé, tout à son aise, l'habit de don Juan, Mirabeau, se dépouillant de son habit de drap, endossa cette veste superbe. « Hélas! pensait-il, si j'avais eu cet habit à la cour de Frédéric II, je remplaçais Voltaire dans l'esprit de la princesse Wilhelmine. »

Enfin, comme s'il se fût réveillé en sursaut :

« Mon ami, dit-il à M. Dimanche, ayez confiance. Il ne sera pas dit que le comte de Mirabeau ne payera pas la dette de son cousin don Juan, qui brûle aux enfers, ayant trop brûlé par les dames. Donc, cet habit je le garde, et je fais mieux, je le porte. Arrivez chez moi demain, de très-bonne heure, et je vous payerai. »

A ces mots, il sortit dans la rue, à la grande admiration des passants. Plusieurs, qui étaient déjà des révolutionnaires, lui auraient jeté de la boue et des pierres; les enfants l'auraient montré du doigt, mais il avait sur sa tête une telle énergie, un si grand feu dans son regard, et dans toute sa personne une telle intrépidité, que pas un n'osa sourire. Il y eut des gens qui, le rencontrant au détour de la rue, en furent éblouis, comme on l'est d'un fantôme. Oui, certes, le fantôme éblouissant de la monarchie aux abois !

La petite Lolo et ses amis l'attendaient depuis une heure. La table était dressée et le vin était à la glace. Alors on le vit dans cette extraordinaire parure, et dans cet habit qui sentait les roses fanées, les œillets de 1745, le souffle et les exhalaisons de l'enfer; il y eut parmi les convives une stupeur immense.

« Ah ! grand Dieu ! que vous êtes beau ! s'écria Lolotte, êtes-vous heureux !

« — Il n'y a que cet habit-là dans le monde, cria lord Hertford, l'aïeul du richard d'aujourd'hui.

« — Il me gêne un peu dans les entournures, et je ne suis pas encore assez hardi pour le porter publiquement, répliqua Mirabeau. En voulez-vous pour cent louis, milord?

« — Tope-là, dit l'Anglais; mais à condition que je le mettrai tout de suite. »

Ainsi fut dit, ainsi fut fait. L'habit de don Juan fut payé le lendemain à M. Dimanche. Il garda premièrement cet argent inespéré, pour le changer, plus tard, contre un million en assignats. Décidément M. Dimanche était un idiot.

Quand il se vit en manches de veste et délivré de cette antique splendeur, Mirabeau fut le plus heureux des hommes. Il avait fait, sans bourse délier, une belle et généreuse action; il trouvait que Mlle Lolotte était très-jolie et que la table était bien servie. Il n'y avait pas un seul parmi ces convives bien choisis qui ne fût un riche, un bel esprit, un grand seigneur, un fils de Voltaire et de Diderot. Il sentait pétiller dans ce magasin plein de folies et de petits livres, les licences, les contes, les facéties, les gaillardises, les bigarrures, les satires, la boîte à l'esprit, les calembredaines, les dialogues, les voyages, les biographies de cette fin d'un monde où l'on ne savait plus distinguer la liberté de la servitude, et le vice de la vertu.

Ces petits livres chantaient, hurlaient, blasphémaient chez la petite Lolo, que c'était une bénédiction. Mirabeau lui-même en avait écrit plus d'un sur le papier du donjon de Vincennes, lorsque, pour vivre, il était forcé d'écrire la *Correspondance d'Eulalie avec Margot la ravaudeuse*. « Ah! disait-il, Mlle Lolo, vous nous ramenez sur la terre avec vos petits livres! » Puis, lui-même, enhardi par tous ces bonheurs qui l'entouraient, il racontait à ses amis les histoires les plus folles, les plus gaies et les plus charmantes. Jamais on n'entendit leurs pareilles aux soupers de Mme Blondel de

Nanteuil, dans sa belle maison de la rue Neuve-des-Capucines.

Or, de toutes ces histoires, en voici plusieurs qui se peuvent raconter, je l'espère, aux plus honnêtes gens :

« J'étais, le mois passé, dans le château de M. de Gribeauval. Le temps était triste et le ciel était noir. Mauvais souper, mauvais gîte et mauvaise nuit. Sur le matin, j'entendis une voix en fausset qui se mit à crier sur tous les tons de la gamme : *A boire au roi!... à boire au roi!...* « Pardieu, me dis-je, il y a du sortilége. » Voulant savoir quel malheureux poussait ces beaux cris, j'ouvris modestement la porte de la chambre voisine : *A boire au roi! à boire au roi!* Ce n'était pas un perroquet, c'était un gros homme essoufflé qui répétait sa leçon.

« — Monsieur, me dit-il, je suis fâché de vous avoir réveillé de si bonne heure ; mais sans doute vous savez que je viens d'acheter une de ces charges de création nouvelle qui se vendent à bon marché jusqu'à présent. Ma charge est des plus belles, elle me donne bouche en cour, et j'assiste au dîner du roi. Sitôt que son verre est vide : *A boire au roi!* Ce n'est pas une grande fatigue, il est vrai, mais encore il faut l'accent, le ton, le je ne sais quoi du grand couvert. J'atteindrai, je l'espère, à cette perfection ; mais quelle peine! Il est vrai que je suis entouré de mes parents et de mes amis, qui ont acheté, en même temps que moi, une de ces charges que le roi nous vend argent comptant. Moi, je suis *commensal;* mon cousin est *grand-queux;* l'un de mes neveux *hâteur;* l'autre est *tournebrochier.* Ça fait pour plus de cinquante mille écus d'emplois dans notre famille. Hélas! je comprends maintenant que ma charge est de toutes la plus difficile. Où cela commence, où cela finit? je n'en sais rien. J'ai beau crier, qu'importe si je crie en plein désert? A boire au roi! c'est bientôt dit, mais je n'ai pas le droit, par ma charge, d'apporter à boire. C'est le *gobelet-vin* et le *gobelet-eau* qui remplissent cette fonction. Il est vrai que le gobelet-vin ne peut agir que sur mon ordre, mais *quid juris* s'il ne m'entend pas, s'il ne me comprend pas, s'il n'obéit pas à mon ordre? Alors, je suis perdu, je suis ruiné. Toute ma fortune est dans ma charge. Au fait, je puis la revendre. Oui, j'ai donné un pot-de-vin, justement au gobelet-vin; il ne voudra pas me le rendre. Ah! je suis bien malheureux, et ce qui est bien pis, je suis déshonoré, pendant que mes cousins, le grand-queux et le hâteur, exercent depuis quinze jours leurs illustres fonctions, au contentement universel. »

Et voilà ce malheureux qui reprend : A boire au roi! à boire au roi! « Est-ce trop bas, monsieur? ajouta-t-il; est-ce trop haut? Vous devez bien connaître l'écho du grand couvert? »

« Véritablement, j'eus grand'peine à calmer ce pauvre homme.

« — Allons, monsieur le commensal-juré-crieur à boire au roi, ça se passera mieux que vous ne pensez. Si le roi veut boire, il boira sans attendre votre permission. Charge de pure étiquette et surtout de finance.

« — Ah! monsieur, reprit le commensal, vous pensez, vous croyez véritablement que cela se passe ainsi, et que mon emploi soit une fiction de monseigneur le grand échanson?

« — Oui, monsieur, et j'en suis sûr. C'est comme cela. »

« Voilà donc notre homme enfin calmé et plein d'une joie incroyable.

« — Oh! monsieur de Mirabeau, quel bonheur! Je vais en écrire à ma femme, au beau milieu du Hurepoix, et à mon cher frère, grand louvetier dans le Morvan. »

« Je crois bien qu'il l'eût fait tout de suite, mais dans les plus beaux châteaux de province il est assez rare de trouver sous sa main encre, plume et papier.

« Que dites-vous de mon histoire?

« — Je suis assez fâchée, reprit la petite Lolo, que ce nigaud-là soit marié. Je l'aurais épousé un peu plus tard. C'était mon fait. Mon cousin le hâteur et mon cousin le tournebrochier m'auraient conduite à l'autel. »

Ils se prirent à rire; et Mirabeau :

« Mais vous n'êtes pas au bout de mon histoire, dit-il. Au moment où je reprenais le chemin de mon lit, voisin du grand escalier, j'entendis à l'autre extrémité du corridor : *Au feu! au feu! au feu!* et me voilà, sans songer à la légèreté de mon vêtement, qui me précipite au secours de mon incendié. Il y avait dans sa chambre une immense cheminée, et dans cette cheminée un arbre entier qui brûlait. C'était un feu du diable, et devant ce feu à rôtir un bœuf, un homme en chemise aussi, les mains derrière le dos, se tenait à la façon des petits-maîtres quand ils veulent présider la conversation.

« — Monsieur, dis-je à cet original, que faites-vous là? Vous allez fondre une belle paire de mollets si vous continuez.

« — Monsieur, dit-il en se reculant un peu (car ses nerfs commençaient à fondre et ses tendons ne tenaient plus) j'exerce en ce moment une charge impossible, et ma femme que voilà aurait bien pu m'en procurer une autre. »

« En même temps je me retourne, et je vois dans la chambre, à l'état d'écrevisse, une dame assez laide et pas jeune qui faisait la grimace.

« — Oui, monsieur, reprit l'incendié, je dois ma charge à madame. Je ne l'avais jamais vue, et ne la connaissais ni d'Ève ni d'Adam, quand certains Parisiens qui me savaient riche (en effet, je possède un beau domaine dans ce Val de Roncal, que les Pyrénées séparent de la Soule), me proposèrent d'épouser cette dame, en me procurant une charge dont j'obtins l'agrément par sa protection. »

« Cependant notre homme en gémissant retroussait ses jambes d'allumettes et suait à grosses gouttes. On eût dit d'un cheval à éparvins ou de quelque jeune dindon sur une plaque trop chauffée.

« — Ah! mon cher monsieur, à qui le dites-vous? et que ne ferait-on pas pour une charge à la cour? Je ne sais pas d'autre façon de vivre honnêtement. Si je ne suis pas indiscret, dites-moi quel genre de charge? Une charge militaire, sans doute? une place dans l'état-major?

« — Non, monsieur, je suis fils unique, et ma chère grand'maman ne veut pas que son nom s'éteigne. A cette seule condition, elle m'a substitué la terre du gave Suzon, car je tiens le domaine du Roncal du chef de ma mère.

« — Alors, monsieur, c'est une charge à la cour?

« — Oui, monsieur, une charge à la cour, mais l'une de ces charges qui vous approchent de la personne du maître, à ce point qu'on ne le perd pas de vue.

« — Oh! oh! monsieur, c'est le privilége du capitaine des gardes. Il y en a fort peu de pareilles parmi les charges de la couronne, et je ne savais pas qu'il y en eût à vendre en ce moment.

« — Monsieur, reprit l'homme en se laissant tomber dans

un fauteuil (il était tout en nage), on m'a fait jurer de ne pas dire encore le nom de mes fonctions; mais voici tout ce que je peux vous apprendre : on ne peut pas se faire remplacer, car le service est personnel; je prête serment entre les mains du roi lui-même, mais j'ai trois mois d'été qui m'appartiennent.

« — C'est-à-dire que vous brûlez Compiègne, et c'est dommage, on y joue un jeu d'enfer. Mais je cherche enfin quelle charge... Ah! j'y suis! celle de Forget, capitaine du vol. Il ne va jamais à Compiègne.

« — Ah fi! monsieur (en même temps on lui posait sur la tête une éponge glacée). Ah fi! monsieur! Capitaine du vol! C'est bon tout au plus pour celui de mes valets de chambre qui lave et qui porte mon or quand je veux sortir. »

« A ces mots, il passait une sorte de pantalon pour abriter ses jambes fumantes.

« — Au moins, monsieur, me direz-vous la finance de cette charge, et peut-être, en sachant ce qu'elle coûte, aurais-je deviné le titre de ces grandes fonctions?

« — Que dites-vous, monsieur, de cent mille écus?

« — Cent mille écus! repris-je en m'inclinant. Grand fauconnier? grand louvetier? Cent mille écus!

« — Non, monsieur, je suis du bois dont on fait les ministres. Un mien cousin, au temps jadis, était ministre à Cologne.

« — Au fait, c'est un commencement!

« — Il mourut de la petite vérole, en passe d'aller à tout. Et se parlant à lui-même : Ah! mon Dieu qu'il fait chaud! On brûle ici! Je ne pourrai jamais m'y faire.

« Il avait même des larmes dans les yeux.

« — Monsieur, repris-je, intrigué plus que je ne saurais

le dire, un cousin ministre à Cologne est déjà une grande recommandation.

« — Vous allez donc entrer dans les ambassades?

« — Mais, reprit-il avec le même orgueil (sa joue en était toute bouffie), une ambassade est un exil et ma grand'maman ne veut pas que je m'éloigne. Au contraire, la charge en question réunit l'agrément au solide, et les honneurs à l'honneur. Mais comment donc ne me comprenez-vous pas? Vous brûlez!

« Vous brûlez, dans sa bouche, était pour le moins un mot étrange, et voyant que je ne comprenais pas:

« — Quand on vous dit, s'écria-t-il (il grinçait des dents, ses mains se crispaient, son visage était un érysipèle), quand on vous dit que je prête serment au roi lui-même, que je ne recevrai point d'argent de l'étranger, pas de correspondance avec le dehors, un secret absolu.

« — J'ai bien dit: secrétaire d'État? »

« Il leva l'épaule, et me voyant très-impatient d'en finir:

« — Monsieur, me dit-il, vous voilà, vous aussi, tout en nage, et vous avez la fièvre à coup sûr. Voulez-vous qu'on appelle un médecin?

« — Monsieur, repris-je, il est vrai que je suis au supplice. Un peu d'air, je vous prie, ou je meurs. La chaleur est insupportable et ce feu est très-violent.

« — Mais, Monsieur, s'écria-t-il, en se rapprochant du brasier, ce feu, ces fagots, ces tapis, ces fenêtres closes, sont des conditions de mon emploi, et, s'il faut tout vous dire enfin, je suis ÉCRAN DU ROI. *Écran du roi*, vous dis-je, et, dans les plus rudes hivers, *écran de la reine*. Et je m'en félicite, et je suis plus avancé que si j'étais capitaine des gardes. Je ne quitte jamais Sa Majesté tant qu'il y a du feu chez elle, et, naturellement, je sais tout ce qui se fait et tout ce qui se dit. Pas une intrigue qui m'échappe, et pas un ministre qui n'ouvre à mes yeux son portefeuille. »

« Ici mon homme eut une syncope, et je fus forcé d'ouvrir la fenêtre au risque d'enrhumer Mme l'écran du roi. Je sortis en toute hâte de la chambre de M. l'écran du roi.

« — Vous allez, me dit-il, rejoindre M. le commensal-juré-crieur *A boire au roi?* Quel imbécile ! »

« — Eh bien, reprit, en me voyant, M. le juré-crieur, vous quittez l'écran du roi? Quel imbécile ! »

« — Ils avaient raison tous les deux, reprit la petite Lolo.

« — Mlle Lolo est une sotte, avisa lord Hertford. Si le *commensal* et l'*écran du roi* avaient vécu seulement en l'an de grâce 1712, ils n'étaient pas ridicules, et leurs charges les mettaient au niveau de M. le prince de Condé, grand-maître de France et de la maison du roi ; de M. le duc de Bouillon, grand-chambellan ; de M. le duc de Liancourt, grand-maître de la garde-robe. Ils primaient M. le duc de Brissac, premier panetier; M. le marquis de Verneuil, premier échanson; M. le marquis de la Chesnaye, premier tranchant. Ils ne sont ridicules que parce qu'ils viennent trop tard. A l'heure où nous sommes, je ne donnerais pas une guinée d'une charge de maître d'hôtel, et je ne voudrais pas à mon service un des quatre huissiers du chambellan, un des deux officiers serdaux, un des six pousse-fauteuils. Certes, Mlle Lolo a beau jeu de se moquer du commensal *A boire au roi...* Elle ne sait pas que la cuisine-bouche employait quatre chefs travailleurs, deux aides, un sommelier, quatre laveurs et trois gardes pour l'entretien de la vaisselle. On ne sait plus rien de cela aujourd'hui.

Il n'y a pas si longtemps que chacun savait le nom des porte-manteau, des garçons de la chambre, horlogers, barbiers, tapissiers. S'il n'y a plus d'écran du roi, il y a encore deux feutiers et leur *survivance*. Vous iriez à Windsor chez le roi, mon maître, et vous verriez des charges aussi ridicules. Pas un ne s'en moque. Il est vrai que notre roi est un roi, que nous avons une chambre des communes et que j'ai l'honneur d'appartenir à la chambre des lords. »

Du même pas, il se rendit au théâtre des Variétés Amusantes, où M. Janot, marquis d'Eaubonne et autres lieux, disait si bien, en portant son doigt à son nez : *Ça en est!*

« Malepeste! disait Mirabeau, avec mes deux histoires, je ne croyais pas être aussi sérieux que je le suis. »

Un jour, dans la grande allée des Tuileries, le rendez-vous du beau monde, Mirabeau rencontre, allant d'un pas solennel, le marquis d'Hertford, qui semblait méditer profondément. Il l'aborde.

« A quoi donc pense Votre Seigneurie? Auriez-vous, par hasard, affaire à une cruelle, et Mlle Duthé vous a-t-elle préféré le comte d'Artois?

« — Mon souci n'est pas là, reprit le lord. Si je le veux, le comte d'Artois n'est pas assez riche et ne ferait que blanchir dans les coulisses de l'Opéra. Mais je reçois de Londres, aujourd'hui même, la nouvelle d'un changement de ministère, et je m'inquiète, à vrai dire, du nouveau ministre que notre roi nous donne. Il n'a pas vingt-quatre ans; c'est un écervelé pour la fête et le plaisir. Ça n'est pas riche, et, chaque soir, il est ivre comme un matelot de la Tamise. Enfin nous le verrons à l'œuvre; et s'il est de force à porter le fardeau d'une guerre contre la France, au moment le plus dangereux de notre histoire, avec tous ses vices il sera le héros de l'Angleterre. »

Ici notre Anglais poussa un soupir en prononçant le nom de M. William Pitt.

« Vous autres Anglais, reprit Mirabeau, tout vous étonne, et ce n'est pas vous, non certes, qui auriez inventé le proverbe : *Au bout du fossé la culbute.* Asseyons-nous, cependant, sous ces ombrages qui pourraient être plus frais et moins à la mode, comme deux bergers de Virgile, à l'ombre aimable de ce grand tilleul. Je verrai passer, tout à mon aise, la belle Mme Lebrun, qui se promène à côté de la petite Bouvard de Fourqueux. Elles me plaisent l'une et l'autre, et si je mérite enfin leur attention, je vous prierai que nous les promenions au Cours la Reine dans votre carrosse à six chevaux. »

Quand ils furent bien placés de façon à bien voir, sans être aperçus plus qu'il ne faut, ces deux beautés qui marchaient du pas léger de l'été dans un nuage odorant :

« Pardieu! poursuivit Mirabeau, je ne serais pas fâché de vous consoler quelque peu du changement de ministère qui vous inquiète, en vous racontant comment, au commencement de l'année 1759, Mme de Pompadour, qui voulait remplacer M. d'Ormesson aux finances, songea à bombarder, au conseil des ministres et secrétaires d'État, M. de Silhouette, chancelier de Mgr le duc d'Orléans. Notre homme avait eu l'honneur de nourrir à Saint-Cloud, pour la convalescence de M. le Dauphin, quatre mille bouches de pauvres gens, qui criaient : Vive le roi ! Voilà donc Silhouette accepté et sa nomination dans sa poche. En son premier moment de joie et d'étonnement, il avait fait fermer sa porte ; mais son beau-frère Astruc, fils du médecin et conseiller à la cour des Aides, s'étant présenté, le suisse ouvrit malgré la défense.

« — Eh! qu'avez-vous donc, mon frère? demanda le nouvel arrivé. Pourquoi ce front soucieux? Vous êtes nommé, je le sais. Embrassons-nous, Monseigneur. »

« Et les voilà qui s'embrassent comme deux pauvres. L'instant d'après, M. de Silhouette disait à son beau-frère :

« — Il ne faut pas vous étonner si je suis triste et rêveur : je suis attendu chez Mme de Pompadour. Le roi y viendra, par hasard; il va me parler, m'interroger, il voudra savoir mes projets politiques. Bref, vous comprenez, la crise sera violente. Deux armées de terre à pourvoir, une marine à mettre sur pied; pas un sou au Trésor royal; Michault qui va me tailler des croupières; Mme de Pompadour qui veut que l'on paye ses dettes, et qui résiste à toute espèce d'impôt. Mais, direz-vous, *le crédit?* Je n'en veux pas; c'est la corde qui soutient le pendu. Tous ces marchands d'argent sont des voleurs, et je veux de l'économie. Ah! mon Dieu! je n'ai pas une minute à perdre, et ma pauvre tête est un volcan. »

« Là-dessus le malheureux part pour Versailles, et Mme de Pompadour l'accueille avec toutes les grâces que toujours elle prodigue aux nouveaux venus; c'est sa monnaie.

« — Ah! monsieur de Silhouette, soyez le bienvenu, dit-elle; on vous attend impatiemment. Vous seul pouvez nous sauver. Au reste, le roi va venir; vous le verrez, il vous parlera; dites-lui tout; il aime la vérité. »

« Sur quoi M. de Silhouette (Mirabeau disait ces choses en remplissant sa bouche du vent de la faveur) répond à cette belle femme, une coquette au degré suprême, avec les protestations d'un robin et d'un sot :

« — Madame, honoré du choix que Sa Majesté a fait de ma personne pour mettre un peu d'ordre dans les finances de l'État, j'espère, avec vos conseils, venir à bout de cette illustre tâche. Ainsi, Madame... »

« Il parlerait encore, si tout à coup le roi, qui venait d'entrer par l'escalier dérobé, ne fût tombé sur le corps du malheureux avant qu'il eût terminé sa harangue.

« — Ah! mon Dieu! » s'écria le roi tout interdit.

« Il s'était bien préparé à voir son nouveau ministre face à face; mais le voyant tourné du côté de cette porte dérobée, il oublia ce qu'il avait à dire. Enfin Sa Majesté recouvrant quelque présence d'esprit :

« — Monsieur de Silhouette, dit-il, les lambris de votre cabinet sont-ils vernissés par Martin? »

« Voilà tout ce que le bon sire avait trouvé. Il était aussi fier de sa question que s'il eût prononcé la première Catilinaire. A son tour, qui fut interdit? M. de Silhouette. Il s'attendait à des questions considérables... on lui parlait du vernis de son cabinet. Que vous dirais-je? il resta là, sans mot dire, et le roi s'en fut, en maugréant, comme il était venu.

« Restée seule avec le nouveau ministre :

« — Ah! s'écria Mme de Pompadour, vous êtes vraiment, monsieur de Silhouette, un habile homme! Où donc aviez-vous la tête? C'était bien la peine que Sa Majesté vous fît l'honneur d'une si belle question! Sachez, Monsieur, qu'il n'y a qu'un sot qui reste court lorsque le roi lui fait l'honneur de lui parler. On répond, Monsieur, oui ou non. « Mon cabinet est verni par Martin, Sire. » Ou bien : « Sire, le vernis est parti depuis longtemps. » Croyez-vous donc que le roi s'en inquiète? Ah! vous venez de faire une belle besogne... Il me faudra maintenant huit grands jours pour que le roi revienne sur votre compte; il ne m'a fallu qu'un mot pour vous faire contrôleur général. »

Ici Mirabeau poussant le coude à lord Hertford :

« Milord, lui dit-il à l'oreille, il faut que Mme Lebrun ait quelque tableau à vous vendre: elle vient de vous jeter le coup d'œil de l'assassinat. »

Puis ces dames poursuivant leur chemin :

« Je voudrais savoir, reprit l'Anglais, comment finit ce beau mystère si bien commencé. »

Mirabeau continua.

« Silhouette, ambitieux comme un sot, rentra dans son logis, désespéré. Il voulait à l'instant donner sa démission, tout au moins il voulait se pendre.

« — Y pensez-vous? lui disait son beau-frère Astruc, un homme de bon conseil. Est-ce qu'on s'en va comme cela du ministère des finances, sans y rien gagner? Rassurez-vous, ce roi Louis XV est plus timide et plus bête que vous : il vous a parlé de vos lambris ne sachant que vous dire. Hier, il demandait à l'ambassadeur de Venise : « Combien sont-ils dans le Conseil des Dix? — Sire, ils sont quarante, » répondit l'ambassadeur sans s'étonner; mais c'est un Vénitien de première force. A son retour de Mahon, il y a quatre ans, quand Richelieu s'en revint, bouffi d'orgueil d'avoir pris le fort Saint-Philippe, une bicoque, il s'imagina que le roi lui sauterait au cou. Savez-vous ce que le roi lui dit? « Richelieu, les figues de Mahon sont-elles meilleures que les figues de Marseille? » Et ce fut tout. Les courtisans disaient: « Richelieu est perdu. » Le soir même il soupait avec le roi dans les petits appartements. »

« Un peu rassuré, Silhouette se mit à l'ouvrage, et huit

jours après, il lisait au conseil un long travail sur la situation financière. Au sortir du conseil, M. de Stainville, le futur duc de Choiseul, rencontre Forbonnais, le premier commis :

« — Pardieu ! dit-il, ce Silhouette est admirable ; et je ne sais rien de plus beau que le rapport qu'il vient de nous faire.

« — Oui, reprit Forbonnais ; cependant ce chef-d'œuvre ne m'a coûté qu'une matinée. »

« En ce moment il comprit sa faute ; il voulut la réparer, mais Silhouette, averti par M. de Stainville, se brouilla pour tout de bon avec Forbonnais, un savant financier celui-là, et bien vite il perdit la tête, ne sachant plus auquel entendre.

« Aussitôt le désordre fut complet. Mme de Pompadour, qui voulait de l'argent pour bâtir Bellevue, et le roi qui voulait de l'argent pour son jeu, se fâchèrent tout rouge.

« — Euh ! fit le roi, j'ai vu dès le premier jour que c'était un imbécile. Il faut appeler Pâris de Montmartel. »

« Mme de Pompadour s'empressa d'appeler Bertin et le fit contrôleur général.

« Voilà comment M. de Silhouette, ajouta Mirabeau en terminant, ne régna que trois semaines. Étonnez-vous donc, milord, de vos petits mystères de là-bas !

« — Vous êtes heureux, vous autres, reprit lord Hertford ; vous riez de toutes choses. Il me semble pourtant, lorsqu'il s'agit d'une révolution...

« — Une révolution ! riposta Mirabeau. Voulez-vous que je vous en conte une assez récente, sous le règne du roi actuel, et dont on s'est à peine aperçu ?

« J'étais, en ce temps-là (tenez, voilà ces dames qui reviennent sur leurs pas; mais n'y faites pas attention, et, pour vous distraire, prêtez-moi l'oreille), très-lié avec un certain M. Jalabert, garçon d'esprit et fort indiscret, comme il en faut à des curieux de mon espèce; et j'allais fort souvent à Versailles, le lundi, saluer mon ami Jalabert. Les curieux qui se rendent à Versailles le lundi savent très-bien que le conseil finit à midi, que le roi dîne à deux heures, et que, dans cet intervalle, on montre aux curieux des porcelaines nouvelles, des bagatelles de la Chine, un tableau oublié dans les greniers, ou bien les cariatides brodées par M{mo} de Montespan, sur les dessins de le Brun, ravivés par Fontanieu. Mais moi, je ne suis pas un curieux vulgaire, et mon ami Jalabert, qui sait ma passion pour les livres, m'introduisait dans la bibliothèque du roi. Sous les glaces bien lavées de ces belles armoires bien fermées, je pouvais lire le titre des livres, qui, certes, plaisaient le plus à Sa Majesté Louis XVI.

« — Mais, dis-je à Jalabert, voilà des ouvrages qui me paraissent bien intéressants, et que je ne connais pas : *Salut du pauvre peuple, Impôt unique, Même poids, même mesure, Coutume générale, Libertés indéfinies, Suppression de la police réglementaire, Défense de marchander le pain, Usure permise, Code des économistes.* Il faut donc que ce soient des manuscrits? S'ils étaient imprimés, je les aurais déjà lus. Sans me vanter, je lis vite et je lis bien.

« — Ce n'est pas comme à la cour, répondit Jalabert. Chez les rois les plus habiles on lit vite, on lit mal, et pour mieux dire on ne lit point. Ces princes malheureux, par haine pour la chose imprimée, mènent une triste vie : ils n'entendent que les flatteurs, les sots et les arlequins de la cour.

Il faut qu'on les amuse à brûle-pourpoint. Depuis qu'ils n'ont plus de fous en titre, ils font leur jouet du premier venu, grand aumônier, valet de chambre ou duc et pair. Ce roi-ci, par exemple, il est généralement reconnu pour un bon homme et même intelligent. Il a la passion de bien faire, et volontiers il se laisserait enseigner tant de choses qu'il ne sait pas. Mais ôtez-le de sa forge et de sa lime, il retombe; on n'a plus sous les yeux qu'un prince inerte, un énervé de Jumiéges. Il regarde, il contemple, il s'étonne. Or, messieurs les économistes, qui représentent les plus habiles intrigants de ce bas monde, après avoir tenté de faire épeler à Sa Majesté leur plus fameux traité *de la Richesse des nations*, ont imaginé de mettre au moins sous les yeux du roi les titres de leurs fameux livres, espérant que, par curiosité ou tout au moins par oisiveté, il finirait par demander : «Qu'est-ce à dire : *Usure permise*, *Impôt unique* et *Libertés indéfinies?* » Alors quelqu'un, le docteur Melon, par exemple, un ami de feu Mme de Pompadour, répondrait au roi ceci et cela. Ce serait toujours autant de gagné pour ces messieurs. Mais quoi! le roi passe et bâille. Il ne lit pas les dos, ces fameux dos qui devraient sauver la France, et tout de suite il revient à sa forge, à sa meule, à son équerre. En ces moments-là vous pourriez faire autant de révolutions que vous en rêvez : le roi ne se détournerait pas d'un quart de seconde. Et tenez, savez-vous comment il a vu la dernière révolution?

« — Sans doute, répondis-je, vous voulez parler de la fameuse révolution des grains? la circulation des grains, la liberté des grains? En effet, voilà de belles révolutions !

« — Que voulez-vous? reprit Jalabert. On fait ce qu'on peut. Les économistes avaient décidé que la farine obtiendrait une liberté indéfinie, et, naturellement, le pain monta de trois liards à Pontoise. « A bas la liberté! » cria le peuple; et lorsque de Gonesse on apporta de la farine à Versailles, il éventra gentiment les sacs de farine sans les piller. Les polissons s'en faisaient des pelotes, et se les jetaient à la tête, comme en décembre les boules de neige, mais avec plus d'agrément. Alors, voilà le lieutenant de la prévôté de l'hôtel, Bias de la Brosse, qui déjà crie à l'émeute, et se rend de sa personne au marché de Versailles, espérant que tout rentrerait dans l'ordre au seul aspect de M. Bias de la Brosse. Ah! bien, oui! le peuple rit au nez de ce nez rouge, et l'enfarine de la belle façon. On eût dit Gautier-Garguille une épée à la main. Au même instant, M. le lieutenant de la prévôté de l'hôtel dépêche un courrier à Mgr le capitaine des gardes du corps du roi. Le mot *révolution* est prononcé. A ce mot terrible le prince de Beauvau monte à cheval : il voit de malheureux paysans qui défendent leur marchandise contre d'affreux polissons qui se vautrent dans la farine. O révolution! Sur quoi M. de Beauvau envoie un aide de camp au prince de Poix, gouverneur des ville et château de Versailles. Le prince de Poix fait avertir messieurs les gardes du corps, et ceux-ci, semblables à la tempête à cheval, font irruption dans le marché...

« — Plus personne! Ils ont bien fait, disait le prince de Poix au prince de Beauvau; nous ne badinons pas quand il s'agit de la sûreté de la personne du roi. »

« Ici Jalabert, de la voix et du geste, joua les deux personnages à s'y méprendre :

« — Savez-vous le nombre exact de ces perturbateurs? reprit M. de Poix avec sa grosse voix.

« — Ils étaient bien dix mille, dit Beauvau en fausset.

« — C'est monstrueux ! répliqua M. de Poix. Fermons les grilles du parc ; appelons les Suisses. Envoyons quérir du canon ! Si nous transportions le roi à Chambord ? Quelle échauffourée ! Ah ! mon Dieu ! tout est perdu ! Je ne réponds plus de rien. Ils ont compromis le trône avec toutes ces libertés. »

« Et pendant que le prince de Poix sue et s'essuie :

« — Ah ! mon ami, s'écriait le prince de Beauvau, vous avez raison, il faut laisser la farine et toute chose à sa place. J'ai ouï dire à ma mère que le vieux était toujours meilleur que le neuf. Elle assurait, hier encore, qu'elle n'avait jamais rien vu de pareil à ce qui se passe aujourd'hui. Il est vrai qu'elle était de l'ancienne cour.

» — Vieille cour, tant que vous voudrez, grommela le prince de Poix ; mais nous voici dans l'abîme, il faut nous en tirer. Comment faire ?

« — Écoutez, fit observer M. de Beauvau ; quand nous étions à l'armée et que le pain manquait, nous le taxions à deux liards la livre. Aussitôt le soldat s'en allait chez le paysan et pour deux sous lui prenait un pain de quatre livres. C'était simple et naïf comme bonjour. »

« Et voilà ces deux princes, continuait Jalabert de sa voix naturelle, qui n'avaient jamais su le premier mot du code des économistes, taxant le pain à deux sous la livre. A l'instant même on afficha cette belle taxe, et l'émeute se calma comme par enchantement. On vint le dire au roi, qui n'y fit guère attention. Il était très-occupé à varloper une marche de la chapelle. Il dit : « C'est très-bien fait ! » et puis il reprit sa besogne. Il faisait chaud ; il avait grand'peine à emmancher ces degrés l'un à l'autre.

« Enfin le lendemain il se remit à sa tâche au moment où

revenait l'émeute de la veille avec des hurlements à renverser la grande écurie sur la petite écurie.

« — Qu'y a-t-il? dit le roi. (Ici un grand coup de rabot.)

« — Sire, il paraît que c'est la révolution d'hier. Ils disent que le pain à deux sous, c'est trop cher.

« — Qu'on le mette à six liards, dit le roi, en calculant la place d'un nouveau degré qu'il venait de raboter.

« Enfin, quand il fut content de son œuvre, il prit la plume pour écrire une lettre à M. Turgot. Turgot était à Paris, où ses apôtres assemblés venaient de déclarer que la révolution prédite dans leurs livres était arrivée, et qu'au bout de vingt-quatre heures, quand on aurait pendu cinq ou six pauvres diables, le progrès des économistes serait complet.

« Toutefois, l'émeute allait son train. Il ne fallut rien moins que la présence d'esprit de l'intendant Berthier pour assurer la tranquillité dans les haute et basse Seine. Il y avait des patrouilles dans le parc; on annonçait pour le lendemain, à la table de M. Lenoir et de son protecteur M. de Sartines, une émeute sans précédent. En effet, le mardi, à la pointe du jour, les émeutiers s'en vinrent de Versailles à Paris, et pillèrent les boutiques des boulangers. Ils criaient: « Le pain à six liards! » et jetaient des pains au lait à tous les passants. Ça chauffait, ça grandissait, ça hurlait que c'était une bénédiction. Turgot en perdait la tête, et Lenoir s'arrachait les cheveux. Le roi, qui était toujours à sa varlope, était tout content d'avoir mis le pain à six liards.

« On a très-bien dit que le hasard était un grand maître. Or le hasard voulut que le jour de cette émeute fût le jour de la bénédiction des drapeaux, et le maréchal de Biron, trop heureux d'avoir une si belle occasion de piaffer, donna l'ordre à ses mousquetaires de s'emparer des carrefours. Voilà donc les mousquetaires noirs et les mousquetaires gris qui se mettent en campagne, et... plus personne.

« Il n'y avait pas l'ombre d'une émeute. Il est vrai qu'on n'avait pas gardé un seul petit pain au lait pour messieurs les mousquetaires.

« La matinée avait été si gaie, et le peuple était si content, que M. de Biron n'y pouvait rien comprendre.

« — Ils sont comme cela, nos Parisiens, disait le vieux Maurepas, toutes les fois qu'ils ont quelque chose à mettre sous la dent. Quelle émeute misérable ! Il faut bien que ce soit la faute à M. Turgot ! »

« Le même soir, M. de Maurepas était à l'Opéra. C'était une leçon de premier ministre que ce vieillard donnait à ce jeune homme. A six heures du soir, Turgot partait pour Versailles, et, sur son ordre, on arrêtait Saurin, Chaumont, Cochinard, de pauvres petits commis dont tout le crime était d'avoir copié l'ordre du roi : le pain à six liards !

« Ceci étant fait, le roi se coucha et dormit tout d'une traite. Mais le lendemain, le Parlement, qui était anti-économiste, fit afficher sur les murailles de Paris un arrêté violent contre le système de la liberté. Il accusa la taxe à six liards d'être de la tyrannie... Émeute encore, et M. Turgot comprit que s'il ne voulait pas renoncer à son catéchisme économique, il fallait employer l'autorité royale. Aussitôt M. de Malesherbes, un économiste aussi, fit une grande déclaration qui ôtait au Parlement la connaissance de tout ce qui touchait à la farine, au blé, aux petits pains au lait. Il écrivait au préambule de sa déclaration : *De par le roi!* et la fit placarder sans signature d'aucun secrétaire d'État, à la façon militaire, ce qui ne s'était jamais vu qu'à l'armée. Or cette révolution de palais alla si loin que M. Turgot fut investi d'un commandement militaire par un blanc-seing. Tout était gagné pour messieurs les économistes, si M. de Maurepas ne fût point venu de bonne heure, au lever du roi, lui représenter que les économistes, si le roi les laissait faire, viendraient à bout, en vingt-quatre heures, de la majesté royale. « O la belle révolution, disait Maurepas, qui consiste à nourrir la Lorraine avec les blés de la Champagne! » Il fit aussi valoir au roi que le sacre arrivait; que la Champagne était dépourvue, et que Reims était en pleine disette. Ordre aussitôt de réexporter les grains de la Lorraine en Champagne, à travers ces mauvais chemins français que ne connaît pas l'Angleterre. Enfin, pour donner une consécration à toutes ces billevesées, on fit pendre en Grève deux malheureux mitrons, qui avaient jeté des pains de quatre livres au peuple de Paris. »

Son récit achevé :

« Voilà pourtant, milord, dit Mirabeau, ce qui s'appelle une révolution chez nous. Vous voyez bien qu'on ne les craint pas. »

Lord Hertford, plus il écoutait ces détails si curieux, plus grandissait son étonnement. Il avait tout à fait oublié les deux charmantes femmes qui les assassinaient de leurs regards, lui et Mirabeau, tant la politique était plus forte en ces approches de 1789 que les rencontres les plus galantes.

« Si c'est vrai tout cela, disait l'Anglais, vous êtes un peuple très-malade, et je vous plains du plus profond de mon cœur. Je ne ris pas, moi, des choses qui vous amusent; car toujours ma patrie est présente à ma pensée, et je me demande, en effet, ce que nous deviendrions si nous tombions dans vos abîmes. Comme on l'a traité, ce malheureux et grand Turgot, à votre cour! Il opposait la règle au désordre, l'intégrité au brigandage, les mœurs à l'effronterie. Honnête homme entouré de coquins! Ils ne l'ont pas laissé plus de vingt mois à sa place, et dans ces vingt mois il s'est débattu avec la mort, affranchissant l'industrie et poursuivant d'une main victorieuse et mourante les priviléges qui vous lient. En même temps, l'histoire écrira dans son registre ces quatre édits précieux où la raison parle un si noble et si touchant langage; où la vérité se présente aux esprits les moins attentifs, avec cette éloquence aimable et persuasive, sans faste et sans ostentation, sans ce brouillant étalage de paradoxes et de colères que vous avez emprunté à votre illustre prédécesseur, Denis Diderot. Laissez faire au temps, à la sagesse publique, et vous verrez que les édits de M. Turgot seront comparés aux réflexions politiques de Marc-Aurèle. On les étudiera jusqu'à la dernière postérité, non pas sans attendrissement et sans reconnaissance. La France, depuis Sully, n'a pas eu, que je sache, un meilleur citoyen. Quel autre, en si peu de jours, a jamais tant fait pour la patrie? Ingrats que vous êtes, qui racontez de pareilles histoires à propos d'un si grand homme de bien, qui chérissait tendrement son peuple, et qui servait si fidèlement son roi! »

A cette éloquente sortie et fort inattendue en cet esprit qui semblait si volage, on eût vu Mirabeau tomber soudain dans une réflexion profonde, et, sans plus songer aux plaisirs de la soirée, il rentra dans son logis et travailla toute la nuit, comme s'il eût voulu demander pardon à l'ombre illustre et clémente de M. Turgot.

XXXVIII

PROFILS DE SAVANTS

L'un des grands événements de ce beau siècle fut une découverte importante, inattendue, entourée de périls, que fit un gentilhomme d'Annonay, nommé M. de Montgolfier. Toute l'Europe a retenti du bruit de cette découverte : *une machine aérostatique, en taffetas enduit de gomme élastique, qu'il s'agissait de remplir d'air inflammable.* Il est vrai que plus tard, pour arracher aux Montgolfier l'honneur de leur découverte, on fit comparaître Leibniz, Borelli, Lana et Gallien; chacun de ces savants avait eu son projet et fait son rêve, mais pas un n'avait tenté la fortune de l'air. Lana, de Brescia, proposait de construire un navire plus long et plus large que la ville d'Avignon, dont un seul côté contiendrait un million de toises carrées... Ainsi, nous aurions gagné tout d'une traite la région des nuages, au milieu du tonnerre et des éclairs. MM. de Montgolfier répondaient que ce rêve était une plaisanterie, une récréation de physique amusante, un vrai roman. « Mieux valait, disaient-ils, remplir d'air inflammable une bulle de savon! » Il y avait autrefois, dans une ode d'Horace, un certain Archytas qui s'était élevé dans les airs, et qui mourut si misérablement, qu'il laissa ses os sans sépulture sur le rivage de Matinum.

Ainsi ces beaux esprits se jouèrent d'un miracle assez facile, lorsque MM. Étienne et Joseph de Montgolfier, propriétaires de la papeterie d'Annonay, se présentèrent, le jeudi 5 juin 1783, à l'assemblée des états du Vivarais, proposant à MM. les députés de visiter leur ballon, de cent dix pieds de circonférence, pouvant contenir vingt-deux mille pieds cubes d'air chaud. Pensez donc à l'étonnement, à l'admiration de ces représentants du Vivarais, lorsque le premier vent très-léger porta la machine, à peine inventée, à douze cents toises de distance! Hélas! l'air chaud qui la remplissait se perdit bientôt par toutes sortes de fissures, et cependant la machine descendit si légèrement sur un vignoble, qu'elle ne brisa ni les ceps ni les échalas. On eût dit qu'elle se reposait. Alors voilà tous les témoins de cette expérience sublime qui lèvent les mains au ciel, proclamant le miracle. O gloire et louange! Désormais le chemin des airs est ouvert aux simples mortels; encore un peu de temps et les plaines auront disparu. La montagne vaincue et l'Océan dompté s'étonnent de ce navire aérien.

Personne ne doutait, en ces premiers instants, du succès de l'entreprise, et MM. de Montgolfier, moyennant une souscription sitôt remplie, une *souscription nationale*, arrivèrent à préparer ce beau globe de douze pieds de diamètre. L'air chaud montait avec rapidité et s'engouffrait dans le ballon. Il s'éleva tout d'abord à cent pieds de haut. Ceci se passait à Paris, sur la place des Victoires, au milieu d'une grande affluence, maintenue par le guet à pied et à cheval. Le ballon était précédé de torches allumées, et, le mystère ajoutant à l'éclat de la fête, on vit les cochers de fiacre arrêter leurs voitures et se prosterner humblement, chapeau bas, devant le miracle.

Le Champ de Mars avait été désigné pour le départ du premier ballon (27 août). Les bords de la Seine, le chemin de Versailles, l'amphithéâtre de Passy, encore émus des expériences de Franklin sur le tonnerre, se couvraient d'une foule immense. A l'École militaire du Champ de Mars s'était réunie une assemblée prodigieuse. Un coup de canon donna le signal du départ. En deux minutes le ballon fut porté à quatre cent quatre-vingt-huit toises de hauteur; il se perdit dans un gros nuage, et comme, en effet, tout le peuple se lamentait, on le vit bientôt percer la nue et reparaître victorieux à une très-grande élévation. — Le voilà! le voilà! Il sait bien son chemin, le chemin du ciel! La pluie à verse tombait; mais les dames elles-mêmes, intrépides, ne songeaient point à se mettre à l'abri. Enfin, après une heure de ce terrible voyage, le ballon descendit dans les champs d'Écouen, et les paysans de Gonesse, épouvantés de leur découverte, voulurent le mettre en pièces; plus loin on lui eût élevé des autels.

Cependant MM. de Montgolfier expliquaient à qui voulait les entendre les mystères de leur ballon. Chacun pouvait en faire à son tour. La baudruche était si légère, elle obéissait si facilement à toutes les empreintes; et voilà toutes sortes de petits ballons très-parés, très-décorés, de douze pouces de diamètre, qui s'élèvent facilement dans les airs. L'admiration était la même, et les plus hardis ne pouvaient s'habituer à cette élégante et terrible machine. Elle était peinte en bleu d'azur et représentait une espèce de tente, avec son pavillon et ses ornements couleur d'or. L'air chaud dont elle était remplie, une fois plus léger que l'air commun, ne pesait que 2,250 livres. M. Réveillon, le fabricant de papiers peints, qui devait courir de si grands dangers dans les premiers orages de la Révolution, avait offert à M. de Montgolfier sa maison et ses jardins de la rue de Montreuil.

« Ne vous hâtez pas, disait Réveillon ; il vous faut plus d'une expérience.

« — Oh bien ! c'est fait, répondait Montgolfier ; notre machine se remplit en dix minutes. Il ne faut pas moins de huit hommes pour la contenir. »

Malheureusement la pluie était toujours de la fête. Voyez, un brin de paille sèche et quelques poignées de laine sont devenus l'âme du ballon. Hélas ! ce charmant voyageur, attendu à Versailles, fut rencontré par un de ces grands orages qui devaient remplir ce vaste espace, et la grêle et le tonnerre et le caprice des éléments détruisirent, en moins d'une heure, un si frêle édifice.

Longique perit labor irritus anni,

disait Virgile, parlant des orages auxquels la moisson est exposée.

Le lendemain MM. de Montgolfier construisaient un nouveau ballon en bonne toile. Cette fois rien ne fut épargné. On travailla la nuit et le jour, en présence de MM. les commissaires de l'Académie, une garde nombreuse entourant la vaste enceinte. Alors étaient accourus M. le maréchal de Duras, gentilhomme de la chambre du roi, M. d'Ormesson, contrôleur général des finances, le marquis de Cubières, écuyer du roi, tout ce qu'il y a de plus savant et de plus illustre dans une pareille nation. Le canon annonça que la machine allait se remplir ; et bientôt la voilà qui s'élève en toute majesté, décrivant une ligne inclinée à l'horizon. Pendant une minute elle resta dans ce grand espace, et puis elle descendit doucement, étant parvenue à trois cents toises de hauteur. Cette fois on la vit bien, on eût dit qu'elle se montrait à plaisir. Elle domina le bois de Vaucresson. Le coq chantait dans la machine, le mouton bêlait, tout était joie et contentement au dedans et au dehors. Le roi lui-même souriait à cette nouveauté incroyable, et chacun se félicitait d'assister à ce grand spectacle. On a conservé le chemin du ballon dans ces airs rassérénés.

Tel fut le premier pas de la machine aérienne ; et quelles promesses elle portait dans ses flancs ! C'était la guerre et c'était la paix, c'était la langue universelle, et tous les peuples réunis dans la même admiration. Vanité de la gloire et vanité de l'espérance ! On vit plus tard MM. de Montgolfier monter dans leur ballon, et, passagers volontaires dans cette nacelle aérienne, indiquer aux mortels le chemin qu'il fallait suivre.

On trouve, dans le tome XVII du *Journal de physique*, les moindres détails du ballon de Montgolfier, qui reçut alors le nom de *Montgolfière*. M. le duc d'Orléans était l'un des protecteurs de cette navigation aérienne. Il suivit lui-même à cheval le ballon de Versailles, beaucoup plus solide que celui d'Annonay. Même il y eut des dames téméraires qui voulurent monter en grande parure dans la machine aérostatique. Elles étaient toutes ainsi faites aux approches de 1789 ; on eût dit qu'elles prenaient des leçons, dont tout à l'heure elles auront si grand besoin.

Maintenant quittons la science de l'espace vaincu et des airs rendus obéissants, pour la personnalité la plus considérable du dix-huitième siècle, et passons (la transition est rude) de Montgolfier à M. de Buffon.

S'il y eut jamais dans toutes les littératures un philosophe, un poète, un écrivain, dont la vie et le travail aient mérité davantage l'insigne honneur d'être un sujet d'étude, ce fut certainement l'auteur de l'*Histoire naturelle*, M. de Buffon. Il représente, à lui seul, toute la science de l'histoire naturelle; il est le naturaliste.

Il naquit à Montbard, le 7 septembre 1707, et il était encore un enfant à l'heure où le siècle de Louis XIV allait finir. Mais ce grand siècle en mourant laissait une empreinte austère et qui fut longue à s'effacer. Ce n'est pas en un jour, Dieu merci, que la nouveauté des lois et des mœurs vient à bout de la simplicité, du bon sens, de l'ordre et de la lumière. Si bien que les plus beaux génies du dix-huitième siècle appartiennent incontestablement par leurs commencements et par leur éducation virile au règne de Louis le Grand. Montesquieu avait déjà vingt-six ans à la mort de Louis XIV, et Voltaire en avait vingt-et-un. Buffon et avec lui J.-J. Rousseau, né cinq ans après, avaient déjà conquis toutes les grâces et toutes les forces d'un talent merveilleux, avant que leur siècle, enivré d'audace et d'ambition, allât à la décadence; ainsi, l'un et l'autre, Buffon et Rousseau, ils sont plus vieux que leur âge.

Avant de chercher dans Buffon le naturaliste et le savant, on voit l'écrivain tout d'abord. Il apportait en naissant le génie et pour ainsi dire la volonté de son propre style. Pour ce noble historien de la nature et de ses splendeurs, il n'y a jamais qu'un mot qui serve. Il est tout à la fois sage et précis, clair et magnifique. Il écrit avec gloire, et sa parole abondante, ingénieuse, aborde avec le même bonheur l'aigle et l'insecte, le cèdre et le brin d'herbe. C'est à lui surtout que s'applique par excellence la phrase, devenue proverbe, de son admirable discours de réception à l'Académie française, le 25 août 1753 : « Le style est l'homme même. »

Au milieu de tant de chefs-d'œuvre, entre l'*Encyclopédie* et le *Contrat social*, l'*Esprit des lois* et l'*Essai sur les mœurs*, l'*Histoire naturelle*, en sa calme et régulière apparition (1749 à 1767, 15 vol. in-8°), est restée le plus grand attrait et le plus grand charme du siècle passé. Dans ce livre éloquent, dont chaque page était un mystère expliqué, la nature agissait en souveraine ; elle était là, fière et toute-puissante, évoquant à son tribunal toutes les forces de la terre, toutes les constellations du ciel. Dans cette république immense de la nature créée, l'individu n'a pas à redouter, comme ici-bas, les hommes, tout le reste de son espèce. L'animal vit en paix avec lui-même et avec ses semblables.

« L'homme, a dit M. de Buffon, est composé de deux « principes, différents par leur nature et contraires par leur « action, l'un spirituel et l'autre matériel ; c'est de leur « *combat* que naissent nos contradictions. » Or, c'est une louange à lui faire : il parle aussi bien de l'homme que de la bête ou de la plante, et jamais on ne lui fera une plus grande louange que celle-là.

Dans une note écrite de la main de M. de Buffon jeune homme, nous trouvons une indication assez exacte des études, des élégances et des caprices de ce grand esprit, avant qu'il eût découvert sa véritable voie et qu'il se fût tracé à lui-même le plan de l'*Histoire naturelle*. Lisez, et dites-nous si Pascal s'est jamais douté que l'on pût désirer tant de choses à la fois. « Achetez-moi, écrivait le jeune Buffon à un sien ami, un pâté, des pralines, des dragées ;

pour douze ou quinze francs de joujoux d'enfants, une compote de marrons glacés, une boîte de cachou, six bouteilles d'eau à la reine de Hongrie, six bouteilles d'essence à la bergamote, deux bouteilles de gouttes d'Angleterre, un flacon d'eau de Luce au scarabée, un petit pot de pommade de concombres, un bâton d'ébène pour servir de manche à ma bassinoire d'argent. Je vous demande en même temps les *OEuvres de Puffendorf*, la *Chimie* de Boerhave ; Mariotte, *de la Nature de l'air ;* Boyle, *de Ratione inter ignem et flammam ;* un bon fusil, une jolie gibecière, une paire de grandes boucles de diamants pour souliers, des boucles à diamants pour jarretières, une montre à répétition, un compas, vingt livres de poudre de senteur, une bouteille d'essence au jasmin, deux énormes pots de pommade à la fleur d'orange, deux houppes à poudrer, un très-bon couteau, un télescope, une loupe, trois éponges fines, trois balais, deux rames de papier ministre, douze bâtons de cire d'Espagne à l'esprit de vin et une sphère copernicienne, un verre ardent des plus grands, deux globes, deux thermomètres, deux pinces de toilette, trois paires de pantoufles bien fourrées, une douzaine de bas de soie et les livres de Belon... »

Nous croyons aussi qu'il ne serait pas sans intérêt de se rappeler l'état des jardins publics et particuliers avant que M. de Buffon et ses grands collaborateurs du Jardin des plantes (on disait le *Jardin du Roi* en ce temps-là) eussent donné l'exemple de la simplicité, du calme et de la grandeur. Qui disait un jardin disait généralement une *folie*, une *guinguette*, une *chinoiserie*, une *sottise*.

> Qui ne riroit de voir ce grotesque tableau
> Des cabarets sans vin, des rivières sans eau ;
> Un pont sur une ornière, un mont fait à la pelle,
> Des moulins qui dans l'air ne battent que d'une aile ;

Dans d'inutiles prés des vaches de carton,
Un clocher sans chapelle, et des forts sans canon,
Des rochers de sapin et de neuves ruines,
Un gazon cultivé près d'un buisson d'épines,
Et des échantillons de champ d'orge et de bled ?

Certes nous ne donnons pas les vers que voilà pour de bons vers ; mais ils méritent de tenir leur place en ces souvenirs, en ces notes, pour servir à la biographie de M. de Buffon.

Chaque jour grandissait cette honnête et généreuse passion de la botanique, féconde en grâce, en charme, en vertu, la passion de la terre, abondante en fleurs, en fruits, en culture de toute espèce. « On ne compte plus, disait un voyageur anglais, les beaux jardins de la France ; elle en a partout qui sont ouverts à tout le monde, et pour peu que l'on ait quelque connaissance en horticulture, chacun y peut prendre à volonté, tout comme au *Jardin du Roi*, si généreusement administré par M. le comte de Buffon, tout ce qui peut servir à l'ornement, à la fortune des amis de Flore. J'ai particulièrement admiré, pour leur beauté, pour leur entretien, le jardin de M. le Monnier, à Montreuil ; celui de la reine, à Trianon ; du comte d'Artois, à Bagatelle ; du duc d'Orléans, à Monceaux ; le jardin des apothicaires, de M. de Saint-Germain, de M. l'Héritier, de M. Cels, à Paris ; de M. de Malesherbes, à Malesherbes ; de M. Fougeroux, à Denainvilliers ; du maréchal de Noailles, à Saint-Germain en Laye ; de M. Gravier, à Nismes ; de M. Nesmés, à Marseille ; de M. de Magleville, à Caen, et les très-beaux parterres de M. de la Tourette, à Lyon. »

En même temps que les premiers botanistes publiaient de beaux livres, d'autres savants, animés, les uns et les autres, de l'esprit de M. de Buffon, partaient, chacun de son côté, pour ajouter une plante, un arbre, une mousse, un coquillage, un caillou, à cette collection si merveilleusement commencée : « Ainsi, monsieur (écrivait un de ces voyageurs), chacun est à l'œuvre, et le Jardin du Roi ne peut que s'enrichir de ces futures découvertes. M. de Beauvoir vient de partir pour l'Afrique avec le fils du roi de Ouwere. M. de la Billardière est parti pour le Levant et visitera surtout le mont Amant, chaîne du Liban. M. Richard est toujours en Amérique. M. le Blond va aux Antilles, et à Cayenne. M. le Masson est au cap de Bonne-Espérance. M. Sonnerat est retourné aux Indes orientales. M. Greber est à la Martinique. M. l'abbé de la Haie, curé du Dondon, quartier du Cap-Français, île Saint-Domingue, s'occupe de la recherche des plantes de son quartier, et les dessine. M. Henderson est en Crimée, où il s'occupe de la botanique et de toutes les parties d'histoire naturelle. M. le Voiturier, sous-directeur du comptoir de Juida, fait aussi des recherches en botanique et en histoire naturelle. M. Geoffroy, fils de l'auteur de l'*Histoire des insectes des environs de Paris*, est allé avec M. le chevalier de Bouflers au Sénégal pour faire des recherches sur toutes les parties de l'histoire naturelle. M. Badier est toujours à la Guadeloupe, où il s'occupe de toutes les branches d'histoire naturelle, surtout des crustacés. »

Un peu plus tard, M. de Buffon publiait cette admirable *Théorie de la terre;* une merveille, et pourtant, dans ce beau discours, qui fit un si grand bruit dans l'Europe savante, M. de Buffon ne reconnaissait encore que la terre, *ouvrage de l'eau;* il ne voyait partout que l'action de l'eau qui monte et qui s'évapore. Plus tard, M. de Buffon, quittant *l'eau pour le feu,* démontrera que les montagnes, qui portent des coquilles sur leurs sommets, ont été soulevées par le volcan.

Encore un peu de temps, et cet immortel génie écrira *les Époques de la Nature;* il établira la *Chronologie du globe;* il adoptera, cette fois, l'hypothèse de la fluidité ignée, primitive du globe terrestre, admise par Leibniz, et, partant de cette hypothèse, il verra sept grandes époques dans le cours éternel des mutations de la nature, à savoir : l'époque du feu *de la fusion ignée; le refroidissement, la consolidation; la chute des eaux, l'établissement des mers; la retraite des eaux et l'action première des volcans; la première apparition des animaux terrestres; la séparation des deux continents; l'homme enfin.*

« Un végétal, dit-il (et ceci est charmant), est un animal qui dort. » C'est dans Buffon qu'il faut chercher la première idée des *espèces perdues,* des animaux qui ont existé jadis, et qui n'existent plus de nos jours. C'est lui aussi qui nous a donné la loi de la *distribution des animaux dans le globe;* il reste enfin le véritable fondateur de la philosophie zoologique. Il a observé, le premier, qu'aucune espèce animale ne se trouve à la fois dans l'ancien et le nouveau monde. A chaque partie du globe sa faune ou sa flore.

Pour bien connaître M. de Buffon il faut l'étudier dans ses lettres. Il est là tout entier, plein de grâce et plein d'esprit; sans morgue, agréable et bonhomme; invitant son compère *à venir manger sa soupe.* Eh bien! dès qu'il aura quarante ans, qu'il sera de l'Académie, et que le roi de Prusse aura confondu dans ses respects Voltaire et Buffon, Buffon va changer d'aspect. « Cet homme de lettres avait tout l'air d'un maréchal de France, » écrivait un voyageur anglais à M. Hume.

« Personne n'a été plus malheureux que moi deux ans de suite, dit Buffon; l'étude seule a été ma ressource, et comme mon cœur et ma tête étaient trop malades pour pouvoir m'appliquer à des choses difficiles, *je me suis amusé à caresser des oiseaux*, et je compte faire imprimer cet hiver le premier volume de leur histoire. »

Ainsi, rien ne put l'abattre, ni la vieillesse, ni le malheur, ni la maladie. Après dix-sept jours d'insomnie et de douleurs cruelles, il rendit tout à la fois six graviers, dont deux plus gros que des balles de pistolet.

Et plus loin :

« J'ai passé dix-huit jours et dix-huit nuits sans fermer l'œil et toujours en convulsions... La douleur est un mal et sans doute un grand mal, et cependant ce n'est pas une maladie. »

C'est ainsi qu'il se défendit contre la vieillesse et contre la mort approchante. Il mourut le 16 avril 1788, à minuit, âgé de 81 ans. « La mort d'un prince eût produit moins de tristesse, » écrivait un témoin oculaire de cette agonie illustre. Et voici ses dernières paroles : « Je meurs dans la religion où je suis né; je crois en Jésus-Christ, descendu du ciel sur la terre pour le salut des hommes; » puis se tournant vers son fils qui le baignait de ses larmes : « Mon fils, lui dit-il, ne quittez jamais le chemin de la vertu et de l'honneur, si vous voulez être respecté! » Buffon est mort à la bonne heure, aux premiers jours de nos libertés, avant les jours de meurtre et de sang ; il est mort sans se douter que son propre fils, ce *Buffonnet*, tant aimé de son père, subirait les horreurs de la prison, de la mort, de la confiscation, de toutes les angoisses des mauvais jours.

Le Mercure, en annonçant cette perte irréparable, ajoutait que l'auteur de l'*Histoire naturelle* avait reçu, de son vivant, bien des récompenses : « Le Roi, disait *le Mercure*, avait accordé les entrées de sa chambre à M. de Buffon, de l'Académie royale des sciences, de l'Académie française ; il avait érigé en comté, pour lui et pour ses descendants, les terres de Buffon et de la Mérie, situées en Bourgogne. Ces deux terres avaient été réunies par Sa Majesté sous le titre de comté de Buffon. »

La statue en marbre de Buffon, œuvre de Pajou, fut placée en grande cérémonie, et de son vivant, à l'entrée du Cabinet d'histoire naturelle. Distinction rare qu'il partagea dans ce siècle avec Voltaire !

XXXIX

UNE MAITRESSE DE PHILIPPE-ÉGALITÉ

Que reste-t-il aujourd'hui du parc de Monceaux? Ce palais de la ruine où tant de grandeurs royales avaient passé, ces grands arbres, ces frais gazons, ces eaux plates et jaillissantes, ces tombeaux (pour l'ornement) qui ne portaient que des noms sans poussière, ces urnes vides et posées là comme une décoration, comme un vain souvenir de la mort qui ne saurait menacer des têtes de vingt ans; ces longues avenues où se promenaient, dans leur galant déshabillé du matin, ces reines de la beauté, ces princes du sang royal, frêles et derniers enfants d'une monarchie expirante; oui, ce fameux palais de Monceaux, où la ronce et le lierre, et toutes les plantes grimpantes sur les choses qui s'écroulent, avaient jeté leurs vrilles et leurs tenailles; ce chaos sans forme et sans nom, qui ne vivait plus depuis les jours de la Terreur, et jusqu'à la fontaine ombragée d'un saule où venaient, dans les premiers jours de ce siècle, Elvire et son poëte, enfouis sous toutes ces fleurs sépulcrales, ivres à la fois d'innocence et de passion, tout cela, tout Monceaux en proie aux architectes, à la pierre de taille, aux bâtisseurs, aux hôtels qui s'élèvent!

En 1789, le 12 juillet, c'était un dimanche, on attendait dans ce palais des féeries, entouré de silence et de respects obéissants, un prince étrange, un phénomène, une épouvante pour les uns, une pitié pour les autres, ce terrible et fameux duc d'Orléans, Philippe-Égalité, qui fut si lâche à la Convention nationale, et si brave et si dédaigneux sur l'échafaud de la Révolution. Cette journée du 12 juillet avait été douce et clémente, et le prince l'avait passée en belle et bonne compagnie au Raincy, dans ce même château du Raincy, qu'une bande noire a mis en vente au prix d'un franc le mètre, un peu moins cher qu'un mètre de ruban de toile.

Le Raincy était alors le digne frère de Monceaux; c'était un rare assemblage de surprises, de merveilles, d'enchantements. Tout ce qui n'était pas marbre était chef-d'œuvre; où l'on ne pouvait pas attacher un tableau du Titien, de Rubens (*la Continence de Scipion*), ou de Paul Véronèse, on y mettait de l'or. De l'or, faute de mieux. La nature était là dans toute sa grâce. La prairie allait aussi loin que va le regard; sur la lisière, aux grands bois mystérieux, l'étang brillait comme un lac d'argent; le poisson se jouait dans les eaux claires, et, sur les eaux, les cygnes. Le faisan des bois répondait au coq des basses-cours; le cerf bramait, les chiens jappaient, les fruits et les fleurs faisaient le reste. *Et formosissimus annus,* disait Virgile. Enchantement, fête, et rire, et chanson! Le plus sage de la compagnie était amoureux comme un fou, la plus vieille avait vingt ans à peine. Ah! gaietés, sourires, esprits, tous les bonheurs de la jeunesse et de la toute-puissance! et aussi de l'imprévoyance! On arrive à l'ombre en déshabillé du matin; on déjeune, on pêche, on chasse, on dîne; on chante, on coquelle... Ainsi va la journée, et quand l'heure, en déclinant, rappelle à ces heureux du monde qu'ils sont attendus là-bas, par les fêtes du soir, par Arlequin, par Colombine et les plus gais chanteurs de l'Italie, aussitôt les carrosses attelés à quatre chevaux les emportent dans ce Paris si longtemps fier de ses rois, amoureux si longtemps de ses princes, et les adorant jusque dans leurs faiblesses.

Dans le premier carrosse, était assis le duc d'Orléans, à côté de sa maîtresse de la veille, une charmante femme, une Anglaise, appelée Mme Elliot. Elle appartenait à cette race heureuse de beautés souveraines que la grâce et Vénus elle-même, aussitôt qu'elles ont quinze à seize ans, font asseoir à la dernière marche des trônes. Là elles règnent, au moins tout un jour. Mme Elliot avait donc appartenu au prince de Galles, qui l'avait adorée, et qui l'avait donnée, en signe d'alliance et de bonne amitié, à M. le duc d'Orléans, quand celui-ci vint en Angleterre « apprendre à penser. — A *panser* les chevaux ? » disait le bon roi Louis XVI, en riant de son gros rire. Il ne se doutait pas, le doux sire, que ce proche parent, dont il se moquait, serait son juge ! Ainsi, le prince avait ramené d'Angleterre cette aimable Elliot ; ils s'étaient aimés huit jours, puis le maître absolu de Monceaux, du Palais-Royal, du Raincy, de Villers-Cotterets, s'était donné d'autres amours. C'est triste à dire : il avait rencontré Mme de Buffon, une effrontée assez jolie, et tout à fait indigne de porter le plus grand nom de la France lettrée et savante, après le nom de Voltaire. Elle avait, cette Mme de Buffon, pour plaire à ce malheureux prince, une ironie intarissable, une ambition sans bornes, un mépris souverain pour l'honneur des hommes, pour la vertu des femmes. Elle était bien la digne amie et camarade de M. de Laclos, le fameux auteur des *Liaisons dangereuses,* un livre obscène, où l'obscénité est traitée à la façon d'un catéchisme, avec la demande, avec la réponse. Un affreux livre, et l'auteur eût rendu justice à Mme de Buffon en le lui dédiant.

Elle et lui, Laclos et la favorite aux yeux noirs, ce soir dont je parle, à Monceaux, ils attendaient paisiblement M. le duc d'Orléans, pour l'entourer de leurs conseils et de leurs vices. Or voici, chose étrange, qu'entre ce matin et ce soir, du Raincy à Monceaux, de Mme Elliot à Mme de Buffon, du duc de Biron à Laclos, une révolution était venue! Elle arrêta par la bride, au milieu du boulevard Saint-Martin, le prince et sa courtisane; au prince elle souffla son arrêt de mort, et, que disons-nous? sa honte et son déshonneur. A la courtisane elle annonça (voyez que de malheurs!) que les théâtres étaient fermés, que les salons étaient croulants, et qu'elle n'irait pas au Théâtre-Italien, ce soir, montrer son doux visage et ses fraîches toilettes. Déjà Paris gronde et menace dans le lointain. Le grand faubourg prépare en silence toutes les armes de sa colère, et, d'un regard superbe, il menace enfin la Bastille.

Ils s'imaginèrent, le prince et sa maîtresse, qu'il s'agissait, en ce beau jour, d'une simple émeute. Deux jours après, le 14 juillet, comme on déjeunait à Monceaux, on entendit s'écrouler la Bastille; et le monde épouvanté se demanda si le ciel était encore à sa place. Alors, quelle fut l'épouvante de ces femmes de joie et de ces princes de plaisir! Dans quel embarras soudain tomba cette maîtresse du prince de Galles et du duc d'Orléans! Les ténèbres, la faim, l'abandon, la nécessité, le meurtre et l'horreur! Déjà ce beau Raincy est un songe, et Monceaux est un fantôme.

Éperdu au fond de ces abîmes, qu'il a creusés sans le savoir, Philippe-Égalité crie et se démène, et c'est à peine si son regard épouvanté s'arrête sur ses chères amours. Que devient cette étrangère au milieu de ces meurtres? Elle se cache, elle fuit; elle déchire aux pavés sanglants ses pieds délicats chaussés dans la soie. Elle est seule, errante, abandonnée, effrayée, et sur le coteau de Meudon, et dans le village d'Issy (longtemps cher au cardinal de Fleury), et dans son hôtel de Paris, et chez un vieux serviteur sur le rempart, non loin d'une brèche à cette muraille que MM. des fermes générales avaient élevée à leur profit, et qui fut leur perte à tous. La jeune femme, haletante, éperdue, appelle en vain à son aide. Il y avait bien d'autres femmes des plus grands noms de la monarchie et de plus hautes vertus qui appelaient à leur aide à la même heure. Un ciel de fer, un peuple impitoyable, une rue où tout blasphème, une prison où tout succombe, et des échafauds permanents sur lesquels les plus braves et les plus innocents portent leurs têtes superbes, défiant la populace et le bourreau.

Ce n'est donc pas seulement la pitié qui nous pousse à suivre, en ces sentiers douloureux, cette femme arrachée à tant de délices, non; ce n'est pas même l'épouvante, et pourtant un intérêt puissant s'attache à cette misère, à la fois si subite et si profonde. On dirait d'un mauvais songe, et la dame, en effet, par toutes ces têtes coupées, par ces ruisseaux de sang, dans cette rencontre du roi et de la reine allant à l'échafaud, et de Mme de Lamballe à demi dévorée par des monstres, elle ne sait pas si elle veille ou si elle dort. Elle se demande à chaque instant : Est-ce vrai, cela?

Mme Elliot a raconté, dans une prose excellente, son épouvante et son désespoir : « Je n'ai jamais ressenti pour personne une horreur pareille à celle que j'éprouve pour la conduite de ce prince. Nous étions tous dans une profonde affliction ; le pauvre Biron, qui était républicain, avait presque un accès de désespoir. Un jeune aide de camp du prince arracha son uniforme et le jeta dans le feu, en disant qu'il rougirait de le porter désormais. Il se nommait Rutan, il était de Nancy; c'était un noble et vaillant jeune homme, qui n'avait point émigré par affection pour le pauvre Biron, quoique de cœur il fût avec les princes. Quand ma voiture fut avancée, je retournai chez moi, mais tout me semblait affreux et sanglant. Mes gens paraissaient frappés d'horreur. Je n'osai pas coucher seule dans ma chambre ; je fis veiller ma femme de chambre avec moi, toute la nuit, avec beaucoup de lumières et en priant. Il m'était impossible de dormir : l'image de ce malheureux monarque était sans cesse devant mes yeux. Je ne crois pas qu'il soit possible de ressentir un malheur de famille plus vivement que je ressentis la mort du roi. Jusqu'à ce moment, je m'étais toujours flattée que le duc d'Orléans s'était laissé séduire, et que je voyais les choses sous un faux jour; maintenant toute illusion était dissipée. Je jetai dehors tout ce qu'il m'avait donné, tout ce que j'avais dans mes poches et dans ma chambre; il y avait pour moi une souillure sanglante en tout ce qui avait appartenu à ce malheureux. »

Que c'est bien fait, que c'est bien dit ! Cette page a sauvé toute cette mémoire, et trois jours après, comme il fallait absolument que cette infortunée, honteuse de ces tristes amours, pour lesquelles, une heure auparavant, elle eût donné sa vie, acceptât le dernier rendez-vous que lui donnait son prince, elle fut le trouver à Monceaux même. Elle ne l'avait pas vu depuis son horrible vote. Elle fut reçue par un vieux serviteur appelé Romain, qui pleurait de honte et de douleur. Il aimait le duc d'Orléans comme son propre fils; il le servait depuis le jour de la naissance du prince à Saint-Cloud. « Hélas ! (c'est Mme Elliot qui parle) aux heures de cette belle jeunesse, le vieux Romain ne s'attendait guère à l'accomplissement de tant de crimes. Le duc vint me retrouver, après m'avoir fait attendre une heure ; il était en grand deuil, il semblait sérieux et embarrassé. J'étais presque défaillante ; il me fit asseoir et me donna lui-même un verre d'eau.

« — Vous paraissez souffrante, me dit-il; rassurez-vous, je vous aime toujours ! »

« Je lui répondis que ses habits noirs me rappelaient de terribles événements, et que je le supposais en deuil, comme je l'étais moi-même pour la mort du roi.

« Il sourit d'un air contraint et me dit : — « Oh ! non, je suis en deuil de mon beau-père, le duc de Penthièvre. »

« — Je présume, hélas ! répondis-je, que le meurtre du roi a fait mourir le duc de Penthièvre. Il sera mort d'épouvante, en apprenant comment son roi est mort, comment est morte sa fille ! Ah ! qu'avez-vous fait, Monseigneur, qu'avez-vous fait ? » Ici, je fondis en larmes. « Prince infortuné ! il est mort le cœur brisé. Ainsi, je mourrai, moi qui vous parle, et vous, Monseigneur, vous mourrez sur l'échafaud du roi ! »

Ah ! la brave femme ! ah ! le vaillant cœur ! que je regrette, en ce moment, d'en avoir parlé sans respect ! D'ailleurs, qu'avait-elle à faire en tout ceci ? Elle était étrangère, elle appartenait à un peuple qui avait cruellement payé sa dette aux révolutions. Elle ne comprenait rien à ces terreurs, à ces violences, à ces hommes qui la poursuivaient de toutes parts. Un jour, entre autres, on entre à grand bruit chez elle, on la prend, on la jette en prison, non pas sans la faire avancer au milieu des soldats, — dans la fange et dans le ruisseau. La prison était pleine, et dans ce pêle-mêle abominable, une seule chaise, une seule! Et ces seigneurs qui se couvraient devant le roi d'Espagne, et ces duchesses qui s'asseyaient partout, même dans les grands appartements de Versailles, tous ces *hommes du Louvre,* ils passèrent toute la nuit debout, à jeun, attendant l'*heure,* et la malheureuse, elle allait de prison en prison, de Sainte-Pélagie à l'Abbaye. Elle rêvait toujours! Enfin, après une captivité de dix-huit mois, dans le cachot de Mme Tallien, de Mme de Beauharnais, de Mme du Barry, la prison s'ouvrit devant elle. Elle en sortit comme elle y était entrée, par hasard.

Revenue un peu de ses terreurs, elle se félicitait d'avoir sauvé sa belle tête... et surtout ses belles dents.

XL

LA MARCHANDE D'AMOUR

Le 20 novembre 1841, mourait, dans une maison écartée d'une rue obscure de Fontainebleau, une horrible vieille femme qui allait avoir cent ans. Cette femme vivait de pain bis, d'eau fétide; elle était couverte de haillons. Quand elle se risquait, par hasard, à franchir le ruisseau de la rue, le ruisseau en était plus fangeux, l'air de l'égout était plus infect. C'était hideux à voir, cet être vivant, abominable, qui se traînait ainsi dans l'attirail vermineux de la plus abjecte avarice!

La maison de cette créature n'était pas une maison; c'était une forteresse, une geôle. Figurez-vous la pierre de taille cimentée par des lames de fer. C'est que dans ce logis fabuleux étaient contenues d'immenses richesses. Là, cette misérable créature, avec qui l'aumône et la charité étaient deux vaines paroles, avait entassé, non pas seulement l'or, les diamants et les perles, mais les meubles précieux, les marbres les plus exquis, les tableaux les plus rares, les chefs-d'œuvre les plus charmants dans tous les arts. Le trou enfumé dans lequel elle faisait mijoter, le dimanche, ses aliments de toute la semaine, contenait les chefs d'œuvre les plus délicats et les plus fins des maîtres flamands; les enchanteurs hollandais, les kermesses joyeuses de Téniers, les scènes élégantes de Terburg, les fantaisies, les caprices et les beaux visages de Gérard Dow; plus d'un drame simple et terrible de Jean Steen, plus d'une belle génisse de Paul Potter, plus d'un frais et étincelant paysage d'Hobbema, plus d'une forêt doucement éclairée de Kuyp ou de Ruysdaël! Ces belles œuvres, qui avaient été l'honneur des palais de Marly, du grand et du petit Trianon, des galeries du Palais-Royal, se mouraient faute d'air et de soleil. La fumée, le froid, le temps, qui ronge toutes choses, écrasaient de leurs teintes formidables ces divines couleurs qui rivalisaient naguère avec les merveilles de la création.

Bien plus, la rage stupide de cette mégère écrasait à plaisir la joie de l'avenir, la gloire des générations passées, l'ornement du temps présent. Dans ses moments de mauvaise humeur et de blasphème, ô honte! ô abus! cette vieille horrible frappait, de son pied abominable et suintant, ces chères et délicates fleurs des beaux-arts; elle les traitait comme elle eût traité de beaux petits enfants vivants et jaseurs; comme si elle eût pu entendre, pour sa joie, leurs gémissements et leurs larmes. Combien en a-t-elle brisés! combien en a-t-elle déchirés! Avait-elle besoin d'une planche pour poser l'oignon de son déjeuner, elle se faisait de quelque panneau de Watteau une table; et pour réparer sa casserole elle prenait un petit tableau de van Dyck. Les toiles les plus rares lui servaient à raccommoder les tapisseries qui pendaient à ces murailles infectes.

Le même abus de la fortune et des chefs-d'œuvre se retrouvait jusque dans les moindres détails. Le pot dans lequel elle prenait son lait froid n'était rien moins qu'un beau vase de porcelaine de la fabrique de Sèvres, sur lequel se voyait encore, mais toute fêlée, la noble et brillante image de la reine Marie-Antoinette. O profanation! cette bouche livide et purulente graissait de sa bave dangereuse les bords de ce beau vase limpide, où la plus grande dame du monde avait posé ses belles lèvres! Tel était l'affreux et éclatant pêle-mêle de cette maison. Un tablier tout en loques, taché du sang de quelque malheureux pigeon tombé dans cette demeure, écrasait de son ignominie les plus riches dentelles, splendides et magnifiques vestiges des petits appartements de Versailles. Une cuiller d'or, aux armoiries des Montmorency ou des Crillon, plongeait dans une écuelle de bois.

Quand la vieille rentrait dans son taudis enfumé, elle étendait ses vieux membres cliquetants sur les sophas dorés qu'elle avait achetés aux encans révolutionnaires; elle déposait ses sabots à demi brisés sur le marbre des consoles; elle mirait les rides de sa face dans les plus riches miroirs de Venise; elle couvrait ses cheveux d'une coiffe crasseuse, mais, autour de son bonnet éraillé, elle avait attaché, par dérision, de grosses perles à faire envie à des princesses du sang royal. Autour d'elle tout était or et fange, haillons et pourpre, art excellent et sordides ustensiles. Dans le cristal taillé elle mettait ses deux sous de vinaigre; les mouches hardies qui se posaient sur son front souillé, elle les chassait avec un éventail que Greuze lui-même avait signé.

Son lit, ou plutôt son grabat, était couvert des plus fastueux brocarts; dans le velours brodé était renfermée la paille ou plutôt le fumier sur lequel ce monstre hideux cherchait le sommeil; mais le sommeil ne venait pas; c'était le remords, c'était, durant ces nuits lamentables, la vie de cette misérable qui se déroulait devant elle, sa vie de luxe et de fête, de vices et de crimes, de prostitutions sans honte, car elle avait déshonoré même la prostitution. Rêve funeste qu'elle faisait chaque nuit et tout éveillée !

Cela commençait par le chant des oiseaux dans l'arbre du printemps. L'alouette matinale s'élançait toute joyeuse de la verdure des blés ; les lilas en fleur jetaient leurs senteurs pénétrantes dans la campagne ; le soir venu, le rossignol chantait sa douce et brillante complainte, que répétait au loin l'écho de la montagne. Écho jaseur ! écho pudique des jeunes années ! Elle avait alors seize ans à peine, seize années mal comptées, et, tout d'un coup, voici que la jeune fille rencontre sur le bord du chemin un beau jeune homme railleur qui lui dit : *Je t'aime ! Viens avec moi !* et qui l'emmène à Paris, elle triomphante, lui déjà songeant à la façon dont il se défera de sa facile conquête. Qui la veut? Il n'eut pas le temps de l'offrir à qui la voudrait prendre ; elle fit son choix elle-même, et elle choisit le premier venu, ce qui était tout au moins du temps mal gagné. Ce premier venu était riche pour quinze jours ; elle le garda vingt jours, et ce fut la seule bonne action de sa vie.

Celui-là ruiné, la belle, à qui l'expérience était tôt venue, se mit à chercher quelque bonne ruine à entreprendre, le prince d'Hénin, par exemple, ou bien le marquis de Louvois, ou tout simplement Grimod de la Reynière, ou encore le marquis de Brunoy, ce fou qui brisa la lampe merveilleuse entre ses doigts convulsifs. Mais, en ce moment-là, ces opulents seigneurs que rêvaient toutes les mauvaises filles, étaient tous occupés à se ruiner autre part. Mlle Guimard régnait par l'esprit, Mlle Lange par la beauté; une nouvelle venue, une belle fille sans nom, venait d'être baptisée la Duthé par le comte d'Artois. Ainsi il fallait renoncer même au comte d'Artois!

Comment faire? Notre courtisane prit vite son parti et s'arrangea au mieux de sa cupidité. Comme elle ne pouvait pas hanter les princes du sang, elle descendit dans les seconds rangs de la noblesse, elle ne dédaigna pas la finance, elle appartint au dernier et plus fort enchérisseur. Oh! la vie honteuse et misérable! Se vendre aujourd'hui, s'être vendue hier, se vendre toujours! Pour être plus sûre de son propre débit, elle allait dans les lieux mêmes où se rendaient ses pareilles, au Vauxhall, à l'Athénée, chez Mesmer, chez Cagliostro, à l'Opéra, au Théâtre-Français; dans les petits soupers de Francœur; chez les petits violons, à la Sorbonne, les jours de thèses solennelles, pour jeter d'étincelantes œillades aux jeunes docteurs qui aspiraient au bonnet et à l'hermine. Surtout on ne manquait pas de la rencontrer dans le jardin du Palais-Royal, le soir, sous les vieux marronniers, pendant que les jeunes gens de la ville, vêtus comme pour aller faire leur cour à Mme de Montesson, passaient dans cette ombre à peine éclairée.

Elle attisait ainsi, la malheureuse, tout ce dévergondage de l'esprit et cette licence des mœurs; elle poussait à la ruine stupide des plus grands noms et des plus grandes fortunes de la monarchie. C'est la honte et l'histoire de ce temps-là. Songez qu'aux pieds de cette impure se prosternaient, à prix d'or, des chérubins dont le blason remontait aux croisades; le roi saint Louis lui-même avait donné à ses compagnons de batailles le cri du ralliement et la couleur de leur drapeau! Elle, cependant, la fille d'un paysan, une gardeuse de brebis, une fileuse à la quenouille, elle se voyait l'égale,

— tant le vice est un triste niveleur! — de tous ces gentilshommes, les derniers de leur race. A peine si elle daignait s'en laisser aimer, et encore fallait-il l'aimer à beaux deniers comptants; amour payé au jour le jour, soupirs vendus à l'avance, baisers affreux, dont le tarif était connu, louée à tant par mois tout au plus, jamais louée pour moins de trois jours. Par-dessus le marché, avec le corps, on avait l'espèce d'esprit qui s'y était logé, c'est-à-dire la haine, l'envie, la calomnie, la médisance, l'injure, la bave, le venin que répandent ces horribles créatures sur le monde des honnêtes gens qui leur crache à la face.

Tels étaient les cauchemars incessants de cette vieille mégère, quand enfin le sommeil lui faisait une aumône d'une heure. Le rêve l'emportait à travers ce tourbillonnement sans fin, tout mélangé de baisers et de coups de bâton, de fortune et de misère, de pain bis et de vin de Champagne. En même temps, pour l'amuser un instant, pour lui arracher un sourire (toujours dans son rêve), elle avait à son service des poëtes qui chantaient à tue-tête le vin et l'amour; elle avait à sa table des philosophes affamés, qui prouvaient que la Providence était un vain nom; elle s'entourait de jolis petits mousquetaires, gris ou noirs, à deux fins, qui soutenaient, d'après leur âme, que l'âme n'était pas immortelle. O pitié! c'est justement pour amuser les gens de cette espèce que Voltaire écrivait *Candide* et *la Pucelle;* que Jean-Jacques Rousseau, le rhéteur naïf, racontait les tristes ardeurs de Saint-Preux et d'Héloïse, sans compter Crébillon fils qui, chaque matin, lançait sur la toilette de madame sa petite page obscène, toute couverte de licences et d'ordures qui sentaient bon.

Ainsi elle vivait dans ce grand monde interlope; elle

vivait de la bourse des uns, de la corruption des autres et de l'impiété générale. Avare entre tous ces prodigues, adroite et prudente au milieu de ces dissipés, la seule ambition de cette créature souillée était de s'enrichir des dépouilles et des sophismes de tous ces hommes. Elle en gardait tout ce qu'elle pouvait garder : leur athéisme et leur argent. Pour arriver à cette prostituée jamais vous n'étiez assez riche; quand vous lui disiez : *Je vous aime!* elle vous répondait : *Combien?* Eux cependant, les imprudents, qui se sentaient entraînés vers l'abîme, ils jetaient dans cette maison déshonorée leurs terres, leurs châteaux, leurs diamants, les vieilles perles de leurs aïeules, les diamants de leurs mères ou de leurs jeunes épouses. Cette femme engloutissait toutes choses ; c'était comme la mer du Nord où rien ne reparaît après un naufrage.

Dans cet effondrement de la société d'autrefois, cette femme, qui n'avait jamais pris d'intérêt qu'à elle-même, survécut seule. Elle vit partir pour l'échafaud ou pour l'exil, l'un après l'autre, tous ses amants; ils partaient sans un louis d'or dans leur poche, sans un habit sur leur dos, sans un chapeau sur la tête, et l'idée ne lui vint pas de leur prêter même le manteau de son cocher. Elle vit se traîner à la porte des boulangers les honnêtes femmes dont elle avait ruiné les maris par ses folies, et pour ces pauvres mains tendues elle n'eut pas un morceau de pain noir. Même en 1792, cette femme songeait à compter l'argent de son coffre-fort ! Même en 1793, quand les rois éperdus prêtaient l'oreille au bruit de la hache qui tombe, cette femme comptait son or! Elle entassait, elle entassait ! Elle allait autour des échafauds ramasser les derniers vêtements des victimes; elle entrait dans les maisons dépeuplées pour acheter à vil prix les dépouilles des maîtres absents. Elle ne se fiait pas à la terre, même pour l'acquérir à son compte, car la terre est fidèle, elle revient souvent à ses maîtres; mais elle se fiait à l'or, qui est vagabond et traître comme une prostituée. Il lui paraissait plaisant d'emporter dans son repaire les chefs-d'œuvre et les parures d'autrefois, et de les insulter à sa façon. Ainsi elle se vengeait des honnêtes femmes, qui eussent lavé leurs mains à l'instant même, si, en passant, elles avaient frôlé son vil manteau.

Telle avait été sa vie, et cette vie-là se montrait de nouveau, enchâssée dans le remords, chaque fois que l'infâme se mettait à dormir. Mais aussi, après cet enfer anticipé, elle redevenait la harpie sans pitié, dont le nom seul, à trois lieues à la ronde, faisait frémir de dégoût. Le mendiant qui passait se détournait de cette maison maudite, car une tuile serait tombée pour le frapper; l'enfant qui chantait dans le carrefour se taisait rien qu'à voir cette muraille; quand il volait au-dessus de la cour de cette maison, l'oiseau le plus joyeux ne chantait plus. Dans le jardin le rosier n'avait plus de fleurs, l'arbre poussait à regret, le gazon se desséchait, le fruit pourri échappait à la main souillée. Le chien de cette femme ne mangeait pas ce que sa main avait touché; il serait mort de faim plutôt que de ronger l'os qu'elle avait rongé avec des gencives dures comme du fer. Les antres infects, l'Averne, dont parle Virgile, les lacs maudits, les mers pestilentielles, les harpies affreuses à la mamelle pendante, ne sont rien, si vous les comparez à ce cloaque verdâtre, où le crapaud lui-même refusait de se montrer. Les voleurs, quand il était question de cet entassement de trésors fangeux, haussaient les épaules en jurant une malédiction; ils aimaient mieux voler un écu chez une honnête sorcière que d'attenter à tout l'argent de cette femme. Elle était défendue par son abjection tout autant que si elle eût été entourée du canon des Invalides. La misérable! elle comprenait cette horreur universelle, et, après s'en être réjouie, elle finissait par trouver que les hommes avaient raison de l'accabler sous tant de mépris. Elle haïssait tout le monde; mais elle avait beau faire, elle ne pouvait mépriser personne, ce qui eût été une compensation.

Quelle vie et quelle mort! Quelle horrible façon de vieillir! Cette malheureuse, à qui le vice était aussi nécessaire que l'argent, avait été tout d'un coup arrêtée dans son vice par une révolution, et cette révolution avait réveillé en sursaut toutes les âmes honnêtes, les soldats, les magistrats, les princes du sang; elle n'avait repoussé que les courtisanes. Ainsi cette femme, adorée encore la veille, adorée à genoux, elle vit tout d'un coup sa maison et sa beauté abandonnées par cette foule, qui chantait la chanson que chante Horace sous les fenêtres de Lydie : *Lydia, dormis?* C'est que tout d'un coup s'était arrêtée cette vie des folles joies, des folles amours, des ivresses et des délires; tout d'un coup l'orage avait grondé, qui avait rendu ces jeunes gens et ces vieillards à des devoirs trop longtemps oubliés. Les insensés! pendant ces longues journées et ces longues nuits d'orgie, ils avaient laissé la royauté sans défense; ils avaient livré aux insultes l'autel de Dieu, tout comme ils avaient brisé le trône du roi; ils avaient souffert que les vieilles renommées fussent immolées en sacrifice à je ne sais quel besoin ardent de nouveautés qui n'est jamais satisfait. Ils avaient abusé de tout, du nom, du blason et de la fortune de leurs pères; ils avaient ri aux éclats de l'honneur de leurs mères; ils avaient écrit sur leurs bannières, composées de quelques vieux jupons des filles de l'Opéra : *Bah! que nous importe?* Ils avaient dit comme disait un soir le roi Louis XV, pour chasser le profond ennui de son front et l'immense mépris qu'il se sentait pour lui-même au fond du cœur : *Après nous le déluge!* Mais le déluge n'était pas venu, le déluge qui engloutit avec les coupables les innocents, avec les tyrans les victimes; ce qui était venu, c'était la foudre, la foudre qui est quelquefois intelligente, à ce point que l'on reconnaît Jupiter à son tonnerre :

> ... *Tonantem credidimus Jovem*
> *Regnare.*

Et la foudre les avait rendus à eux-mêmes. A la lueur de ce feu sinistre, ces hommes éperdus avaient retrouvé quelque peu de leur bon sens; ils s'étaient épouvantés de tant de désordres; ils s'étaient reconnus dans cette nuit funeste de leurs intelligences égarées; ils avaient crié : *A l'aide! au secours!* Puis, tout haletants, et sans achever de vider la coupe à demi remplie, sans même donner un dernier baiser à leurs folles amours, à peine s'ils avaient eu le temps de déposer sur la table avinée la couronne de lierre des buveurs, la couronne de roses des amoureux! Du même pas ils s'étaient rendus autour du trône de France pour combattre, pour mourir. Là ils avaient combattu, là ils étaient morts. Quand le dernier roi de France, cet honnête Louis XVI, fut allé rejoindre saint Louis, son aïeul, pas un de ces malheureux, qui avaient mené une vie si reprochable, ne put se rappeler, sans honte et sans remords, tous ces oublis qui avaient tout perdu. De ces remords vivifiants cette demoiselle n'avait pas su prendre sa part. Pendant que ses amants redevenaient des hommes, elle était restée ce que le ciel l'avait faite, une fille. Mais allez donc demander à une vile courtisane un peu de rougeur honnête à son visage, un peu de remords sincère dans son cœur! Une pareille femme ne comprend rien, ne sait rien, ne voit rien, ne sent rien. Celle-là jugeait, elle-même, que la Révolution française avait fait grand tort à son petit commerce; que, sans les réformes de 1789, elle aurait eu dix ou douze ans à tirer parti de son grand œil effaré, de sa désinvolture nonchalante, de son épaisse chevelure, dont chaque cheveu avait une valeur. Dix ans, durant lesquels elle eût pu exploiter sa beauté tout à l'aise! Mais non, elle avait été ruinée, tout comme le gouverneur de la Bastille, tout comme le marchand de papiers peints, Réveillon.

Cette guenille n'avait donc même pas éprouvé cet abattement parfois salutaire qui s'empare des femmes de son espèce au déclin de leur beauté. C'est là souvent un moment grave et sérieux dans la vie de ces impures; à ce moment, l'intelligence leur revient, et aussi une lueur de prévoyance; et elles se demandent avec des angoisses inexprimables ce qu'elles vont devenir quand elles seront à bout de toutes leurs séductions. Là commence l'enfer innommé de ces êtres à part.

Chaque matin, chaque heure de jour leur apporte la conscience du néant qui s'approche. La ride se creuse, avance, s'enfonce, se plie, égratigne, se recourbe, se multiplie en mille labyrinthes infinis; la peau gonflée se détend, s'affaisse, se jaunit et retombe... sur le vide. Plus rien de l'éclat, de la vivacité, de la grâce d'autrefois; tout s'en va, tout s'efface, tout s'affadit, tout grossit, la tête, le corps, le visage, la main, le pied; inerte bouffissure, dont les progrès sont aussi rapides que les progrès de l'eau qui monte dans une inondation. En même temps l'empire s'en va; on ne veut plus de cette ruine, on n'a plus un coup d'œil pour elle, plus un sourire, plus une parole. Le dégoût et l'effroi s'emparent de cette maison, où c'est à peine si le musc des filles de joie a laissé une odeur nauséabonde! Et encore, si l'horrible créature était assez vieille et assez purulente pour être portée tout de suite à l'hôpital, dans une civière bien couverte; si elle était jetée tout de suite dans les immondices de Saint-Lazare, on comprendrait que ces femmes-là eussent une espérance, cette espérance-là, enfin! Mais non, décrépites pour exercer leur premier état, elles sont toutes jeunes pour les professions douloureuses. Alors le travail, mais le travail forcé, le travail sans honneur, s'empare de ces belles adorées, oisives et mignonnes, qui eussent trouvé la douleur dans le pli d'une fleur. Alors, du fond de cette mollesse, de cette oisiveté, de ces adorations, de ces sofas dorés, elles descendent dans la rue, le balai à la main. Et dans les plus rudes journées de l'hiver, à l'heure où leurs servantes attentives auraient à peine osé poser leurs pieds tremblants sur les tapis d'Aubusson, à l'heure où le bain tiède et parfumé se préparait à peine, à l'heure où le sommeil, abandonnant peu à peu ces paupières appesanties, les tirait, par un autre rêve tout éveillé, du rêve heureux et charmant de la nuit, voici qu'il leur faut balayer les immondices des carrefours. A ce métier, leurs mains deviennent sanglantes, leurs pieds en sabots se chargent d'engelures; leur tête, dégarnie de cheveux, grelotte sous le haillon qui la couvre. Ainsi se passe cette journée lamentable, jusqu'à l'heure où cet être sans nom se retire dans quelque chenil, sous les toits peut-être de la maison qu'il remplissait naguère de son luxe et de ses amours.

Eh bien, dans cet avilissant degré de la misère et de la douleur, ces reines déchues étaient encore moins à plaindre que la fille dont je parle, au milieu de sa fortune abjecte, au milieu de ses trésors amoncelés avec tant de rage et d'acharnement. Le sentiment de ses crimes ainsi rachetés, de ses scandales ainsi expiés, ne soutenait pas cette femme; l'instinct même de ses perversités lui disait que l'expiation à laquelle s'abandonnait son avarice était un sacrifice insuffisant. Parfois elle se sentait jalouse de ces malheureuses qui achetaient, du travail de leurs mains et de la sueur de leur front, le droit de se repentir et de prier Dieu; mais c'étaient là des lueurs passagères dans ces hideuses ténèbres. Il existe, dans le langage acéré du remords, un mot que cette femme ne voulut, ne put jamais prononcer, le mot *repentir!*

Morte au monde, morte à toutes les affections, à toutes les joies humaines, accablée sous le mépris public, qui pesait sur son cœur autant que la terre de son tombeau pèse maintenant sur son corps, cette femme ressentait cependant d'étranges et soudaines colères. On dit, par exemple, que, lorsque le roi Charles X chassait dans la forêt de Fontainebleau, elle avait l'habitude de s'asseoir dans quelque carrefour de la forêt; elle se posait au beau milieu du chemin, et là elle attendait que le roi vînt à passer. Alors elle se dressait en secouant ses haillons, elle regardait de tous ses yeux courir cette meute hurlante qui s'éloignait en poussant des gémissements plaintifs; puis, quand c'était au tour du roi à passer contre cette femme, le roi hésitait et devenait pâle comme un mort; le frisson parcourait son corps des pieds à la tête. Hélas! cette vieille rappelait au roi de France, vieux et menacé de toutes parts, les folies et les délires du jeune comte d'Artois.

A la fin, elle est morte; elle est morte seule, sur son fumier, dans son remords, sans une main charitable qui lui fermât les yeux, sans la voix d'un prêtre pour la consoler et pour lui promettre le pardon de celui qui pardonne là-haut. Son agonie fut silencieuse, horrible, l'agonie d'un être venimeux qui n'a plus rien à mordre. Pendant quatre-vingt-douze ans qu'elle avait vécu sur terre, cette femme n'avait rencontré personne à aimer ou à secourir, pas un enfant, pas un vieillard, pas un pauvre, pas une misère, pas une innocence, pas une vertu. Aussi, en mourant, n'a-t-elle rien laissé à personne que son immense et impuissante malédiction. Tous ces trésors des arts qui auraient fait l'orgueil des plus nobles musées, elle les avait brisés; tous ces chefs-d'œuvre des grands peintres et des grands sculpteurs, elle les avait anéantis; son or, elle l'avait fondu; ses billets de la banque de France, elle les avait brûlés. Que n'eût-elle pas donné pour pouvoir emporter dans sa fosse immonde ses terres et ses maisons! Ou tout au moins si elle avait pu couper les arbres de ses jardins, détruire l'espoir de l'automne prochain, écraser dans leurs nids les œufs des oiseaux chanteurs, empoisonner les poissons de ses bassins! si elle avait pu mettre le feu à ses moissons, et elle-même disparaître dans l'incendie! Mais elle avait espéré de vivre plus longtemps, et maintenant elle n'avait plus de souffle pour allumer l'étincelle qui devait tout dévorer.

Il fallut briser la porte pour pénétrer jusqu'à ce cadavre; on le trouva étendu sur le carreau et déjà tout moisi; un tome de Voltaire était à côté de la morte : c'était le poëme dans lequel Voltaire couvre de boue et d'injures Jeanne d'Arc, la gloire la plus pure et la plus héroïque de l'histoire de France. Le dernier râle de la femme vendue était encore un blasphème et une obscénité.

Elle fut jetée dans un trou, hors de la terre consacrée, et, sur cette fosse déshonorée, on trouve écrite, d'une main ferme, cette oraison funèbre : *Ci-gît la courtisane qui a déshonoré même le métier de courtisane !*

Elle s'appelait Euphrosine Thevenin ; Euphrosine, du nom d'une des Grâces. Cette créature avait l'habitude, quand elle se louait à un homme, d'exiger que le nom de cet homme fût inscrit dans l'*Almanach royal*.

XLI

LA MODE

La mode était, autrefois comme aujourd'hui, capricieuse et changeante. Elle empruntait ses patrons à l'Angleterre, à l'Allemagne, à la Prusse. On voyait des hommes porter la lévite, un costume à l'usage des dames. En hiver, des soieries cannelées et mouchetées. En été, les vestes étaient garnies de bordures d'étoffes différentes. Dans la belle saison, aux vestes de toile on ajoutait des bandes d'indienne. En hiver, des broderies en soie et des passements en paillon. Cela s'appelait de la façon la plus burlesque : une *merdoie*, *caca dauphin*. On promenait l'habit neuf dans la grande allée des Tuileries. Tantôt il était sifflé, tantôt il était applaudi. Vint bientôt la mode très-coûteuse des boutons historiés, sculptés, ciselés, ornés de tableaux peints en miniature.

Un jour, le comte d'Artois, dans un moment de folie, imagine de remplacer les boutons par de petites montres, mieux réglées que la conduite du prince; et lorsque Joseph II fut se promener à la Halle, en habit gris : « Heureux le peuple qui paye vos boutons, Monseigneur ! » lui dit une dame de la Halle.

Les moins hardis portaient au moins deux montres, et

M. de Boufflers, comme une dame lui demandait : « A quoi bon deux montres ? » improvisa ce quatrain charmant :

> L'une avance, l'autre retarde ;
> Quand près de vous je dois venir
> A la première je regarde,
> A l'autre quand je dois sortir.

On mettait des souliers à boucles ; on portait aussi des chapeaux à trois cornes, mais on les portait sous le bras.

Les rubans étaient l'accessoire indispensable ; ils se colportaient dans la rue, et les marchands les vendaient surtout dans les bas côtés du Cours la Reine. Et si nous voulions raconter les divers habillements des dames, le toupet sur le front, les boucles très-grosses et pendantes, garnies de fleurs et de rubans, les panaches rattachés par un anneau de diamants ; deux cents différentes espèces de bonnets ? celui-ci valait dix francs, celui-là en valait cent. Panaches de hauteurs prodigieuses : il fallut hausser les portes des maisons. La couleur la plus recherchée était couleur des cheveux de la reine, satin broché et peint couleur de *soupir étouffé* ou de *vive bergère;* les garnitures s'appelaient *plainte indiscrète, désir marqué, préférence, honnête composition.* Les paniers, épais et larges d'en haut, allaient toujours se rétrécissant. Les souliers puce, brodés en diamants ; le pied étant plus recherché que le reste du corps. Palatines de duvet de cygne, pelisses *archiduchesse, Henri IV* et *collet monté.* Rubans *œil abattu, conviction, regrets superflus.* De nos jours ne s'appellent-ils pas : *Suivez-moi, jeune homme ?*

M⁰ˡˡᵉ Duthé, à l'Opéra, portait une robe de *candeur parfaite* et de *venez-y voir* en vert émeraude. Frisée en *sentiment soutenu,* bonnet de *conquête assurée,* manchon de *gueux nouvellement arrivé.* Armes parlantes de la dame !

A la première grossesse de la reine on porta la coiffure *à l'enfant*. Le petit Trianon fit disparaître les falbalas et des volants de justaucorps *à la paysanne*. Mlle Contat mit à la mode les déshabillés *à la Suzanne* et les robes *à la comtesse*. Les dames ont aussi porté, obéissant à la politique, la cravate, le jabot, le gilet, les deux montres, la canne à la main, des chapeaux *bonnettes*, un entassement de panaches, de rubans, de plumets et de bouillons de gaze.

Après le 14 juillet 1789, il y eut des bonnets *à la Bastille*, décorés de la cocarde nationale. Boucles de ceinture en cuivre, en remplacement des boucles d'or et d'argent que les dames portaient à la Monnaie. Toutes ces modes, qu'un souffle emporte et rapporte, on les retrouverait dans les images de Debucourt, souvent consulté par les historiens de ce temps-ci, et surtout par Michelet.

Sic oculos, sic ora ferebant.

L'art était partout, sinon le goût. Le rococo rageur s'emparait des moindres détails. Les travailleurs de fer faisaient d'une serrure ou d'une lanterne en fer un chef-d'œuvre incomparable, et qui restait l'ornement le plus précieux de la maison, jusqu'à l'heure où, la maison étant détruite, un connaisseur arrivait, qui cachait ce fragment dans son musée. Orfévrerie en fer! cela se disait à l'époque même où le célèbre Germain chargeait les tables de ses plus beaux ouvrages.

On a gardé les costumes de Marie-Antoinette, du comte et de la comtesse de Provence et du comte d'Artois, au bal de la cour en 1785. Robe en satin couleur vert d'eau écaillé, ornée de feuilles, coquillages, perles, coraux et draperies. La reine avait l'ambition de porter la robe de *Suzanne*, et véritablement elle en avait joué le rôle en pleine défense du roi. Mais, soudain, on entendit, dans un coin du parterre, un sifflet à tout briser : c'était le roi lui-même qui sifflait. Ces trois personnages avaient emprunté les costumes de *Colinette à la cour*, les habits des bergères qui dansaient dans la pastorale d'*Acis et Galatée*, au temps de Gardel, de Vestris et de Dauberval. Culotte de satin rose, doublée de taffetas vert pomme, rayée rose et blanc, ornée d'agréments d'argent, tel était le beau comte d'Artois, semblable à quelque berger de Fontenelle. Il fut plus tard Sa Majesté Charles X, un roi que nous n'avons pas voulu garder. Le comte de Provence, Louis XVIII, s'était déguisé en roi Minos, tenant à la main les lois, que lui-même il avait faites. La reine trouva son habit trop sévère, et la cour fut de l'avis de la reine. Il n'y avait plus rien de sérieux dans ce monde étrange, où la rue elle-même et le boulevard ressemblaient à quelque entr'acte de la comédie. On eût dit des comédiens qui passent et qui ne sont pas fâchés qu'on les voie. L'habit appartenait au théâtre. Ils jouaient les uns et les autres la comédie des gens heureux.

Le printemps de 1768 vit éclore un journal, nouveau entre tous, et d'une nécessité si absolue qu'on ne conçoit pas comment on avait fait pour s'en passer jusqu'alors. Il avait pour titre *le Courrier de la Mode ou Journal du goût*. Le prix de l'abonnement n'était que de trois livres pour l'année. « La première feuille a paru, écrit le baron Grimm, à la fin d'avril. L'auteur (inconnu celui-là) cherche à donner quelques notions générales. Il nous apprend que l'habillement français semble vouloir se rapprocher de jour en jour du beau naturel; il nous rend compte de plusieurs révolutions importantes que j'avais le malheur d'ignorer complétement. Je vois avec étonnement que les *hollandaises* et les *tronchines* sont écrasées par le négligé dit *polonais;* que les bonnets *à la Sultane, à la rhinocéros*, ont été exterminés par les bonnets *à la clochette* et par ceux *à la débâcle;* mais surtout la *gertrude* a subjugué toutes les têtes, et il n'est pas encore décidé si la *moissonneuse*, qui vient d'être inventée, l'emportera sur la *gertrude*. L'auteur nous apprend que le bonnet *au doux sommeil,* qui a quelque ressemblance avec la *baigneuse*, est réservé au séjour de la campagne ou pour les cas d'indisposition ; et, comme il a soin de remonter aux premiers principes, il conseille aux dames qui veulent être bien montées en bonnets d'envoyer leur signalement. »

L'inventeur du *Courrier de la Mode* est resté inconnu ; mais, si l'insouciante postérité n'a pas su arracher à l'obscurité le nom de cet homme de génie, ses patrons du moins, nous les connaissons. Grimm les nomme : M. Dulac, parfumeur, rue Saint-Honoré; M. Thomas, perruquier, rue Saint-Thomas du Louvre; M. Frédéric, coiffeur de dames; Mme Buffault, couturière, à l'enseigne des *Traits galants;* Mlle Alexandre, modiste, rue de la Monnaie. Pour nous ces fournisseurs s'appellent tous M. Dimanche, la Providence des fils de famille.

Le pauvre M. Dimanche, honni, bafoué par son éternel créancier don Juan, est mort réclamant; mais en vain, un à-compte sur l'argent qu'il avait avancé. Mais qu'importe? il n'est pas mort tout entier, M. Dimanche; il a sauvé le plus grand livre que l'on ait entrepris avec l'*Encyclopédie*, et beaucoup plus consulté, plus durable, lu sans cesse et toujours : le journal de la mode, le seul journal qui fût à l'abri de la censure et des censeurs. Œuvre excellente! elle a sauvé le bonhomme Dimanche.

Dame! il faut bien en convenir, il n'a pas fait de poëme épique, il n'a pas fait de tragédie ou de comédie, il n'a pas encore eu de louange vivante ou funèbre, ce digne M. Dimanche, que le *dieu du goût* accompagne à son tombeau fanfreluché de prose et de vers. Il est mort, couché sur les feuilles desséchées des roses de juillet, ce brave M. Dimanche, une tête shakspearienne entre deux ailes de pigeon poudrées à frimas! Il est mort en son par-dedans, sans secousse et sans bruit, ce tyran de la mode et ce héros de l'étiquette; un homme à qui la fantaisie obéissait dans ce qu'elle a de plus variable et de plus changeant! La veille encore il commandait en tyran à la soie, au velours, aux satins, aux rubans, aux plus belles couleurs. Pas un pli à cette étoffe et pas une plume à ces chapeaux, sans la permission de ce grand homme. Il était plus absolu mille fois et plus obéi dans ses domaines que l'empereur Napoléon dans ses royaumes; quiconque n'était pas dans les limites qu'il avait indiquées, il le faisait ridicule, il châtiait du même châtiment quiconque dépassait la limite.

J'ai devancé ton ordre,

disait Séide à Mahomet.

Il eût fallu l'attendre!

répondait le prophète.

Avant la réforme, avant 1789, ce tyran qui régnait sur les élégances avait établi et fondé le seul journal impérissable, le seul journal éternel; il le rédigeait lui-même, attentif qu'il était, jusqu'au scrupule, à donner aujourd'hui la mode de demain; car, par la nature même de ses délicates fonctions, il ne devait jamais être en avance que de vingt-quatre heures sur le genre humain; une heure de moins c'était trop tard, et c'eût été trop tôt une heure de plus. Quel homme! Il prévoyait, il dominait, il indiquait, sans avoir l'air de rien.

« Puis, si vous entrez dans un salon, où préside une aimable femme entre le vice et la vertu, vous voilà dans un abîme ingénieux de taffetas mordoré, de mules à haut talon, de fanfreluches à l'ambre et de rubans au jasmin.

« Frivolité, c'est le nom de la femme. » Il savait cela mieux que Shakspeare; il le savait pour avoir été à l'œuvre, trente ans, de la parure et de l'ornement des femmes, y compris l'espèce des petits-maîtres. Il avait le goût, il avait l'instinct de l'habillement, il en avait l'inspiration à la folie; et d'un extrême à l'autre, de l'ample à l'étriqué, du solennel au ridicule, du manteau de cour au pet-en-l'air, il allait, sans hésiter et sans jamais s'étonner de l'excès auquel le condamnait la tâche qu'il avait entreprise.

Et celui-là aussi, il ne savait rien d'impossible; il avait vu tant de grisettes s'habiller comme des reines, et tant de reines qui s'habillaient en grisettes, que rien ne l'étonnait plus.

Il avait assisté à tant de mascarades dans ce bal masqué de la vie humaine, et de la bure au drap d'or, et du sac à la corde, et du haillon au rubis, et du cilice au *laisse-tout-faire*; il avait vu exécuter tant de tours de force incroyables; et des cheveux tantôt bruns, tantôt blonds, à poignée, à compter à la douzaine; *à l'effrontée, à la repentie, à la Paméla, à la guinguette, à la Monaco, à la Pompadour, à l'Élisabeth; en remords, en repentirs, en assassins, en victimes, en bigot, en bigote, en femme insensible.*

Et la variété infinie, infiniment changeante de la chaussure et de ses mille variations : la coupe, le revers, le cirage, le vernis! et la moindre inspiration en toute cette affaire palpitante d'un intérêt de toutes les heures : le gant, le mouchoir, l'éventail, la lorgnette, le lorgnon. — On a des yeux aujourd'hui, et le lendemain la mode veut que l'on soit myope! — Et l'essence, et les parfums dont les cent mille nuances séparent l'eau de la Reine de Hongrie de l'eau de Cologne! Et que sais-je? et que voulez-vous que je vous dise? Et qui pourrait compter, énumérer, auner, supputer, calculer les lambeaux, les lés, les recherches, les étoffes, les révolutions, les contre-révolutions, les émeutes, les crimes, les parricides, les excès, les indécences, les chastetés contenus dans le journal éternel?

Il était bien vieux et bien cassé, ce galant homme, lorsqu'il écrivit le mot *fin* au dernier chapitre de son livre. Il attendit ce dernier jour pour s'avouer vaincu et dépassé. Ce qu'on ne saurait croire, et pourtant la chose est ainsi, c'est que, seul de sa génération, il était resté fidèle à l'ancienne coutume : son habit était à l'antique mode, il n'en portait jamais d'autre; sa coiffure était encore une ancienne coiffure d'incroyable; il porta jusqu'à la fin les bijoux qui servaient d'ornement à sa jeunesse dorée, y compris les boucles d'oreilles et la tabatière d'or. Il prenait du tabac d'Espagne, il avait un jabot et des manchettes; sa jambe, à l'étroit dans un bas de soie, avait pour soutien un pied bien fait dans un soulier verni à boucle d'or; la canne aussi était ornée; il portait la double montre et le gilet au milieu du ventre. On eût dit un portrait de famille descendu de son cadre. Ainsi vêtu à l'immuable, il était le suprême arbitre des changements de la gaze et des révolutions du satin.

Il mourut le lendemain de son dernier Longchamps, au champ d'honneur. Les vieilles marchandes de modes l'ensevelirent proprement dans un linceul de mousseline blanche, doublée de satin rose; sur sa tête on plaça une couronne d'immortelles, étrange emblème! De vieux tailleurs, enrichis par ce digne homme, le clouèrent bien gentiment dans sa bière en bois d'acajou. Ce fut à qui le porterait à sa dernière demeure, dans un tombeau tout neuf où l'on voyait l'Amour qui tient son flambeau renversé. Les jeunes ouvrières attendirent le convoi sur la porte et firent une belle révérence à leur seigneur et maître. « Adieu, disaient-elles, ingénieux coureur d'aventures à travers la gaze et le satin! Adieu, l'inventeur des plus amusantes fanfreluches! » On saluait, on pleurait, on riait au passage de cette bière frivole. Un poëte de l'*Almanach des Muses* (il y en a encore autour des cimetières) improvisa une élégie en l'honneur de ce défunt qui avait habillé et déshabillé tant de passions. Un disciple de Dorat écrivit qu'il s'était endormi entre les Amours et les Grâces.

Mais le biographe (cette race est sans pitié!), dédaigneux du bel esprit et des métaphores, burina sur cette tombe à peine fermée cette épitaphe, sèche et nue comme la Vérité :

« Ci-gît Pierre de la Mésangère, Angevin, ancien professeur de philosophie au collége de la Flèche, prêtre grave et de mœurs austères, fondateur du *Journal des Dames et des Modes*, et son rédacteur unique pendant trente ans, depuis 1799 jusqu'en 1829. »

XLII

LES DERNIERS JOURS DE LA ROYAUTÉ

Ici s'arrête enfin cette longue entreprise d'un siècle raconté dans ce qu'il a de rare et de charmant.

Louis XV n'avait plus longtemps à vivre, et Louis XVI, attendu par une mort si injuste et si cruelle, était encore un jeune homme, lorsqu'il montait sur ce trône, envahi et menacé de toutes parts. Il avait été, de très-bonne heure, une espérance, une consolation. Malheureusement, le nouveau roi, disposé à toutes les vertus, manquait de la volonté qui s'impose, et de ce coup d'œil pénétrant qui, dans une foule de projets et de conseils, distingue à l'instant le meilleur. Avec toutes les apparences du galant homme ingénu, sincère, Louis XVI n'avait pas l'apparence, il n'avait pas la taille et le geste de l'homme fait pour commander. Sa vie entière avait été, jusqu'à son premier jour de règne, une vie isolée et studieuse. La guerre avait manqué à ce bon prince : au milieu de l'enivrement des batailles il eût appris la fermeté, le sang-froid, le commandement. On ne lui enseigna que les arts pacifiques. Il était né incertain, hésitant; il fut mal élevé par M. de Coëtlosquet, un faible esprit, et M. le duc de la Vauguyon, un courtisan frivole.

M. le dauphin, la piété même, avait peur du trône autant que d'ordinaire un prince intelligent en a de presse et d'envie.

Il n'est pas trop facile d'expliquer le roi Louis XVI, cette âme incertaine, cette hésitation sans cesse et sans fin dans des circonstances si douloureuses, et les étonnements de ce prince infortuné, de ce roi sans énergie au milieu de tant de haines et de fureurs. Ajoutez que plus les hommes qui l'entouraient et le conseillaient étaient au-dessous de leur tache, et plus les événements étaient terribles. Quel prince il eût fallu pour regarder face à face une pareille révolution! quelle énergie et quel grand courage à retenir les impatients, pousser les timides, encourager les braves gens, démasquer les coupables! Tant d'intrigues, de conspirations, de délations, tant d'injures, tant d'abandon, et pas un moyen de se sauver! Pas une espérance ici-bas, pas une étoile dans le ciel!

Lorsqu'à la fin du dernier règne, en 1770, M. le dauphin, qui avait vingt ans, épousait l'archiduchesse d'Autriche qui en avait seize, il y eut dans la France un cri de joie et de triomphe. D'une voix unanime, la France célébrait la grâce et la beauté de la reine future. Sans doute on avait raconté des miracles de cette éblouissante beauté; elle fut trouvée au-dessus de tous les éloges. Le sourire d'Hébé et le regard de Junon, pour parler comme les poëtes. La reine, en ces premiers jours, était mieux qu'une déesse : elle était une reine, entourée d'honneurs et de respects. Rien de plus rare et de plus charmant que sa majesté naissante. Une tête admirable, et pour couronne un diadème d'épais cheveux blonds; les yeux bleus, la bouche vermeille et les dents blanches; un visage où tout parle, où tout sourit, où tout commande; un regard plein de feu, la voix grave et timbrée, comme il convenait à la digne élève du chevalier Gluck. Une âme ardente, un cœur dévoué, tout l'orgueil de race, admirablement tempéré par le désir de plaire et le bonheur d'être belle. A son premier geste elle fut adorée. Mais cette reine enfant manqua de prudence. Elle oublia trop souvent que dans une bouche royale toute parole est comptée. Elle appelait M. Necker, *un commis;* M. Turgot, *monsieur le Refusé*, et la comtesse de Noailles, *madame l'Étiquette*. Elle avait fait trois classes des dames de la cour: *les siècles*, *les collets montés* et *les paquets*. A ces railleries cruelles les dames insultées répondirent par les plus cruelles morsures. Voilà d'où vint la peine, et comment peu à peu se perdit sa popularité des premiers jours. Aussitôt que, grâce aux pamphlets contre l'*Autrichienne*, le peuple eut compris que la reine était hostile à l'émancipation, il prit la reine en méfiance, et plus tard il la prit en haine. Elle alors, dédaigneuse de reconquérir le terrain qu'elle avait perdu, elle s'enferma plus que jamais dans les enchantements de Trianon. Dans ces allées de mousse, et sur le bord de ces lacs transparents, vêtue en bergère et sa houlette à la main, elle ferma l'oreille aux premiers murmures, elle méprisa les menaces lointaines.

Un peu avant les jours de la Révolution, la famille royale de France était dans tout son éclat. Une princesse royale, un premier dauphin que la mort tenait déjà dans de rudes étreintes, un nouveau dauphin plein d'espérance, attestaient de l'heureuse et tardive fécondité de la reine. De bonne heure, on eût dit que Madame royale pressentait ses cruelles destinées; elle fut tout de suite une enfant sérieuse, et tout de suite aussi la reine enseigna à Madame royale, avec le courage, la patience, avec la modestie, un grand abandon aux décrets de la Providence. On admira beaucoup à Versailles, on célébra dans la France entière Madame royale en simple robe de percale, et faisant la première communion avec les jeunes filles des villages voisins. Pas un, dans cette foule inclinée et sous ces voiles blancs, n'eût distingué la fille de tant de rois de la fille du plus simple artisan. Elle avait un doux visage, un regard calme, une taille élancée, et déjà pour le dauphin son jeune frère une protection mêlée de respects, dont elle entoura jusqu'à la fin ce doux orphelin.

Louis-Charles de Bourbon, second fils de Louis XVI et de Marie-Antoinette, naquit au château de Versailles le 27 mars 1785. Il fut baptisé le jour même de sa naissance; il eut pour parrain le comte de Provence et pour marraine la reine des Deux-Siciles, représentée par Mme Élisabeth, sœur du roi. Il reçut au berceau le titre de *duc de Normandie*, et M. de Calonne, alors contrôleur général des finances, porta au prince nouveau-né le cordon et la croix de l'ordre du Saint-Esprit. Paris et la France entière, à cette nouvelle qu'un nouveau prince leur était donné, chantèrent un immense *Te Deum*. Ce fut dans tout le royaume un vivat universel. En célébrant l'enfant, chacun rendait hommage au roi son père, et le remerciait de tant de bienfaits si vite accomplis : la corvée et la torture abolies; Cherbourg s'ouvrant sur la côte qui regarde l'Angleterre; Port-Vendres, sur celle que regarde l'Espagne; la jeune Amérique naissant à la liberté, à l'ombre du drapeau blanc.

Pour venir en aide à la reine, au roi lui-même, à tous les honnêtes gens chargés de veiller sur M. le Dauphin, la Providence avait placé sur les marches de ce trône chancelant, Madame Élisabeth-Philippe-Marie-Hélène de France, sœur du roi, née à Versailles le 3 mai 1764, le plus aimable et le dernier enfant du Dauphin, fils de Louis XV. Mme Élisabeth fut tout de suite une intelligence hardie et vivante; elle comprenait et devinait toute chose. Ame attentive à tous les malheurs, aussitôt qu'elle fut en âge de porter un collier de diamants, elle supplia le roi son frère d'en donner le prix à ses pauvres. A peine elle entendit parler des finances obérées qu'elle supprima les chevaux de son écurie. En 1789, par le rude hiver, elle vendit jusqu'à ses bijoux pour acheter du pain aux malheureux qui en manquaient. Aux heures sanglantes des journées terribles on vit grandir son courage avec ses vertus. Elle fut énergique et simple en toutes ces misères dont elle portait, innocente! le triple fardeau; elle resta la sœur et la sujette de ce roi et de ce frère entouré de tant d'ennemis; elle se montra jusqu'à la fin la mère adoptive de ces deux enfants orphelins.

Telle était cette royauté puissante en apparence, entourée de force et de splendeurs extérieures. Courtisans, grands seigneurs, cordons bleus, cordons rouges, pages, gardes du corps, en un mot tout l'apparat royal. Trente-sept millons deux cent mille livres coûte cette maison du roi. En même temps une royauté sans respect, un peuple emporté dans tous les rêves de la liberté sans frein, un trésor obéré, le ministère aux abois; pas d'autres ressources que la souveraineté de ce peuple, dont si peu de gens dans le palais de Versailles pressentaient confusément la toute-puissance.

Le conseil des ministres se composait en 1789 : de M. de Breteuil, ministre de la maison du roi; le comte de Montmorin, ministre des affaires étrangères; le marquis de la

Luzerne, ministre de la marine; le comte de Brienne, ministre de la guerre; M. de Calonne, ministre des finances; et le garde des sceaux, M. de Miromesnil.

Le quatrième jour du mois de mai 1789, par un des plus beaux soleils qui aient brillé sur la France, une procession solennelle annonçait à Versailles, à Paris, à l'Europe, au monde entier, l'ouverture des états généraux. La joie était universelle; unanime était l'espérance. Un cortége vraiment royal entourait la reine et le roi, celui-ci prodiguant les saluts à son peuple, et celle-là superbe et charmante, aux accents de toutes les musiques, trompettes et tambours.

C'était sur la terre et dans le ciel une fête immense, où tous les cœurs battaient à l'unisson.

Ce jour de triomphe fut aussi le dernier jour de la royauté de Philippe-Auguste, de saint Louis, d'Henri IV et de Louis XIV.

TABLE DES MATIÈRES

Chapitres.	Pages.
I. — La Régence et le cardinal Dubois.	1
II. — Les beignets de Mlle d'Humières.	15
III. — La chapelle royale.	20
IV. — La maison du roi.	30
V. — La galerie du château de la Goupillière.	34
VI. — La cheminée et l'amant.	50
VII. — Menus propos du siècle passé.	54
VIII. — Le maître de politesse.	69
IX. — Les parlements.	72
X. — Un lieutenant civil de vingt-quatre heures.	78
XI. — Paris à vol d'oiseau.	95
XII. — Les rues.	98
XIII. — La brocante.	106
XIV. — La fête-Dieu à Saint-Sulpice.	109
XV. — Salons et cafés.	115
XVI. — Le café Procope.	123
XVII. — La chronique scandaleuse.	136
XVIII. — La reine d'un jour.	143
XIX. — En province.	155
XX. — Richelieu.	159

TABLE DES MATIÈRES.

Chapitres.	Pages.
XXI. — La petite maison.	170
XXII. — Journal d'une provinciale.	176
XXIII. — La finance.	191
XXIV. — L'étiquette.	194
XXV. — L'Almanach royal.	199
XXVI. — Histoire de la comtesse de Valmont.	204
XXVII. — Un philosophe.	230
XXVIII. — Les Académies.	237
XXIX. — L'Université de Paris.	245
XXX. — Comédiens et comédiennes.	248
XXXI. — Le boudoir de Mlle Duthé.	256
XXXII. — Portraits et dessins.	263
XXXIII. — Les virtuoses.	286
XXXIV. — Les curieux.	295
XXXV. — Les livres à vignettes.	299
XXXVI — Une prise de voile.	312
XXXVII. — Mirabeau.	324
XXXVIII. — Profils de savants.	333
XXXIX. — Une maîtresse de Philippe-Égalité.	366
XL. — La marchande d'amour.	374
XLI. — La mode.	389
XLII. — Les derniers jours de la royauté.	398

Paris.— Typographie Georges Chamerot, rue des Saints-Pères, 19.

www.ingramcontent.com/pod-product-compliance
Lightning Source LLC
Chambersburg PA
CBHW071857230426
43671CB00010B/1380